도법 스님 1966~,
끝나지 않는 생명의 순례

길과 꽃

"전기(傳記)야, 평전(評傳)이야?" 내가 도법 스님의 삶에 대해서 책을 쓴다고 하면 사람들은 이렇게 물었다.

사전에서는 흔히 '전기'를 이렇게 설명한다. "한 사람의 일생 동안의 행적을 적은 기록", "실제 존재했던 인물의 생애를 쓴 글." 그렇다면 살아 있는 도법 스님의 전기를 쓴다는 건 말이 안 된다. 평전이란 전기에 작가의 비평을 섞은 것을 의미하므로, 전기가 불가능하면 평전도 불가능하다.

아니다. 전기 중에는 자서전도 있는데, 자서전은 자신에 대해서 쓴 글이므로 전기가 반드시 존재'했던' 인물에 대한 기록이어야만 하는 것은 아니다. 그러면 사전이 잘못된 것일까? 어쨌거나 이 책은 전기 혹은 평전이거나 혹은 그와 비슷한 글, '도법 스님의 삶과 사상'에 대한 글이다. 스님과 함께하는 사람들

5

중에는 "살아 있는 스님에 대한 글을 쓰는 것이 스님을 교만하게 보이게 함으로써 스님의 활동을 오히려 방해할 수 있다."며 책 쓰는 일에 반대하는 이들도 있었다. 그러나 이 책은 스님과 나 자신을 위해서 그리고 한국 불교를 위해서 꼭 써야만 했다. 그것이 50대 후반에 들어선 나의 사명이라고 느꼈다.

이 책은 스님과 인연을 맺은 지 1년쯤 지난, 2014년 여름 어느 날 시작됐다. 도법 스님은 '대승정법불교(大乘正法佛敎)'라는 제목의 불교 이론서를 만들기 위해 글을 쓰고 거기에 자신의 삶의 궤적을 간략하게 덧붙였다. 불교 이론을 제대로 설명하기 위해서는 그것을 쓴 사람에 대한 이해가 필요하리라는 생각을 하신 듯했다. 출판사는 글을 손봐서 책으로 묶자고 했다. 그러나 이론서와 '삶의 궤적'은 이질적인 것이어서 하나의 책으로 엮기에는 적당치 않았고, 내 눈을 끈 것은 이론보다는 삶의 궤적이었다. 나는 이 부분만 떼어서 책을 내자고 역제안했다.

책의 출판은 원래 2015년 1월로 예정됐었다. 애초에 스님이 써둔 글이 있었기 때문에 나는 스님과의 인터뷰를 통해서 거기에 살을 붙이는 작업만으로 간단히 일을 끝낼 수 있겠다고 생각했다. 그러나 받아쓰기만으로 책이 되는 것은 아니어서, 작업은 잘 진척되지 않았다.

　도법 스님의 삶은 그 자체가 대한민국 불교계에, 대한민국 사회에 던지는 화두(話頭)다. 그러니 이를 기록하는 것은 불교와 스님에 대한 이해 없이는 불가능하다. 나는 기자를 그만두고 하던 논술강사, 토론코치 일을 다 접고 도법 스님 주위에서 도반(道伴)들과 함께 불법(佛法)을 공부하고 있었다. 기사를 쓰고 논술을 가르치고 토론방법을 코치하면서 얻게 된 소통 이론을 완성하기 위해서는 불법을 공부하지 않을 수 없었기 때문이다. 책 쓰는 일을 시작한 이후부터는 공부에 더 전념해야만 하는 상황이 됐다. 나는『반야심경(般若心經)』, 의상(義湘) 대사「법성게(法性偈)」, 원효(元曉) 대사『열반경종요(涅槃經宗要)』, 지눌(知訥) 국사『수심결(修心訣)』등 경전을 공부하고 번역하는 것을 목표로 하는 모임 '불한당(불경한글풀이모임)'에 도법 스님과 함께 2년 넘게 참여했다.『우파니샤드』,『숫따니빠따』등 경전도 읽어야 했으며 불교의 역사, 근현대 한국불교사도 알아야 했다. 불교가 '마음'이나 '존재', '우주'를 다루고 있으므로 이와 관련 있는 현대 물리학과 생물학 책들도 기웃거렸다. 페이스북 그룹 '과학책읽는보통사람들', 그중에서도 '과학지옥' 회원들이 이 분야에서 내게 도반이 돼주었다.

생각해보면 지난 2년여의 내 삶은 이 책에 바쳐졌다고 해도 과언이 아니다. 내가 잡지《붓다로살자》의 편집장을 맡아 도법 스님과 도반들의 활동을 기록하는 일을 한 데에도, 그 활동들이 갖는 의미를 정리함으로써 이 책을 잘 쓰고 싶다는 욕구가 개재(介在)하고 있었다. 스님이 조계종단의 '사부대중 백인대중공사(四部大衆 百人 大衆公事)'를 이끌고 있었으므로 나는 취재를 위해서 여기에 참가했다가 아예 내가 백인위원이 됐다. 나는 스님이 식사자리에서 하는 말 한마디라도 휴대전화로 녹음하고 노트에 메모했으며, 가끔 페이스북에도 이를 정리해서 올렸다. 그런 과정을 거치면서, 충격으로 다가왔던 스님의 혁명적인 말씀과 사상을 나름대로 정리할 수 있었다.

이 책을 쓰는 동안 내 삶은 바뀌었다. 신문기자, 논술강사, 토론코치를 거치며 소통전문가라 자칭하면서도 정작 자신의 소통에 어려움을 겪고 있던 나는, 스님을 만나고 나서 그 어려움을 많이 덜게 됐다. 툭하면 화를 내면서 인간관계를 스스로 어렵게 만들었던 내가, 마음 다스리는 법을 알게 되면서 인간관계에 자신감이 생겼고 가정에도 평화가 찾아왔다.

어떤 질문을 해도 성심성의껏 답해주시고 질의응답을 즐겨주신 도법 스님에게 감사를 드린다. 아니, 그보다는 끊임없이 자신의 길을 개척해가는 스님의 존재 자체에 깊이 감사한다. 스님으로 인해서 나는 한국 불교, 나아가 대한민국의 앞날에도 희망을 걸 수 있겠다는 생각을 하게 됐다. 스님과의 인연을 만들어주고 불법에 대해 많은 가르침을 준 도반 정웅기, 백승권에게도 감사한다. '붓다로 살자' 모임에서 함께 공부하고 삶을 공유해준 천유라, 박상진 등 회원들에게 감사한다.

소설가 헤밍웨이는 "모든 초고는 쓰레기"라고 했다. 이 책도 처음에 쓰레기였으나 많은 분들이 비판해준 덕에 그 신세를 다소 면했다. 함께 불경을 공부하며 치열하게 논쟁을 벌였고, 원고를 꼼꼼히 체크해주고 성심껏 비판해주고 용기를 북돋워준 변택주, 이광호, 강영진, 신호승, 김영옥 등 불한당 당원들에게 감사한다.

　20세기 한국 불교 역사를 기술하는 과정에서 범한 심각한 오류들을 바로잡아준 류지호 불광출판사 대표에게 감사한다. 그럼에도 불구하고 역사적 사실의 부당한 단순화 등이 이 책에 남아 있을 것이다. 20세기 불교 역사의 현장에 없었던 내가 도법 스님을 중심으로 해서 한국의 불교 역사를 보았기 때문에 부분적인 왜곡이 있을 수도 있다.

　거꾸로 도법 스님에 대해서도 온전히 쓰지 못한 부분이 있을 것이다. 선우도량의 간사로 활약했던 류지호 대표는 "도법 스님은 '출가 장부'라는 말을 자주 썼고 '스님들을 변화시켜야 한다'는 생각을 강하게 갖고 있었다."고 회고했다. 도법 스님이 재야의 비판에도 불구하고 종단 안에서 활동하는 것은 이런 생각 때문일 거라는 말도 했다. 김성동 월간《불광》주간도 "이 책이 승가나 종단에 대한 도법 스님의 사랑을 적절히 표현하지 못했다."고 비판했다. 그러나 이런 비판까지 수용하기에는 내 역량이 모자라므로 부족한 대로 출간하기로 했다.

　첫 원고를 "너무 어렵다."라며 다시 쓰도록 권유했고 책의 세밀한 부분까지 신경써준 이 책 담당자 이기선 씨에게도 감사한다. 바쁜 시간을 내어 인터뷰에 응해주신 이병철 선생님, 안상수 교수님 그리고 인드라망생명공동체 취재를 도와준 실상사 수지행 기획실장에게 감사드린다.

무엇보다, 놀라운 지혜로 21세기 대한민국에 빛이 돼주고 있는, 2,600년 전의 석가모니 부처님에게 감사한다.

2017년 2월
김왕근

# 차례

일러두기

__ 출처 표기가 없는 인용문의 경우, 대부분 필자 자신의 요약, 인터뷰 및
　취재에 의한 것이다.

__ 직함 표기는 글에서 다루고 있는 당시를 기준으로 했다.

종교란 무엇인가? 종교(宗敎)란 '최고의(宗)' '가르침(敎)'이다. 그 가르침은 인간을 위한 것이다. 인간이 인간으로 존재하도록 가르치는 것이 종교다. 인간이란 무엇인가? 인간은 인(人) + 간(間)이다. 사람(人) 사이(間)에 있는 존재, '소통하는 존재'가 인간이다. 그렇다면 종교란, 사람이 사람 사이에 존재하도록 하는 가르침이다. 사람이 사람 사이에 존재하기는 매우 쉽다. 그것이 인간의 본질이기 때문이다. 그러나 이는 또한 매우 어렵다. 사람은 이기심에 휘둘리는 존재이기 때문이다. 사람이 이기심에 붙들리면 사람 사이에 존재할 수가 없다. 사람 사이에 있는 존재로서의 인간이 '붓다'이며 이기심에 휘둘리는 존재로서의 인간이 '중생'이다. 인간이 원래 '자유의 존재'임을 깨닫는 것, 인간이 개인의 이기심이나 탐욕, 어리석음으로부터 벗어나 자유의 존재가 되도록 하는 것, 그것이 석가모니 붓다가 가르친 불법(佛法)의 요체다.

　자유의 존재가 되기 위해서는 자기혁명이 필요하다. 일찍이 고(故) 함석헌 옹은 "지금까지 혁명이 성공하지 못한 것은 혁명가가 혁명되지 못했기 때문"이라고 갈파했다. 무엇인가를 뒤집어엎고 새로운 사고방식, 행동방식을 세우려면 자기혁명을 이룬 새 사고방식의 창조자, '혁명된 혁명가'가 있어야 한다. 석가모니 붓다가 바로 그 혁명가다. 석가모니 붓다가 시대를 뛰어넘어 우리와 소통하고 있는 것은, 그가 자기혁명에 성공했기 때문이다.

　현대 우리 사회에서의 혁명가 중 한 명으로 나는 도법을 든다. 도법은 1990년대 초반부터 대한불교조계종 내의 개혁을 주도해왔고, 최근에는 일반 사회 차원의 소통에도 영향을 끼치고 있다. 도법이 불교계를 넘어 일반 대중에게 널리 알려진 것은 2015년 말의 민중총궐기가 계기가 됐다. 민주노총이 주도하는 집회가 폭력으로 내몰리고 노동계와 정부가 정면충돌의 위기를 맞았을 때 평화를 유지하고 소통을 이어준 것은 도법과 그가 이끄는 화쟁위원회였다. 우리 사회의 구성원들이 인간으로 존재하지 못할 위기를 도법 덕분에 넘길 수 있었다. 2015년의 민중총궐기는 불교와 민주주의가 만난 역사적 사건이다. 이후 '평화집회'는 우리의 문화가 됐다. 2016년 말에 있었던 박근혜 대통령 퇴진 요구 집회에 백만 명의 국민이 참여했지만 그것이 에너지 넘치면서도 평화롭게 이루어질 수 있었던 것은 '평화의 꽃길' 경험이 바탕이 된 덕분일 것이다.

도법이 한국 사회에 기여할 수 있었던 것은, 그 자신이 일생을 통해 끊임없이 도(道)를 추구했고 자기혁명을 이룬 덕에 가능했다. 도법은 선배 불교인들이 제시하는 방법으로 10여 년 동안 치열하게 도를 구했으나 거기서 진리가 보이지 않자 그 길을 버렸다. 이는 석가모니 붓다가 6년의 고행 끝에 고행을 버린 것과도 같다. 도법은 이후 진리를 탐구함에 있어서 수많은 사람과 교류하면서 깊이 생각했고 그 결과를 간략하게 요약했다. 불교 세계관을 그림으로 제시한 인드라망무늬, 즉 '생명평화무늬'와 불교 실천론을 압축한 "붓다로 살자"라는 구호는 그 핵심이다.

맹자는 "넓게 배우고 깊게 공부하는 것은 간명하게 요약 설명하기 위해서다(博學而詳說之, 將以反說約也)"라고 하면서

17

요약의 중요성을 강조했다. 요약이 왜 중요한가? 소통하기 위해서다. 소통은 왜 하는가? 소통은 곧 사랑이요, 자비이기 때문이다. 소통은 '네가 곧 나'라는 이 우주의 진리를 완성하는 실천이다. 인간은 소통함으로써 삶의 보람을 얻는다. 소통 없이 자기 자신에 갇힌 인간은 인간이라 할 수 없다. 깊은 성찰이라 해도, 소통을 전제할 때야 의미 있는 것이다. 거꾸로, 의미 있는 소통은 깊은 성찰로부터 비롯된다.

도법이 깊은 성찰을 바탕으로 치열하게 소통함으로써 2,600년 전 석가모니 붓다의 가르침이 비로소 우리 사회에서 의미를 갖게 됐다. 이는 도법이 상식과 이성에 배치되는 가르침은 모두 걷어내고 일상인의 언어로 이해되며 일상인의 삶에 의미를 갖는 가르침만을 취한 결과다.

도법은 치열한 구도(求道)의 정신으로, 그러나 벌거벗은 임금님에게 벌거벗었다고 말하는 아이의 순수함으로 불법의 의미를 추구해왔다. 그 결과 2,600년 전 석가모니 붓다가 치열하게 찾은 그 진리를 오늘날의 민주주의 정신과 통하는 것으로 만들었다. 불법으로 자기혁명을 이룬 도법은 21세기 한국 불교의 혁명을 꿈꾼다. 이는 인간이 인간 사이에 인간으로, 즉 붓다로 존재하기 위한 혁명이다.

2014년 4월 16일 이후 도법의 관심은 주로 세월호에 집중돼 있다. 세월호 참사가 벌어졌을 때 국민들은 모두 함께 슬퍼했다. 그러나 이내 서로를 손가락질하며 비난했고, 그러면서 그런 스스로의 모습에 절망했다. 이런 순간에 도법은 "세월호의 기적"을 이야기하고 "기쁨의 세월호"를 이야기한다.

'기쁨의 세월호'란 무슨 의미일까? 또 생명평화무늬나 "붓다로 살자"라는 구호가 갖는 깊은 뜻은 무엇일까? 도법은 대한민국 불교에 어떤 혁명을 가져왔는가? 2015년의 민중총궐기 그리고 한상균 위원장의 조계사 체류 기간 동안 현장에서는 무슨 일이 있었는가? 수년간 장좌불와(長坐不臥, 눕지 않고 계속 좌선함)의 고된 수행을 한 성철(性徹)을 과연 도법이 넘어선 것인가? 도법의 사상, 그 깨달음의 구체적인 실천 내용은 무엇인가? 이를 이해하려면 도법이 어떻게 자기를 혁명했는지, 혁명 이후에는 어떤 삶을 살았는지를 이해해야 한다. 사상은 삶으로부터 나오고 삶으로 구현되기 때문이다. 이제 도법의 삶 속으로 들어가서 도법이 이룬 혁명의 의미를 알아보자.

# 1

# 길 찾기

간디와의 만남을 계기로 도법의 화두는 '죽음'에서 '삶'으로
전환됐다. 도법은 간디를 통해서 부처에 대해서,
그리고 불교에 대해서 다시 보고 다시 생각하게 됐다.
"사람이란 이렇게 살아야지. 보살의 삶이
이런 삶이겠구나. 부처님도 이렇게 살았겠구나."

# 출생, 출가 그리고 '화두(話頭)'

1949년에 태어난 도법의 어린 시절은 평화롭고 아름다웠다. 시대는 험악했지만 도법은 그런 현실을 모른 채 천진난만하게 자랐다. 어머니의 노력으로 도법은 백지(白紙)와도 같은 마음을 유지할 수 있었다.

그런데 10대 후반의 어느 날, 절에서 도를 닦던 도법은 어머니가 위독하다는 소식을 듣고 '죽음이란 무엇인가?'를 고민한다. 이후 죽음에 대한 의문은 도법의 생(生)을 인도하는 화두가 됐다.

## 출생, 그리고 제주 4·3 사건

1949년 음력 4월 6일 제주도 한림읍 명월리 상동(혹은 고림동) 중산간 마을의 한 집안에서, 30대 초반의 어머니 배 속에 유복자로 있던 셋째 아들 익진(益珍)이 태어났다. 아버지 홍인생 씨가 제주 4·3 사건으로 돌아가신 지 5개월 만이었다. 4·3 사건이란 제주도에서 1947년 3월 1일을 기점으로 하여 1948년 4월 3일 발생한 남로당 제주도당의 무장봉기, 그리고 1954년 9월 21일까지 있었던 무력충돌과 진압 과정에서 많은 사람이 무고하게 희생된 사건을 말한다. 특히 명월리 상동은 마을 전체가 불타기도 했다.

어머니 강계출 씨는 익진에게 "누가 '아버지가 왜 돌아가셨냐'고 물으면, '병으로 돌아가셨다'고" 하라면서 참혹한 가족사는 비밀에 부쳤다. 간혹 "네 아버지는 농부지만 농부같지 않게 깔끔하셨다."라는 정도만 말하고 더 이상 자세한 얘기는 하지 않았다. 그러나 익진은 별 의문을 갖지 않고 어머니의 말씀을 믿었으며 특별한 결핍감 없이 평범하고 태평하게, 티 없이 자랐다.

어린 익진은, 경제적으로 부유하지 않지만 영혼은 자유로웠다. 집안은 찢어지게 가난했고 아버지 없이 편모슬하에서 자랐지만 마음에 그늘이나 상처가 없었다. 익진은 소를 먹이러 산으로 들로 형들과 함께 자주 나갔고, 숲에서 그리고 냇가 웅덩이에서 잠자리, 매미, 풍뎅이를 잡으며 친구들과 놀았다. 어머니가 때로 집을 지키라고 하는 것이 구속이라면 구속이었지만, 그때에도 친구들을 불러들여 집에서 놀면 됐다. 익진은 연날리기도 했고, 동네 입구에 있는 커다란 팽나무에 올라가 시간을 보내기도 했다. 조선시대에 많은 선비를 배출한 동네인 명월리 사람들은 아들이 과거에 급제하면 이를 기념하기 위해서 팽나무를 심었고, 그 풍속이 이어져 지금도 명월리 마을에는 팽나무 군락지가 남아 있다.

익진이는 지네를 잡아서 약방에 팔아 용돈으로 쓰기도 했고, 집에서 키우는 닭들에게도 관심이 많았다. 당시 명월리 사람들은 닭을 놓아 키웠고 닭들은 자기네들 간의 힘과 싸움 실력을 기준으로 위계질서를 세웠는데, 익진이네 닭은 이웃집의 나이 많은 닭에게 항상 쫓겼다. 이를 못마땅하게 생각한 익진은 밤에 고추장과 참기름을 풀어 닭에게 먹였다. 닭은 매운 먹이를 먹는 고역을 겪었지만, 주인의 응원을 눈치채는 것 같았고 용기를 내는 듯했으며, 결국 이웃집 닭을 제압하면서 대장 노릇을 했다.

제사가 있을 때면 어머니는 형들에게 집을 지키게 하고, 집에서 약 5킬로미터 떨어진 금악의 외가에 익진이를 데리고 갔다. 하늘에 별이 박힌 칠흑 같은 밤길, 이따금 튀어나오는 반딧불을 보면서 한참 걷다 보면 마을의 불빛이 보였다. 어머니는 처음에 어린 익진이를 집에 놔둘 수 없어서 데리고 다녔지만, 익진이는 자라면서 오히려 어머니의 든든한 의지처가 됐다. 짐을 바리바리 등에 메고 또 손에 든 어머니를 졸졸 따라가던 익진이는 자라면서 점차 그녀보다 앞장서서 걷게 됐다.

익진이는 착했지만 고집도 셌다. 어머니는 고구마, 깨, 무, 배추 등의 밭작물과 밭벼 등을 키워 그걸로 음식을 장만했다.

하루는 어머니가 형들을 데리고 밭농사 일을 나가면서 익진에게 집을 잘 지키라고 했다. 익진이는 친구들을 끌어모아 집에서 놀았다. 그런데 날이 저물어 어머니가 돌아왔을 때, 닭장에 장닭이 보이지 않았다. 어머니는 "집을 지키라고 했는데 집은 안 지키고 싸돌아다니다가 닭을 잃어버렸구나."라면서 익진에게 잘못했다고 빌라 했다. 그러나 익진이는 "어머니 말씀대로 집을 지켰는데 내가 왜 잘못했다고 해야 하나요."라며 끝내 용서를 빌지 않았다. 화가 난 어머니는 "너, 나가!"라고 했고 익진이는 울면서 집을 나갔다.

올레길을 따라 좀 걷다 보면 나오는 큰 팽나무 밑에서 익진이는 억울하고 서러워 눈물을 흘렸다. 캄캄한 밤중에 흐느껴 우는 익진이를, 익진이네 집으로 일보러 가던 동네 아주머니가 발견하고선 집으로 데리고 가려고 했다. 익진이는 "나 안가요."라며 버텼지만 결국 아주머니 손에 이끌려 집으로 향했다. 그러고는 잠이 들었고, 새벽녘 장닭 우는 소리에 깼다. 닭은 닭장 안에 없었지만 족제비에게 잡혀가거나 누구에게 도둑맞은 것이 아니라 집 안 다른 곳에 있었던 것이었음을 알고 익진이는 더 억울하고 서러웠다.

## "막내는 스님이 된대"

가난했던 익진이네는, 좌우대립 상황에서 아버지가 빨갱이로 낙인찍혀 희생되면서 살기가 더 어려워졌다. 그런 상황을 버티게 해준 것은 미륵신앙이었다. 석가모니 부처님의 시대는 가고

미륵 부처님의 시대, 후천개벽(後天開闢)의 시대가 열리리라는
믿음을 익진이 어머니와 그 벗들은 갖고 있었다. 당시 동학에
대한 믿음도 함께 지녔던 그들의 입에서는 동학과 관련된 노래
도 흘러나왔다.

　　어머니는 "세속의 지식 공부는 필요 없다. 후천개벽시대
를 맞이하려면 한문을 공부해야 한다."라며 익진이를 학교에
보내지 않았다. 그렇다고 특별히 한문 공부를 시킨 것도 아니었
다. 익진이네는 그가 초등학교를 졸업할 무렵 미륵신앙의 본고
장이라고 할 전라북도 김제시의 금산사(金山寺) 쪽으로 이사를
했다. 여기서 익진이는 농사도 짓고, 집과 절을 왔다 갔다 하는
생활을 했다. 그런데 하루는 어머니가 누구에게 무슨 말씀을 들
었는지 "막내는 스님 되는 게 좋대."라고 하셨다. 이광수의 소설
『원효대사』와 이종익의 소설 『사명대사』를 우연히 읽고 스님에
대해 막연히 호감을 갖고 있던 익진이는 이 말을 운명으로 받아
들였고, 결국 열일곱 되던 1966년에 금산사로 들어갔다.


### 행자생활의 괴로움

보통 남자가 출가를 하면 6개월 또는 1년 동안 행자(行者)교육
을 받는다. 이 과정을 통과하면 사미십계(沙彌十戒)●를 받아 사

●　사미와 사미니가 지켜야 할 열 가지 계율. ①살생하지 말라, ②도둑질하지
　말라, ③음행(婬行)하지 말라, ④거짓말하지 말라, ⑤술을 마시지 말라, ⑥꽃
　다발을 갖지 말고 향수를 몸에 바르지 말라, ⑦노래하고 춤추지 말며 노래와

26

미승이 되며, 사미승은 만 20세가 되면 구족계(具足戒)를 받아 비구가 된다. 이는 태권도계에서 어린 나이에 유단자의 실력을 증명하는 품띠가 만 15세 이후가 되면 검은띠로 바뀌는 것과 비슷한 이치이다.

결국 행자교육 과정을 통과했다는 것은, 그 사람이 계속 수행자로 살아갈 수 있음을, 절집에서 생활을 하며 승려가 될 자질과 인내를 닦았음을 의미하는데, 이를 검증하는 과정이 만만치 않았다. 익진도 마찬가지였다. 농사짓고 나무하고 밥하고 설거지하면서 염불하기, 예불하기, 불공드리기 등을 익히는 과정은 매우 고단했다.

절집에서는 세속과의 단절을 강조했다. 도(道)를 이루기 위해서는 잡스러운 일에 정신을 팔면 안 된다는 뜻이었다. '일체의 세속적 관계를 끊어야 한다', '부모를 만나서도 안 된다', '내왕을 해서도 안 된다' 등등의 절집 규칙이 익진의 머릿속에 주입됐다.

익진은 밥장사도 했다. 밥장사는 절 밑에 있는 마을(사하촌) 여관과의 경쟁이었다. 경제가 어려웠던 1960년대 후반, 절에 머무는 것이 사하촌(寺下村)의 여관에 머무는 것보다 쌌기 때문에 관광객들은 여관보다는 절로 몰렸다. 익진은 대부분이 고등학교 수학여행인 관광객들을 위해 밥하고 상 차리고 점심 도시락 싸주는 일을 코피 터져가면서 했다. 어떨 땐 본분이 밥

춤을 보고 듣지도 말라, ⑧높고 넓은 큰 평상에 앉지 말라, ⑨때 아닌 때에 먹지 말라, ⑩돈과 금은 보물을 갖지 말라.

장산지 도 닦는 것인지 헷갈리기도 했다. 절에 일꾼들이 있기는 했지만 부엌일과 법당 관리는 오롯하게 행자들이 하는 것으로 돼 있었다.

경제가 발전하면서 관광객이 생기기 시작했던 당시, 정부는 절이 사찰 관람료를 받도록 하는 정책을 썼다. 금산사의 스님들은 이 사찰 관람료 때문에 매일 관광객들과 씨름해야 했다. 관광객들은 "중놈들이 염불에는 관심이 없고 잿밥에만 관심이 있다."라며 욕을 했고 스님들을 폭행하기도 했다. 그래도 절에서는 사찰 관람료를 받았다.

당시에는 가난이 극심했기 때문에 절에 도둑도 끓었다. 절에 있는 가장 값비싼 물건이라면 문화재일 텐데, 문화재가 아니라 금산사에 한 대밖에 없는 라디오가 어느 날 도둑을 맞았다. 또 감자를 도둑맞은 적도 있었는데, 조를 짜서 감시한 끝에 붙잡은 감자 도둑은 금산사 안의 한 스님, 그리고 그와 연계된 재가자들이었다. 이것이 옛날 배곯던 시절 절집의 한 장면이다.


## 사미계를 받다

한국 절에서는 행자 기간이 끝나고 사미승이 되면 대부분 3년 정도 그 절에 머물면서 은사스님이나 원로스님의 시자승(侍子僧)으로 활동하게 된다. 익진은 당시 주지(住持) 월주(月珠) 스님으로부터 사미계를 받았고, 길 '도(道)'자, 법 '법(法)'자를 쓴 '도법(道法)'이라는 법명을 얻었다. 법명 치고는 너무 평범하다고 도법은 느꼈다. 도법은 평소 자신의 일생에 대해 "(사람들

28

이 보기에) 재미있는 요소는 별로 없고 지극히 평범하고 밋밋하다.”라고 말한다. 그러나 도법의 삶만큼 독특하고 드라마틱한 인생도 찾기 쉽지 않다.

사미승이 된 도법은 부엌일에서는 해방되었지만 은사스님 시봉(侍奉)하는 일, 법당 관리하는 일을 하게 됐는데, 이 또한 수월치 않았다. 은사인 월주 스님이 몸이 약해서 허구한 날 죽을 끓이고 약을 달여야 했으며 스님 의복을 빨고 풀하고 다림질해야 했다. 법당을 청소해야 했으며 손님이 오면 그때마다 차를 내려야 했다. 또한 다른 대중들처럼 공부, 예불, 풀 뽑기, 마당 쓸기, 상 나르기 등은 기본으로 해야 했기 때문에 몸은 행자 시절보다 더 고단했다. 도법은 “다른 사람들은 여유 있게 공부하는데 나는 무슨 팔자가 사나워 하루 종일 온갖 잡일 하느라 공부도 할 수 없는 거야?”라며 신세 한탄을 하곤 했다.


## 죽음 문제

도법이 열아홉 살 된 1968년 장마철 어느 날, 어머니가 위독하다는 전갈이 왔다. 승려는 속세와의 인연을 끊어야 한다는 가르침을 떠올린 도법은 “나는 출가한 사람이다.”라며 전갈을 가져온 동네 이웃을 돌려보내고 평소처럼 예불을 했다. 『초발심자경문(初發心自警文)』에 있는 “인정농후도심소, 냉각인정영불고(人情濃厚道心疎 冷却人情永不顧, 인정이 너무 많으면 도를 이루려는 마음이 소홀해진다. 인정을 차갑게 하여 영원히 돌아보지 말라)”라는 가르침에 철두철미 따른 결과였다. 『초발심자경문』이란 출가

29

한 사미가 배우고 익혀야 할 덕목을 적은 기본 규율서로, 신라의 원효가 지은 『발심수행장(發心修行章)』, 고려 중기 지눌이 지은 『계초심학인문(誡初心學人文)』, 고려 후기 야운(野雲)이 지은 『자경문(自警文)』을 조선시대에 누군가가 합본한 것으로 추정되는 책이다.

그런데 도법과 동갑내기이지만 똑똑해서 평소 도법이 형처럼 생각했던 한 사미승이 "나 좀 보자."며 도법을 불러냈다. 그는 "어머니가 위독하시다는데, 니가 아무리 중이지만 어머니 아들이다. 어떻게 사람이 그럴 수 있느냐."라고 심각하고도 진지하게 말했다.●

이 말을 듣는 순간, 도법은 무어라 표현할 수 없는, 스스로 어찌할 수 없는 충격이 가슴에 물결치는 것을 느꼈다. 그것은 나를 낳아주고 길러주신 어머니의 위독이라는 구체적인 사태에 대한 자각 혹은 위독한 상태에 빠지신 어머니에 대한 걱정이 아니었다. '어머니의 죽음'이라는 사태 중에서 도법에게 다

●   출가한 승려가 세속 가족과 너무 가까이 지내면 가족들이 그 승려를 가사(家事)에 참여케 하려는 경향이 있어 수행에 지장이 생기기 때문에 한국 승단에서는 승려가 세속 가족과의 관계를 밀접하게 갖는 것을 바람직하게 여기지는 않는다. 그러나 실제로는 승려들 중에 가족과의 관계를 유지하는 경우가 많다. 도법의 어머니는 이때 죽을 고비를 넘겼으며, 이후 가끔 아들과 대화를 나누기도 했다. 송광사에서 5년간 승려생활을 한 버스웰(Robert E. Buswell, Jr)은 "내가 아는 승려들의 대부분은 출가 후에도 그들의 가족들을 2~3년에 한 두 번씩 방문하면서 적어도 어느 정도는 관계를 유지하고 있었다."라고 쓰고 있다. 로버트 버스웰 지음, 김종명 옮김, 『파란눈 스님의 한국 선 수행기』(예문서원, 1999), 123쪽.

가온 것은 '어머니'가 아니고 '죽음'이었다. "죽음이란 도대체 무엇인가?"라는 의문이, 생(生)과 사(死)라는 인간의 대사(大事)가 '어머니의 위독'이라는 사건을 계기로 도법의 머릿속에 각인된 것이었다. 평소 속세와의 인연을 냉정하게 끊어야 한다고 가르친 절집 분위기조차 술렁거림을 느끼면서 이런 자각은 더 강해졌다.

"아, 사람은 반드시 죽는구나. 죽으면 모든 게 끝나는 것이구나. 모든 것과 단절되는 거구나. 그 후는 알 수 없는 것이구나." 죽음과 관련된 이런 질문들이 도법의 가슴에 절실하게 다가왔다. "인생이란 허무한 거구나. 인간이란 칠팔십 년 살다가 죽는 하찮은 존재구나. 그렇다면 도대체 왜 태어난 것이며 왜 살아야 하는가, 이렇게 허무한 인생을? 죽으면 모든 것이 다 끝나는데, 도를 이룬다 한들 무슨 의미가 있는 것일까?"

인생을 허무하게 만드는 죽음이 갑자기 화두로 다가오자, 젊은 도법은 엉뚱하게도 "그렇다면 죽음을 경험해보자."라는 생각을 했다. 한밤중에, 사찰의 안쪽 서전(西殿)으로 건너가는 다리 위에서 하천으로 뛰어내리는 방법이 떠올랐다. 도법은 장마로 물이 불어 어둠 속에서 무시무시한 소리를 내며 흘러 내려가는 하천을 한참 응시했다. 그러자 퍼뜩 정신이 돌아왔다. "아, 여기서 뛰어내려서 죽으면 삶이 끝나니까, 죽음을 경험하는 것이 아니라 그냥 죽고 마는 것이구나."

애초에 자살을 하려고 한 건 아니었기 때문에, 도법은 되돌아왔다. 그러나 속은 예리한 칼로 생살을 도려내듯 쓰리고 쓰렸다. 뭐라 표현할 수 없는 아픔이 몰려와 견딜 수가 없었다.

동시에 "죽음은 나만의 문제가 아니라 모든 사람의 문제"라는 어렴풋한 자각도 생겼다. 죽음 문제를 해결하지 못하는 한, 금산사에서 계속 있는 것은 의미가 없는 것처럼 느껴졌고, 어디론가 막연히 떠나고 싶어졌다. 도법은 은사 월주에게만 말씀드리고 당시 한국 불교의 수도(首都)라고 할 수 있는 경상남도 합천의 해인사(海印寺)로 떠났다.

죽음 문제를 해결하지 못하는 한, 금산사에서 계속 있는 것은 의미가 없는 것처럼 느껴졌고, 어디론가 막연히 떠나고 싶어졌다.

# 2

## 성철, 지월:
## 도법과 스승들

성철, 지월은 도법이 해인사 시절 모셨던 스승들이다. 성
철은 당시 대한민국을 대표하는 승려라고 할 수 있었다.
그러나 도법은 성철에게서 크게 감화를 받지는 못했다. 도
법에게 가르침을 준 스승이 있다면 '인간의 됨됨이'를 보
여준 해인사 주지 지월이었다.

### '가야산의 호랑이' 성철

당시 해인사 백련암(白蓮庵)에는 한국 현대 선불교(禪佛敎)를 대표한다고 할 수 있는 '가야산의 호랑이' 성철 스님(1912~1993)이 방장(方丈)●으로 있었기 때문에 도(道)를 찾는 많은 승려들이 해인사로 몰려들었다.

성철은 1947년 문경 봉암사에서 청담(靑潭) 스님 등과 함께 결사하여 "부처님 법대로 살아보자"는 운동을 벌임으로써 승려의 권위를 세운 인물이다. 조선시대에는 천민으로 천대받았고 해방 즈음에는 염불하며 재(齋) 지내주는 도우미 정도로 여겨졌던 승려상이 성철 이후에 '수행자'로 바뀌었다.

성철은 1967년 해인사에 해인총림(海印叢林)이 설립됐을 때 초대 방장을 맡는 등 한국 불교의 지도자 위치에 올랐다. 총림(叢林)이란 강의를 하는 강원(講院)과 참선하는 선원(禪院), 계율을 배우는 율원(律院), 염불을 하는 염불원(念佛院) 등을 갖춘 종합 수행도량으로, 1967년 해인총림이 가장 먼저 설립된

●  방장(方丈)이란 원래 가로세로 1장(丈) 넓이, 혹은 그 넓이의 방을 뜻한다. 보통 10자가 1장이므로 가로세로로 10자, 즉 약 3미터 되는 방, 평으로 따지면 한 평이 약간 안 되는 넓이의 방이다. 불교에서 방장은 유마거사(維摩居士, 대승 경전인 『유마경(維摩經)』의 주인공. 문수보살에게 침묵의 법문으로 깨달음을 주었다고도 하고 "중생이 아프니 보살도 아프다."라는 말로 '중생과 일체가 된 보살'의 경지를 표현했다고도 하는 법력 높은 거사. 실존 여부는 확인되지 않음)의 일화에서 유래하였다. 석가 생존 시에 유마거사가 병이 난 적이 있어 사람들이 문병을 왔는데 그 수가 무려 3만 2,000명이나 되었다. 그러나 거사는 자신이 거처하던 사방 1장 크기의 방에 이들을 모두 앉혔다고 한다. 이후 세월이 흐르면서 '방장'의 뜻이 변하여 총림의 최고 책임자 혹은 주지나 고승을 뜻하게 됐다.

이후 송광사(松廣寺)의 조계총림(曹溪叢林), 통도사(通度寺)의 영축총림(靈鷲叢林), 수덕사(修德寺)의 덕숭총림(德崇叢林) 등이 뒤를 이었다.

방장은 총림의 정신적 지도자다. 대부분의 절에서는 주지가 행정 책임자인 동시에 정신적 지도자이지만 총림이 있는 해인사나 송광사 같은 큰 절에서 주지는 행정업무를 전담하고 방장이 정신적 스승 역할을 한다. 주지는 원칙적으로 방장의 지시를 받지만 방장의 주 업무는 선승들의 참선 수행을 효과적으로 지도하는 것이므로, 실제로는 행정업무를 비롯한 여러 가지 사찰업무에는 별로 관여하지 않는다.

도법은 두려움과 설렘을 안고 해인사 강원에 방부(房付)●를 넣었다. 절에서 입방(入房) 허가를 받아 장삼과 가사를 입고 대중 방으로 들어가 불상을 향해, 원로 승려들을 향해 그리고 일반 승려들을 향해 절을 했다. 그러자 입승(入繩, 절집의 규칙을 총괄하는 스님)이 "이 스님의 본사(本寺)●●는 금산사이고, 법명은 도법, 은사는 월주 스님"이라고 대중에게 소개했다. 이런 복잡하고 어려운 절차를 거쳐 강원에 들어갔지만 며칠 지나지 않아서 다시 무의미와 허무와 쓸쓸함이 도법에게 엄습했다. 이때의 삶은 천 길 낭떠러지로 떨어지는 느낌, 죽기보다도 더한

●　선방에 안거(安居)를 청하거나 객승으로 남의 절에 가서 있기를 부탁하는 일.
　　혹은 그 서류와 과정.
●●　본부가 되는 큰 절. 현재 조계종단은 조계사, 불국사, 송광사 등 전국에 25개
　　본사를 두고 있다. 본사에 예속된 절을 말사(末寺)라 한다.

고통이었다. 그럼에도 불구하고 당시에 자살을 기도하지 않은 것은, 그 고통의 강도를 고려하면 훗날 생각해도 이해되지 않는 일이었다.

도법은 해인사 입방 후 사흘쯤 지났을 무렵 다시 어딘가로 떠나고 싶어졌다. 하지만 은사스님과 해인사에서 공부하겠다고 한 약속이 있었기 때문에 떠날 수는 없어서, 절에서 배우는 공부는 "쫓겨나지 않을 정도"로 적당히 했다. 그래서였을까. 도법은 성철의 가르침에 압도되지 않았다. 오히려 도법은 방장인 성철의 가르침에 의심과 불만이 많았다.

성철은 수좌(首座, 선원에서 참선하는 승려)들이 졸면 주장자(柱杖子, 수행승들이 지니는 지팡이)로 가차 없이 내리쳤고, 강당에서 경전을 공부하지 않고 딴전을 피우면 삼천배를 시켰다. 이는 후학들의 공부를 위함이었겠지만, 도법과 많은 제자들에게는 이런 행태가 무섭기만 했고 권위주의적인 것으로 받아들여졌다.

백련암에서 생활하던 성철은 본사인 해인사의 제자들과 당신 상좌(上座)들을 다르게 가르쳤다. 대학을 졸업한 사람들을 선호하는 태도도 도법에게는 불만거리였고, 그들에게는 일본어 경전을 공부하게 하는 것도 못마땅했다. "모두가 한 산중에서 당신을 모시고 공부하는 제자인데, 왜 당신 상좌와 다른 제자들을 차별하는가?" 하는 생각도 들었다. 당신은 책을 많이 보면서 "참선하는 사람들은 책을 보지 말라."고 하는 것들도 다 모순으로 느껴졌다. 성철의 입에서 가끔 전라도에 대한 폄하 발언이 나오는 것도 귀에 거슬렸다.

무엇보다 성철의 불교 가르침이 도법의 마음에 다가오지 않았다. 성철은 간화선(看話禪)●과 돈오돈수(頓悟頓修)●●를 주창했는데, 수행 과정에서 통과해야 할 관문들이 복잡하고 어려웠다. 보통 사람은 하기 어려운 장좌불와를 강조했고, "금생(今生)이 아니면 내생(來生)에서라도 성불해야 한다."라는 식의 법문을 했다. 성철은 내생이 있음을 증명하고 싶어 했고, 영혼의 존재를 믿었다. 그는 링컨 대통령의 영혼이 찍혀 나왔다는 사진 이야기 혹은 심령과학 등에 관심을 보이고 집착했다.

성철은 현대 과학과 불교를 연계해서 강론을 많이 했다. 하루는 『육조단경(六祖壇經)』을 강론하면서 아인슈타인의 상대성이론의 진리성을 강조했다. 강론 후에 도법이 성철의 방문을 두드리고 질문했다. "2,600년 동안 정신적 통찰에 의해 정립된 불교의 진리를, 그때그때 실험에 의해 정립되고 역사의 발전에 따라 바뀔 수 있는 자연과학의 이론과 일치시켜서 논하는 것은 문제가 있지 않습니까?" 성철이 이에 대해 답을 했지만, 도법에게는 그 논리가 설득력 있게 다가오지 않았다.

●  화두를 들고 수행하는 참선법.
●●  '단박에 깨치고 단박에 닦는다'라는 뜻. 성철은 고려시대 지눌(知訥) 이래 한국 불교 수행법의 주류로 이어져온 돈오점수(頓悟漸修, 단박에 깨치지만 깨친 후에도 점진적으로 닦는 수행)론을 비판하고 중국 선종(禪宗)의 육조(六祖) 혜능(慧能)의 가르침 속에 언급된 이 돈오돈수론을 옳은 수행법이라고 주장했다.

## '글 쓰는 승려' 법정

당시 해인사에서는 성철 스님이 법문을 하고 지관(智冠) 스님이 한문경전을 가르쳤으며 법정(法頂) 스님이 부처님의 생애에 대해 강의했다. 법정은 1956년 전남대학교 상과대학 3년을 수료한 후, 같은 해 통영 미래사(彌來寺)에서 효봉(曉峰) 스님을 은사로 출가하였다. 효봉은 자신이 사형을 선고한 사람이 죄가 없음을 뒤늦게 알고 번뇌하다가 출가한 판사 출신 스님으로 알려져 있다.

법정은 『무소유』, 『오두막 편지』 등 수십 권의 수필집을 남겼고 『깨달음의 거울(禪家龜鑑)』, 『숫타니파타』, 『신역 화엄경』 등의 역서를 냈다. 출간한 책은 모두 30여 권. 『무소유』를 읽은 김수환 추기경이 "이 책이 아무리 무소유를 말해도 이 책만큼은 소유하고 싶다."라고 극찬할 만큼 법정은 저자로서 유명세를 탔다.

해인사 시절부터 법정은 선사(禪師)라기보다는 글쟁이로 대우받았다. 법정은 합리적이고 상식적이었으며 그것이 장점으로 받아들여졌지만 당시 조계종 주류의 풍토와는 달랐기 때문에 법정을 본받아야겠다는 생각을 절집 대중에게 일으키지는 못했다. "중이 도를 닦아야지 무슨 글을 쓰나?"라는 생각이 절간에 팽배했고 이는 도법도 마찬가지였다. 1970년대 《불교신문》 논설위원과 주필을 지내던 법정은 베트남 파병을 비판하는 글을 쓴 적이 있는데, 이것이 필화로 번지려는 조짐이 보이자 스님들이 이를 막으려고 진땀을 흘린 적도 있다.

## 지월 스님의 소박한 사랑

도법은 죽음을 화두로 삼고 있었기 때문에 법문과 강론은 건성으로 들었다. 강의를 들어야 한다고 하니까 듣기는 했지만, 들어 봐야 별로 도움이 안 됐다.

절에서는 불교 현대화를 위해서 영어, 일본어, 역사도 공부해야 한다고 했지만 도법은 "도 닦으러 온 내가 왜 이런 공부를 해야 하지?"라고 생각했다. 그는 지관에게 본인의 심정을 설명하면서 "경전에 대한 강의는 듣겠지만, 다른 강의는 못 듣겠다."고 했고 지관도 그걸 인정해줬다. 도법은 절에서 하는 기본 강의는 들으면서도, 번민을 잊기 위해 낮에는 축구를 하거나 산에 올랐고 밤에는 경내를 배회했다.

그러다가 주지 지월(指月) 스님(1911~1973)을 만나는 일이 자주 있었다. '해인사의 키 작은 도인' 혹은 '해인사의 주리반특가'로 불렸던 지월은 무한한 사랑으로 제자들을 대했기 때문에 해인사를 거쳐 간 많은 승려들이 그를 기억하고 존경한다. 주리반특가는 머리가 둔한 데다 배운 것도 없어 무식했지만 누구보다도 더 열심히 수행 정진에 임해 마침내 아라한의 경지에 올랐다고 전해지는 붓다의 제자다. 아라한이란 불자(佛者)가 수행하여 오를 수 있는 최고의 단계를 말한다.

지월은 단주(短珠, 54개 이하의 구슬을 꿰어 만든 짧은 염주) 들고 주장자 메고 누더기를 입은 채 해인사 경내를 돌아다녔다. 무식하고 단순했던 지월 선사는 법문을 하지 않고 그저 제자들을 보살폈다.

그는 참선하는 수좌들을 만나면 "이뭣고"● 라고 인사했다. 참선에 정진하라는 의미였다. 또 강원에서 경전 공부하는 학인(學人)을 만나면 "관세음보살"●● 하고 인사했다. 경전 공부를 열심히 해야 하지만 염불도 하라는 말이었다. 지월은 수곽(나무나 돌로 만든 물을 담아놓는 통)에서 물을 쓰고 있으면 "물을 아껴 쓰면 용왕이 복을 준다."고 하고 아궁이에서 불을 때고 있으면 "나무를 아껴 때면 산신령이 복을 준다."고 했다.

도량에 버려진 휴지나 관광객이 버린 담배꽁초를 주워 모으는 것으로 일과를 삼던 지월은 도량을 급하게 뛰어가는 사미나 행자 들을 보면 예를 다하여 허리를 굽히고 아주 공손하게 머리 숙여 절을 했다. 그러고는 자상하게 손을 잡으며 "우리 보

● 이는 "이 몸을 끌고 다니는 이것이 무엇인가?" 혹은 "마음도 아니고 마음 아닌 것도 아니고 이름도 모양도 형체도 없는 이것이 무엇인가?" 혹은 "보고 듣고 밥 먹고 눕고 일어서는 이것이 무엇인가?" 등의 의미를 갖는다. 당나라 승려 남악 회양(南嶽 懷讓)이 육조 혜능을 찾아갔는데 "어떤 물건이 이렇게 찾아왔는가?"라는 한마디를 풀지 못하고 꽉 막혀 8년을 다시 수행했다는 일화에서 유래했다. 남악 회양은 깨달은 후에 다시 찾아가 "설사 한 물건이라고 해도 맞지 않는다."라고 했고 혜능은 "닦아 얻은 바가 있느냐?"고 다시 물었다. 남악 회양은 "닦아 얻은 바 없지 않으나 이는 물들여 더럽힐 수 없는 것"이라고 했고 혜능은 "물들여 더럽힐 수 없는 것이 모든 부처님과 너와 나의 본원"이라며 남악 회양의 깨달음을 인가했다고 한다.

●● '세상의 모든 소리를 살펴보는 보살'의 의미. 힌두교의 신 아발로키테슈바라(Avalokiteśvara)를 중국에서 뜻으로 번역한 말. 지극정성으로 이름을 부르면 마음이 잡생각으로부터 벗어날 수 있으므로 복잡한 경을 외는 대신 '관세음보살' 혹은 '석가모니불'을 욈으로써 불도를 닦는 방편이 된다. 그러나 석가모니는 실존 인물이지만 관세음보살은 힌두교의 신이므로 '관세음보살'을 외는 것은 옳지 않다는 견해도 있다.

살이 무슨 일이 그리 급하여 달려가십니까? 부처님 제자가 되려면 위의(威儀)가 점잖아야 합니다. 그리 급하게 뛰어가면 화두가 챙겨집니까? 행동이 차분해야 마음이 차분히 가라앉을 수 있습니다."라고 했다. 그러고는 "한국 불교의 운명이 스님의 두 어깨에 달려 있습니다. 모든 어려운 일을 어금니 지그시 물고 참아야 합니다. 내가 스님에게 한국 불교의 장래를 특별히 부탁합니다."라고 덧붙였다.

지월은 사실 맨날 똑같은 소리를 했다. 그러나 성철이나 법정, 지관의 화려한 강론보다도 도법의 머리에 박힌 것은 지월의 소박한 사랑, 자비심이었다. 진실하고 소탈하고 겸손한 지월은 그만큼 감화력이 컸다. 성철은 권위적이었으나 지월은 스스로 특별 대접을 거부했다. 경제적으로 어려웠던 당시, 아플 때 제자들이 약을 지어드리면 지월은 "다른 대중들이 아파도 똑같이 약 지어주나?"라면서 거절했다. 지월은 행자들에 의해서 성철과 자주 비교됐다. "다른 큰스님들의 방을 청소하다가 지월의 방에 가면 지월은 행자의 손을 잡아 아랫목 방석 밑에 넣어주면서 쉬라고 하고는 손수 방을 닦곤 했다."라는 등의 경험담들도 전해온다.

지월은 밤에도 경내를 슬슬 돌아다녔고, 배회하는 도법과 마주치면 "도법이 참선 참 열심히 한다. 낮에는 경전 읽고 밤에는 참선하네."라고 칭찬했다. 정작 본인은 인생의 허무 때문에 힘들고 고통스러워 잠 못 이루고 몸부림치는 건데 타인으로부터 참선 잘한다고 칭찬받는 상황이 도법에겐 묘하게 느껴졌다.

1911년 태어난 지월은 1973년 몸이 쇠약해져 자리에 눕게 되자 제자들에게 "수행력이 모자라 이렇게 눕게 돼 면목이 없습니다. 게으르지 말고 부지런히 수행하세요."라는 말을 남기고 입적했다.

# 3

# 간디와 화엄경:
# 책에서 길을 찾다

도법은 10여 년 동안 선배 선사들이 지시하는 길을 갔으나 길을 찾지 못했다. 그래서 그 길을 떠나 자기 방식의 길을 찾아 나섰다. 이는 마치 석가모니가 6년 고행 끝에 그 길을 버린 것과 같았다. 도법은 그 후 간디와 『화엄경』을 만나면서 비로소 빛을 찾았다고 느낀다. 세간에 "책 속에 길이 있다"라는 말이 있는데, 이는 도법에게 딱 맞는 말이었다. 물론 그 길은 사무치게 진리를 찾는 마음이 있기에 비로소 보인 길이었다.

## 방황과 모색

해인사 강원에서의 법문과 강론은 도법의 화두를 풀어주지 못했지만, 방향을 잡는 데에는 도움이 됐다. 법문이나 경전이 모두 참선해서 깨달아야 인생 문제가 해결된다고 가르쳤다. 그렇다면 바로 참선에 들어가면 되지 더 이상 이론을 공부할 필요가 없었다. 도법은 눈앞에 떨어진 화두 때문에 강원 졸업장도 아무 의미가 없다고 느꼈다. 그래서 졸업 5개월을 남겨놓고 절을 나와 김천의 수도암(修道庵)으로 가서 참선을 하기로 했다. 스물한 살, 단풍 질 때인 당시는 군대 갈 나이였지만 도법은 자신에게 직면한 고통이 너무 컸기 때문에 군대도 안중에 없었다. 그는 "잡아가려면 잡아가라. 잡아가면 감옥에서 수행하면 되지."라고 생각했다. 당시 행정력의 한계 때문이었는지, 혹은 다른 이유가 있었는지 알 수 없지만 영장은 도법에게 전달되지 않았다.

김천 수도암은 마을에서 이십 리를 걸어 올라가야 하는 깊은 산중에 있었다. 그곳에서 참선을 준비하는 백일기도를 했다. 대웅전(大雄殿)에서 하루 두 시간씩 네 번 '석가모니불'을 염불하고 절하면서 참선 길에 나아가는 각오를 다졌다. 날씨는 춥고 물자는 없었기 때문에 나무꾼이 버리고 간 양말과 장갑을 주워서 신고 끼고 살았다. 그렇게 백일기도를 하고 친구를 찾아 해인사로 돌아왔는데, 강원이 풍비박산돼 있었다.

한겨울, 선방 수좌들이 해인사 총무스님의 방바닥을 곡괭이로 파낸 일명 '곡괭이 사건'이 벌어졌던 것이다. 경제적으로 궁핍한 상황에서 생활 여건이 너무 열악하고 배도 고프고 공부하는 게 힘드니까 총무가 수좌들을 제대로 대접하지 않는다는 불만이 생겼고, 결국 이 불만이 폭발한 것이었다. 총림에서 강원은 교육공간이고 선방은 수행공간이며 주지와 총무가 기거하는 곳은 행정공간이라고 할 수 있는데, 절을 운영하는 행정공간에 선(禪) 수행자들이 폭력을 가한 것이다.

이들의 행동은 강원 학인들에게 좌절을 안겼다. 학인들에게 선방은 선망의 대상이다. 선방에 들어가겠다는 꿈을 위해서 이론적인 준비를 하는 곳이 강원인 것이다. 그런데 선망 대상인 선방의 그 수좌들이 조폭 같은 짓을 했으니 학인들의 미래가, 그들이 모범으로 믿고 따를 이상(理想)이 갑자기 사라진 것이다.

평소에도 음주 등 각종 사건사고가 끊이지 않던 강원은 이를 계기로 더 문란해졌다. 도법이 김천 수도암에서 참선 준비 기도를 올릴 때, "졸업 후에 함께 참선하자."고 약속했던 강원 도반(道伴, 함께 도를 닦는 벗) 법철도 충격으로 술에 취해 지내고 있었다. 도법은 계(戒)를 지키지 않는 친구들이 미웠다. 그러나 "술을 먹지 않아야 한다는 규정 때문에 내가 누구를 미워하고 적대시하고 화를 내는 것은 옳지 않은 일이 아닌가."라는 생각이 들었다. 도법은 고민하다가 "사람을 미워할 바에는 차라리 내가 술을 먹어 봐야겠다."고 생각하고는 처음으로 술을 마셨다. 그랬더니 왠지 기분이 좋아졌고, "나한테 술이 맞는구나."라는 생각이 들었다.

도법은 음식을 엄격하게 가리지 않는다. 그는 이렇게 말한다. "음식은 탁발 정신으로, 인연 따라 먹는 것이다." 걸식을 했

고, 탁발한 음식을 감사하는 마음으로 드신 부처님도 육식과
채식을 구분하지 않았다. 부처님 당시 사촌이자 제자였던 데바
닷타(Devadatta)가 생선과 고기를 먹지 말아야 한다고 주장했을
때에도 부처님은 그것을 승단의 계율로 정하기를 거부했다.


## 송광사 3년 결사

'곡괭이 사건'을 계기로 친구 법철은 마음이 바뀌었다. 그는 "무
작정 참선을 하기보다는 책을 보겠다."고 했다. 도법은 여전히
선방에 가야 한다고 생각했다. 둘은 "6개월간 함께 책을 읽은
다음 선방에 가자."라고 합의했고 '책을 볼 수 있는 절'을 찾아
헤맸다. 하지만 집중적으로 책을 볼 수 있는 절을 찾기란 쉽지
않았다. 한 달 가까이 헤매다가 장소를 못 구해서 결국 둘은 각
자의 길을 가게 됐다.

　　도법은 이듬해인 1969년 봄에 순천의 송광사로 갔다. 송광
사는 마침 그때 보조 국사 지눌의 정혜결사(定慧結社)● 정신을
계승하기 위해 수선사(修禪社)라는 선원을 크게 짓고 "송광사
가 위치한 조계산을 벗어나지 않고 3년간 정진한다"라는 '3년
결사'를 결의한 상황이었다. 도법은 방장인 구산(九山) 스님에
게 허락을 받아 수선사에 들어갔다. 구산은 처음에 "참선의 경

●　고려 후기 불교계가 밖으로는 정치와 지나치게 밀착하여 순수성을 잃어버리
　고 안으로는 교(敎)와 선(禪)의 대립으로 혼탁해지자 기존 불교계를 반성하
　고자 펼친 수행운동.

험이 있어야 한다."라는 조건을 들어 불허했지만 공부가 절실
했던 도법은 꼭 참여해야겠다고 생떼를 써서 결국 허락을 받아
냈다.

　　참선을 위해 받은 화두는 '뜰 앞의 잣나무'였다. 9세기, 당
나라에서 "달마가 서쪽에서 오신 뜻은 무엇입니까?"라는 한 승
려의 질문에 조주(趙州) 스님이 "뜰 앞의 잣나무이니라."라고
답했다는 그 화두다.

　　도법은 희망을 품고, 그동안 마음의 준비를 해온 참선에
돌입했다. 청소, 빨래, 나무하기 등 일상생활을 하고 산책하고
법문도 들으면서 결제(結制, 안거를 시작함) 3개월은 하루 4시간
(밤 10시~새벽 2시) 자면서 12시간 좌선을 했고, 해제(解制, 안거를
마침) 3개월은 6시간(밤 9시~새벽 3시) 자면서 10시간 좌선을 했
다. 경전이나 선사들의 어록을 보거나 큰스님들의 법문을 들어
보면 "제대로 하면 3일이면 깨달을 수 있다."고 했다. 아니면 일
주일, 혹은 삼칠일(21일), 혹은 석 달이면 깨칠 수 있다고 했다.
참선이란 게 원래, 길게 오랫동안 끌면서 지지부진하게 하지
않아도 된다는 뜻이었다.

　　그런데 마음처럼 잘되지 않았다. 나이 스물둘의 혈기방장
한 청년 도법에게 화두는 잘 들리지 않았다. 경전에 "망상과 대
적하는 일이 '혈혈단신으로 만인의 적과 싸우는 것과 같다."라
고 했는데, 그게 실감이 났다. 화두를 들려고 하면 성적인 욕망
부터 시작해서 온갖 잡념이 다 떠올랐다. 화두를 들었다고 생
각했는데 어느 순간 딴 생각, 옛날 생각, 여자 생각을 하고 있었
고 때로 졸기도 했다. 안 되는 공부를 억지로, 단지 의지로 뚫고

50

나가려니까 상기병(上氣病)이 생겼다. 화두를 들고 앉기만 하면 열이 오르고 머리가 아프고 머리에 피가 여드름처럼 송송 솟아 맺히는 직업병이었다. 그래서 주로 많이 걸었다. 그런 과정을 2년 가까이 했더니, 20여 명으로 시작된 결사에 남은 사람은 나이 많은 사람들 네댓 명과 도법뿐이었다.

방장스님은 도법에게 수행 잘한다고 칭찬을 많이 했다. 나이 든 사람들에게 성취를 기대하기는 어려우니 젊은 도법에게 뭔가를 바란 것이었다. 그러나 공부가 진척되는 느낌은 없었고 시간이 지나도 결사에 처음 들 때와 다를 바가 없었다. 도법은 구산에게 가서 참선을 어떻게 해야 하는 것인지 묻기도 하고 공부가 안 된다고 떼를 쓰기도 했다. 구산은 "네 마음이 절실하지 않기 때문이다." 혹은 "용맹스럽게 하지 않아서 그렇다."라고 했다. 그러나 도법의 마음은 절실했고, 화두도 용맹스럽게 들었다. 그런데도 화두를 들려고 하면 할수록 망상은 평소보다 더 떠올랐다. 결국 몸이 쇠약해지고 희망은 보이지 않고 갑갑해서 3년을 채우지 못한 채 송광사를 나오고 말았다.


### 다시 금산사, 해인사 그리고 가행정진

송광사를 나온 후에도 방황과 모색이 계속됐다. 도법은 화엄사(華嚴寺) 구층암(九層庵), 월정사(月精寺), 상원사(上院寺), 동화사(桐華寺)를 돌아다녔다. 정광, 원효, 유개, 일장 등 선배 및 친구들과 함께 공부 좀 제대로 해보자며, 전에 백일기도 했던 김천 수도암에 다시 3년 결사를 목표로 들어가 한 철 살았지만 동안거(冬安居)●가 끝나면서 뿔뿔이 흩어지고 말았다. 지금은 종립(宗立) 선원이지만 당시는 퇴락했던 봉암사(鳳巖寺) 백련암(白蓮庵)에도 갔다. 그러나 600~700미터 떨어져 있던 큰절 봉암사에 일할 사람이 없다는 전갈을 받고 지금은 결혼한 도반 돈연(頓然)과 함께 내려와 공양주(供養主, 부엌에서 밥하는 사람) 역할을 하게 됐다. 참선해서 부처 되겠다는 간절한, 그러나 무망(無望)한 바람과 진척 없는 공부로 인한 실망을 반복하는 삶이 계속됐다.

다시 해인사에 들어가서 했던 가행정진 때는 뭔가 진척이 보이는 것도 같았다. 가행정진이란, 12시간 좌선에 2시간을 더해서[加] 하루 14시간 정진하며 잠은 하루 2시간만 자는 수행을 말한다. 이때는 밤 11시에 자고 새벽 1시에 일어났다. 열댓 명의 수좌들은 수행을 자유롭게 하자는 데에 의견을 모아, 다른 규칙들은 다 폐기하고 "선방에 들어오면 무조건 침묵하고 좌선한다."라는 규칙만을 정했다. 이때는 축구를 좋아하는 사람들이 많아서 축구를 많이 했다. 결제 3개월 중 마지막 날은 점심 먹고 축구를 저녁 6시까지 했다. 그렇게 해서 지쳐 쓰러질 정도가 되어도 일단 선방에 오면 좌복(坐服, 좌선을 할 때 자리에 깔고 앉는 방석) 위에 앉았고, 조는 한이 있어도 눕지 않았다.

해인사에는 수많은 사람들이 폐쇄된 공간에 모여 공부를 하니까 사건사고가 끊이지 않았다. 앞서 있었던 '곡괭이 사건'

---

● 승려들이 음력 10월 15일부터 이듬해 1월 15일까지 일정한 곳에 머물며 수도하는 일.

은 대표적인 사건사고였다. 눈이 펑펑 내리는 날, 비구 네 명이 포살(布薩)에 불참하고 등산을 갔다가 조난당해서 한 명이 죽은 일도 있었다. 포살은 계율이 실행되고 있는가를 고백, 참회, 확인하는 집회로, 출결이 엄격하여 무단으로 빠지는 것이 허락되지 않기 때문에, 함께 산에 올랐던 비구들은 징계를 받았다. 비구니 암자에서는 특히 사건들이 많았다. 비구니들은 비구들에게 절대적인 존경을 표했고, 정성껏 대접을 해주었다. 이것은 불교계의 전통이었다.● 그래서인지 많은 비구들이 비구니 암자를 찾았다. 방문이 너무 잦아지자 비구니들이 이를 불평했고, 원로들은 비구니 암자 방문을 금지했다. 이를 어기고 몰래 갔다가 들킨 비구가 대중 앞에서 참회의 절을 하는 경우도 있었다. 섣달 그믐날에는 '암자 털기' 윷놀이를 해서 진 팀이 비구니 암자에 쳐들어갔다가 솥 안에 남아 있는 누룽지 덩어리만 들고 오는 경우도 있었다. 비구니들이 우물에 담가놓은 수박을

● 석가모니 붓다의 이모인 마하파자파티(Mahapajapati)가 출가를 청하자 붓다는 이를 거절하다가 팔경계(八敬戒)를 조건으로 허락했다. 마하파자파티는 "젊은 여자가 머리를 감고 아름다운 꽃을 장식하는 것을 좋아하듯, 나는 이 팔경계를 한평생 소중히 지키겠습니다."라고 맹세함으로써 첫 여성 출가자, 즉 비구니가 됐다. 팔경계는 다음과 같다. ①보름마다 비구의 지도를 받아야 함, ②비구의 지도에 따라 안거해야 함, ③안거의 마지막 날에는 비구를 초청하여 그동안 저지른 자신의 허물을 말하고 훈계를 받아야 함, ④식차마나(式叉摩那, 사미니와 비구니 사이의 단계에 있는 여승)는 비구·비구니에게 구족계를 받아야 함, ⑤비구를 꾸짖어서는 안 됨, ⑥비구의 허물을 말해서는 안 됨, ⑦무거운 죄를 저질렀을 때는 비구에게 참회해야 함, ⑧수계(受戒)한 지 100년이 지난 비구니라도 방금 수계한 비구에게 공손해야 함. 인터넷 『시공 불교사전』 참조.

달밤에 '벗은 몸'으로 서리해 오는 엽기적인 사건도 있었다. 금지돼 있는 음주는 항시 있는 사건사고였다. 그러나 가행정진 때에는 큰 원칙만 세우고 나머지는 개인이 알아서 하는 시스템이 좋았기 때문인지 사건사고가 없었고 수좌들도 공부에 만족했다. 주지 지월도 "이번 철, 참 잘 살았다."라고 칭찬해주었다.


## 마하트마 간디

스물두 살 때부터 십여 년 세월을 도법은 참선해서 도인 되겠다고 몸부림쳤다. 그것은 삶과 죽음의 문제를 풀겠다는 일념이었다. 그러나 남은 것이라고는 쇠약해진 몸뿐이었다. 치열하게 십년공부를 했는데도 길이 보이지 않자 심각한 좌절감이 들었다. 또 선원에 대한 회의도 생겼다.

인생의 진리를 추구하는 최고의 수행자들이 모인 곳이 선원인데, 그곳 스님들의 삶이라는 게 특별히 매력적이지 않았다. 그들이 다른 사람에 비해 더 정직하지도 겸손하지도 소박하지도 헌신적이지도 자유롭지도 않았다. "어, 이거 뭐야?"라는 생각이 들고 당황스러웠다.

마하트마 간디(Mahatma Gandhi, 1869~1948)를 만난 것은 그 십여 년 구도의 끝, 1970년대 후반부였다. 도반 몇 명이, 새롭게 선방을 운영한다는 제주시 원명사(圓明寺)의 원명선원으로 가자고 했고, 여기서 여름 안거에 들어갔다. 그러나 제주도는 기후 변화가 심하고 체력을 고갈시키는 환경이었다. 제주도에 관광 가는 것과 거기서 수행을 하는 것은 전혀 달랐다.

그래서 도반들은 자유롭게 살자는 데에 의견을 모았다. 그들은 갑갑한 선방에만 틀어박혀 있지 않고 바닷가에서 바람도 쐬고 책도 보았다. 도법은 이때 인도 독립운동가 마하트마 간디의 자서전을 읽고 큰 감화를 받았다. 인간에 대한 무한한 자비의 마음으로 불살생(아힘사(ahimsā))을 실천했으며 비폭력 불복종의 방식으로 인도 독립운동을 주도했고, 영국 제국주의에 저항하면서도 영국을 미워하지 않은 간디. 그는 불교도가 아니고 힌두교도였지만, 도법에게는 "석가모니 붓다의 정신에 가장 충실한 사람"으로 보였다.

도법은 간디를 만나면서 스스로 부끄러움을 느꼈다. "간디는 이렇게 인도의 민중들을 위해서, 인도의 독립을 위해서 자신의 모든 것을 바치는데 나는 나 개인의 깨달음을 위해서, 즉 이기적인 동기로 수행하고 있는 것은 아닌가?" 하는 반성의 마음이 생긴 것이다.

부끄러움이란, 자신의 전 존재가 타인의 시선에 혹은 자신의 시선에 포착될 때 느껴지는 감정이다. 그렇다면 '부끄러움'이란 곧 '깨달음'이다. "부끄러운 줄 알라."는 말은 "너 자신을 알라."는 말이고 "깨달으라."는 말이다.

간디를 만남으로 해서 도법은 구도에 대한 새로운 문제의식을 갖게 되었고, 붓다의 삶 그리고 불교경전을 '사회적 삶'이라는 시각에서 재해석하게 되었다. 그러자 조금씩 불교 수행이 무엇인지가 보이는 듯했다. 하지만 좌우대립이 극심한 한국에서 간디의 사상과 정신은 자주 비판받아왔다. 2015년, 한 식사 자리에서 도법이 "간디는 (폭력적인 방법을 택한) 안중근을 비판했다."라는 말을 했다. 그러자 곧바로 다음과 같은 토론이 이어졌다.

비판자   당시의 일본과 영국은 달랐다. 영화 〈간디〉를 보면 간디의 힘은 당시의 영국 언론으로부터 나온 것이었음을 알 수 있다. 간디는 비폭력 시위를 기획하고 이를 언론에 흘리는 전략을 썼다. 현장에서는 공권력의 무자비한 폭력이 자행되고 이것이 그대로 언론을 통해 영국의 대중들에게 노출됨에 따라 간디에게 유리한 여론이 형성되었고 그것이 인도 독립운동의 힘이 되었다. 반면에 일제강점기 당시의 언론은 그렇지 않았다. 안중근의 행동도 간디처럼 '평화'의 정신에 입각한 것이었으나 일제의 폭압 때문에 폭력은 불가피했다.

도법   간디에게 한 기자가 물었다. "상대가 대영제국이니까 당신의 비폭력이 통하는 것이다. 만약 히틀러의 나치체제였다면 그래도 비폭력 무저항의 전략이 적절했을까?" 그때 간디는 말했다. "물론 나치 치하에서도 비폭력은 가능하다. 다른 점이 있다면 더 많은 희생을 각오해야 한다는 것뿐이다."

<u>비판자</u> 간디는 카스트를 인정했다. 당시 인도에서 더 현실적이고 정의로웠던 것은 카스트제도를 없애야 한다는 불가촉천민 출신 암베드카르(Bhimrao Ramji Ambedkar)의 전략이었다. 암베드카르야말로 수많은 힌두교도를 불교로 개종시킨 진정한 불교도가 아닌가?

<u>도법</u> 간디는 불가촉천민을 "신의 아들"이라고 불렀다. 이는 카스트를 부정했음을 뜻한다. 간디는 석가모니처럼 '신앙-생활 공동체'를 만들었고, 거기에 불가촉천민도 받아들였다. 간디가 암베드카르와 다른 입장을 취한 것은 전략적 선택이었을 뿐이다. 당시 우선적으로 집중해야 할 것은 인도의 독립이었다. 지금도 인도에서는 선거철만 되면 불가촉천민들의 불교로의 개종이 이루어지지만 항상 일시적인 행사로 끝나곤 한다. 그만큼 카스트제도는 뿌리 깊다. 간디는 힌두교도지만 석가모니 붓다를 최고의 완성자로 평가한다. 불교인들이 간디의 가르침을 결코 가볍게 보아서는 안 된다.

간디와의 만남을 계기로 도법의 화두는 '죽음'에서 '삶'으로 전환됐다. 도법은 간디를 통해서 붓다에 대해서, 그리고 불교에 대해서 다시 보고 다시 생각하게 됐다. "사람이란 이렇게 살아

야지. 보살•의 삶이 이런 삶이겠구나. 부처님도 이렇게 살았겠구나."

2,600년 전 석가모니 붓다도 6년간의 선정(禪定)••과 고행 수행에도 불구하고 해답을 찾지 못했으며 전통적인 공부방법을 포기한 후에야 비로소 스스로의 길을 찾았다. 도법도 전통적 수행이 아닌 다른 곳에서 깨달음의 실마리를 잡았다. 차이점이 있다면, 천재였던 석가모니는 홀로 보리수 밑에서의 짧은 명상으로 "내가 부처다"라고 외쳤지만 도법은 이후에도 긴 세월 동안 여러 사람들과의 소통과 현장 활동을 통해 "사람이 본래 붓다"임을 이해하게 됐다는 것이다. 그러나 깊은 성찰 끝에 그 도를 실천하기 위해서 온 힘을 다해 노력했다는 점에서는 차이가 없다.

## 『화엄경』

1970년대 후반, 간디를 만난 그 무렵, 도법은 또한 『화엄경』을 만난다.

많은 불경들이 있지만 유독 『화엄경』만이 단도직입으로 진리를 설한 경전으로 평가된다. 화엄경은 바다에 비유되기도 한다. 다른 경전들이 강(江)이라고 한다면 화엄경은 이 모든 것

---

• '중생 구원'의 서원을 세운 구도자.
•• 신체를 안전하게 유지하고 조용하게 인간 본래의 모습을 명상하는 것, 마음을 하나로 집중시켜서 동요하지 않는 것.

이 모인 바다이다. 강이라면 어디에서 어디로 가는지 보인다. 그러나 바다는 어딘가로 가기보다는 그 자체로 존재하고 활동한다. 모든 강들이 모여 이루어진 바다, 그 자체를 설명하는 것이 『화엄경』이다. 바다를 설명하려면, 우선 온갖 강을 다 얘기하지 않으면 안 된다. 그러나 강을 얘기하는 데에서 그치면 안 되고 바다 자체를 얘기할 수 있어야 한다. 『화엄경』은 우주의 부분이 아니라 우주 자체를 총체적, 입체적으로 보여준다. 이것이 도법의 『화엄경』 이해다.

『화엄경』은 '지혜 제일' 사리불(舍利弗)을 비롯한 대중들도 그 뜻을 이해하지 못했다는 이야기가 전해질 만큼 대단한 책이다. 또한 양으로도 방대하고 내용도 영원과 무한의 세계를 다루고 있어서 일반인이 직접 읽기에는 부담이 크다. 그러나 승려로서 삶의 방향을 찾던 도법에게 『화엄경』은 신선한 감동으로 다가왔다. 처음에는 정신적으로 방황하던 한 도반과 같이 읽기 시작했으나, 도중에 도반은 떠나고 도법 혼자서 독서를 계속했다. 석 달 동안, 탄허(呑虛) 스님이 번역한 통현 장자(通玄長者) 주석본 『화엄경』 23권을 읽으면서 도법은 화엄의 세계관으로 자신의 몸과 마음을 정화했다.

당나라 시절의 불교학자 이통현(李通玄, 635~730)은 『화엄경』이 범부(凡夫, 평범한 사람) 중생을 대상으로 하는 경전임을 강조한다.

만약 『화엄경』이 범부가 이해할 수 있는 범위를
벗어나 있고 보살만이 행할 수 있는 것이라고

말하는 사람이 있다면, 이 사람은 불지견(佛知
見)을 소멸하고 정법을 파멸하는 자임을 알아야
한다. 그런 사람은 바른 법이 세상에 유통되지
못하게 하고 세간에 바른 견해가 생겨나지 않
게 하여 부처의 종자를 단멸할 것이다. 모든 지
혜로운 자들은 이처럼 (범부의) 수행을 꺾어서는
안 된다.●

이통현은 더 나아가 깨달음이란 것이 생사윤회의 현장을 떠나
서는 추구될 수 없고, 또한 새로이 얻을 신비한 깨달음 자체가
없다고 선언한다.

중생에게 필요한 것은, 다만 '초발심(初發心, 처음으로 깨달음
을 구하려는 마음을 내는 것, 혹은 그 마음)'을 내는 것이다. 모든 범부
는 자신이 죄 많은 중생이라고 믿을 뿐, 자신들의 마음이 붓다
의 부동지(不動智, 마음공부의 궁극에 다다른 사람이 갖는 지혜)와 같
음을 인정하지 않는다. 그러나 만약 자신과 붓다의 근원적 동
일성에 대한 완전한 믿음만 갖추어지면 바로 붓다와 동일한 지
위에 머무를 수 있다. 이것이 이른바 초주성불론(初住成佛論)이
다. 이통현은 "깨달음을 향한 처음의 발심과 최후의 궁극적인
증득(證得)은 둘이 아니지만, 처음 마음을 얻기가 더 어렵다. (중

●  이통현, 『신화엄경론』. 고승학, 「이통현: 속성없는 마음, 의지하지 않는 마음」,
   서울대학교 철학사상연구소 엮음, 『마음과 철학: 불교편』(서울대학교출판문화
   원, 2013), 262쪽에서 재인용.

략) 이런 이유로 나는 초발심을 일으킨 이들을 경배한다."• 라고 말한다.

이통현은 이처럼 당시 정통파 혹은 화엄종 학승들의 해석과는 달리 『화엄경』의 원래 문학적 흐름과 이미지에 좀 더 부합하는 생동감 있는 해석을 제시했다. 중국 화엄 3조(祖)•• 법장(法藏)은 보살의 수행이 완료되어 붓다의 과덕(果德, 수행의 결과로 얻어지는 공덕)이 실현된 경지를 서술한 『화엄경』의 「보왕여래성기품(寶王如來性起品)」(「여래출현품(如來出現品)」이라고도 함)을 경전의 주제가 나타난 부분으로 간주했으나 이통현은 선지식(善知識, 불도를 잘 알고 덕이 높아 사람들을 교화할 능력이 있는 사람)을 찾아 나선 선재동자(善財童子)의 편력을 상세히 다룬 「입법계품(入法界品)」을 본 경전의 핵심으로 보았다.

도법은 이통현의 화엄경을 읽고 경이와 환희를 느낀다. 1991년 도법이 쓴 책 『화엄의 길, 생명의 길』에는 이런 그의 느낌들이 기록돼 있다.

> 화엄경을 관심 있게 읽어 가노라면 '인간의 가
> 슴이 이렇게도 클 수 있는 것일까? 세계와 생명

● 　이통현, 『신화엄경론』, 앞의 책, 264쪽에서 재인용.
●● 　화엄종은 인도의 용수(龍樹), 세친(世親)을 거쳐 중국의 두순(杜順), 지엄(智儼), 법장(法藏)으로 맥이 이어진다. 신라의 의상(義湘)은 화엄의 2조 지엄을 사사하며 「법성게」를 지었고 지엄은 의상에게 의지(義知), 법장에게 문지(文知)라는 호를 내렸다. 이는 의상은 근본 뜻에 통달해 있고 법장은 이론에 밝음을 나타낸 것이다.

을 향한 애정의 관심이 이렇게도 뜨거울 수 있
는 것일까? 생명의 가치실현을 위하여 바치는
정열이 이렇게 타오를 수도 있는 것일까?' 하고
의아스럽게 여겨지기도 한다. 그러나 세계를 포
용하는 크나큰 인간의 가슴, 생명을 향한 깊고
깊은 애정의 관심, 이웃-생명-세계를 가꾸기
위한 뜨거운 정열의 헌신이 우리들 인간 자신에
게 갖추어져 있음을 생각할 때 환희가 솟구침을
느낀다. 인생이란, 삶이란 정말 이래야 된다고
흐뭇하게 웃으며 고개를 끄덕이게 된다.●

『화엄경』은 석가모니 붓다가 깨달은 우주적 진리로서의 연기
법(緣起法)을 구체적인 삶으로 연결시킨 경전이다. "모든 것은
서로를 매개로 해서 생성된다."라는 내용의 이 연기법을 객관적
인 원리로서만 이해하려 든다면, 그것은 하나의 개념일 뿐이어
서 별 의미가 없다. 연기법은, 구체적 삶으로 살아내는 '실천'이
뒷받침될 때 비로소 의미가 있는 것이다. "인식하는 주관과 인
식되어지는 원리인 객관이 두 개로 나뉘어져 있는 한 대립과 갈
등은 반복될 뿐이다. 중요한 것은 인식하는 자와 인식되어지는
원리 사이에 놓인 장벽을 부수고 연기법 자체가 되는 것, 즉 연
기(緣起)의 원리와 완전히 하나 되어 통일체로 사는 일이다."●●

●  도법, 『화엄의 길, 생명의 길』(선우도량, 1999), 44쪽.
●● 앞의 책, 118쪽.

『화엄경』에서 이를 실천한 주인공이 바로 「입법계품」에 등장하는 구도자 선재동자다. 선재동자는 세계와 생명의 실상은 일심동체의 연기임을 꿰뚫어 보려고 했다. 그러기 위해서는 언제나 탐욕과 이기심을 버리고 깊은 관심과 순수한 뜻으로 관계 속에 온전히 참여해야 한다. "그럴 때에 진리에 대한 안목이 열리게 되고, 동시에 세계와 생명의 실상이 목전에 현현하게 된다."는 문수보살(文殊菩薩)의 가르침을 받고 선재동자는 구법(求法)의 편력에 나선다. 이는 무책임한 방황이나 낭만적인 방랑이 아니다. 부딪히는 현실 순간순간마다 새롭게 탄생하는 것만이 참으로 도에 일치된 삶을 가능케 한다는 것을 말하는 것이다. 또한 인습과 타성에 젖어 있지 않고, 늘 관계 속에 자신의 전부를 바침으로써 가슴을 정화하고, 깊은 관심의 성찰로써 항상 깨어 있어야 함을 뜻한다.●

구법은, 그리고 도(道)는 삶과 유리된 고매한 정신세계가 아니다. 『화엄경』이 최종적으로 제시하는 것은 '일상성의 자각'이다. 선재동자는 53명의 선지식에게 나아가 "제가 이미 발심했는데 어떻게 보살행을 배우고 닦아야 하며, 어떻게 해야 빨리 보현행을 완성할 수 있습니까?"라고 묻기를 성불의 순간까지 일관되게 하고 있다. 수도의 진행 과정에 나타나는 변화란 처음에 발심한 내용이 점점 뚜렷해지고, 그에 대한 믿음만 깊어질 뿐 천지가 개벽하는 변화가 나타나는 것이 아니며 신비한 기적

● 앞의 책, 120~121쪽.

이 전개되는 것 또한 아니다.● 또한 선지식을 만나게 되는 장소는 저잣거리, 이웃, 산중, 강변, 궁궐 등 중생살이의 현장이며, 선지식들은 비구, 비구니 등 출가자들뿐 아니라 뱃사공, 장사꾼, 소년, 소녀, 창녀, 군왕 등 평범한 이웃들이다. 이는 "생활이 곧 도"임을 뜻한다. 도는 반드시 선방에 앉아서 구해야 하는 것은 아니며 일상의 삶, 그 생명의 현장에서 구하는 것이다.

『화엄경』의 정신에 입각해서 보면 지구의 한 모퉁이에서 펼쳐지는 조그마한 하나의 사건도 우주 전체의 관계에서 나타나는 것이다. 모든 것이 서로 연결돼 있음을 『화엄경』은 매우 장엄하게 표현한다. 이 경전에는 고도의 정신적 존재인 부처님을 비롯한 무수한 보살들과 생명의 존재인 무수한 천왕들과 자연의 개체인 무수한 신 등 존재하는 모든 것이 평등한 자격으로 참여하는 법회가 그려져 있다. 이런 세계관을 담고 있는 『화엄경』이 추구하는 최종 목표는 '평등'과 '조화'의 정신이다. "구도자들이 통달하고자 하는 것은 전체를 포함한 개체, 개체를 포함한 전체, 정신을 포함한 물질, 물질을 포함한 정신, 너를 포함한 나, 나를 포함한 너, 우주를 포함한 인간, 인간을 포함한 우주, 시간을 포함한 공간, 공간을 포함한 시간, 생명을 포함한 세계, 세계를 포함한 생명, 과거-현재를 포함한 미래, 현재-미래를 포함한 과거, 중생을 포함한 부처, 부처를 포함한 중생, 유정을 포함한 무정, 무정을 포함한 유정 등 존재하는 모

● 　앞의 책, 147쪽.

든 것이다."•

　하나의 사물, 하나의 사건이 단절되어 있거나 분리되어 있지 않음은 물론, 진리 자체의 작용으로써 평등한 가치를 지니는 만큼 개체와 전체가 일심동체의 진리 위에 통일된다. 유정과 무정, 너와 나, 이것과 저것 등 모든 것이 참여하고 개체와 전체가 조화되어 나타나는 것을 진정한 삶이라고 규정하는 화엄 정신에 비추어 보면, 특수한 것에만 가치를 부여하고 특정한 하나에만 집착함으로써 평등의 가치 인식과 전체의 조화를 무시해온 우리의 무지가 얼마나 심각한가를 알 수 있게 된다.

　이런 화엄의 세계관으로부터 도출되는 인생관은 무엇일까? 그것은 내가 지금, 여기에서 맞닥뜨리고 있는 삶이 다른 모든 것과도 맞먹는 의미를 지니고 있으니 그 삶에 충실해야 한다는 것이다. 또한 그 삶은 사회와 역사에 그리고 세계와 이웃에 열린 것임을 잊지 말아야 한다는 것이다. 도법은 "경전 말씀은 체험의 언어임을 알아야 한다. 생명의 실상을 꿰뚫어 보고 온몸으로 체험하여 구체적인 삶으로 실현된 내용을 기록한 언어인 것이다."••라고 한다. 경전을 이렇게 이해하면 그것들이 바로 삶의 가르침으로 응용된다. 거꾸로, 인간의 삶에 적용되지 않는 관념적인 것은 불법(佛法)이 아니다. 도법은 "불법은 삶의 과학"이라고 주장한다. 그 사상적 연원은 『화엄경』이다.

---

●　앞의 책, 114쪽.
●●　앞의 책, 129쪽.

# 2

# 혁명

선우도량의 목표는 '장기적'인 승가정신의 개혁이었다.
"출가자의 사상적 변화를 개혁의 목표로 한다."라는
기치를 내건 선우도량은, 그러나 출범 4년 만인
1994년 들어서 종단개혁의 태풍으로 끌려 들어간다.

# 4

# 혁명을 향한 성찰:
# 화엄학림과 선우도량

도법은 1980년대 초반, 한국 불교의 새로운 방향을 모색하기 위해서 화엄학림을 개설했다. 전통적인 선(禪)에 교(敎)를 접목하고자 하는 몸짓으로서의 화엄학림은 5년간 지속됐으나, 도법은 자신의 역량 부족을 절감한 끝에 이를 접었다. 1980년대 후반에는 새로운 불교 세계관과 수행관을 세우기 위해 도반들과 함께 수행결사모임 선우도량을 창립했다. 선우도량은 불교의 사회적 의미를 천착하면서 한국 불교의 혁명을 꿈꿨으며, 이는 1990년대에 종단 개혁의 에너지가 됐다.

## 화엄학림

1980년 초, 도법은 자신의 출가본사인 금산사에 『화엄경』을 공부하는 불교학교 '화엄학림(華嚴學林)'을 개설했다. 이것은 10여 년간의 참선 공부 그리고 끊임없는 회의와 방황과 모색 끝에 자신의 방식으로 찾은 새로운 길이었다. 대한민국 불교의 입장에서 보면 선(禪)에 교(敎)를 접목시키는 몸짓이었으며, 경허(鏡虛) 스님(1849~1912) 이래 간화선 중심으로 흘러온 한국 불교가 새로운 방향을 모색함을 의미했다.

그러자 간화선에 투철하고자 하는 동료들로부터 비난의 말들이 날아왔다. 친하게 지내던 명진(明盡) 스님은 농담이지만 "(금산사에 학림을 열면) 금산사 불 질러 버릴 거야."라고 했고, 존경하던 선배 적명(寂明) 스님은 "너하고 나는 이제 갈림길에 서서 손 흔드는 상황이다."라고 선언했다. 함께 참선의 길을 가던 도반들에게는, 참선에서 갑자기 학림으로, 즉 교학(敎學)으로 전환하는 도법이 '타락자', '변절자'로 비친 것이다.

『화엄경』에는 수많은 보살들이 등장한다. 반면에 '『화엄경』의 부처'인 비로자나불(毘盧遮那佛, 시공간을 뛰어넘어 우주만물에 진리의 빛을 비추는 '불교의 진리 자체'인 부처로 눈에 보이지 않는다. 석가모니는 비로자나불이 사람 몸을 하고 현실에 나타난 분이다.)은 침묵을 지킨다. 이것은 "세계가 세계 자신을 알고 또 실천한다."라고 하는 화엄경의 지혜를 시사한다. 우리가 도를 실천하는 것은, 개인의 힘만으로 되는 것이 아니다. 이 세상의 모든 생명들이 도를 실천하게 하는 것, 그것이 화엄경에 등장하는 신(神)과 보살이 의미하는 바다. 한국의 불교 또한 화엄의 세계가 돼야 하며 그러기 위해서는 토양 혹은 연못이 필요하다. 그런데 한국 불교에서 승려들은 너도 나도 꽃이 되려고만 했지 꽃이 필수 있는 토양이나 연못을 가꾸려는 노력은 하지 않았다. 이것이 한국 불교가 황폐화한 원인이라고, 그러므로 많은 사람들이 『화엄경』을 공부할 수 있는 마당을 열어 한국 불교의 토양을 비옥하게 하는 것이 자신의 역할이라고 도법은 생각했다.

불교의 세계관과 정신의 토양이 두터워지려면 불경이 좀 더 쉽게 읽히지 않으면 안 됐다. 그래서 도법은 화엄학림을 이끌면서 불교 공부의 '한글화', '현대화'를 추진했다. 한문경전을 통한, 전통적인 불교 공부방식은 너무 어렵다고 생각해서 젊은 사람들이 편하게 다가갈 수 있는 방법을 찾은 것이다. 당시 동국대학교 승가대학에서 진행하는 현대적 불교 공부가 있기는 했지만, 이는 왠지 만족스럽지 않았다.

화엄학림은 5년 동안 열었다. 그러나 애초의 뜻을 이루지는 못했다. 화엄을 공부하겠다는 사람들이나 가르치는 사람들 모두 전통적인 방식으로 하려 했고 한글화, 현대화된 방식을 원하지 않았기 때문이었다. 그래서 한글화된 공부방식은 주류가 되지 못하고 특강 형식으로 보조역할을 할 수밖에 없었다. 도법은 학림 1기 3년 동안은 현실과 타협해서 전통적인 방식으로 진행했고 2기부터 본격 한글화의 기치를 내걸었지만 결국 성공하지 못했다.

도법은 알음알음으로 사람을 구했고, 학림에는 나름대로 문제의식을 가진 스님 열댓 명이 모였다. 하지만 도법이 가리키는 방향으로 가겠다는 사람은 별로 없었다. 학림을 운영하는 금산사의 여건이나 불교 공부의 풍토 자체가 한글화된 학림을 열기에는 적합지 않은 것 같았다. 그중에서도 가장 중요한 것은 자신의 실력과 역량의 부족이라고 도법은 느꼈다. 여건이 어려우면 사람들로 하여금 그 어려움을 뚫고 나가도록 이끌고 설득해야 하는데, 자신에게는 그런 능력이 모자랐다. 무엇보다 자신의 내부에 균열이 있었다. 도법 스스로도 참선해서 깨달아야 한다는 생각을 그대로 붙든 채 '뜰 앞의 잣나무'라는 화두로 참선을 계속했다. 그러면서 학림이라는 또 다른 길을 모색하는 형국이었다. 이렇게 참선과 학림이 이원화된 도법의 행동은 설득력을 갖지 못했다. 간화선과 『화엄경』, 수행과 삶, 불교관과 실천론이 통일되어야 했는데 그러지 못하고 엉거주춤한 상태였다.

도법은 결국 『화엄경』에 나오는 선재동자가 그랬듯이 '순례'를 해야겠다고 마음먹었다. 간화선과 화엄의 길을 통일하기 위한 모색으로 1,000일, 3년간의 구도편력을 기획한 것이다. 자신이 구도자로 태어난 전라북도 안에서, 걷고 얻어먹고 민간의 일도 돕고, 얘기할 자리에서는 얘기하고, 그러면서 화두도 드는 행선(行禪)을 하겠다고 마음먹었다.


## 금산사 부주지 생활

도법은 준비한 순례를 바로 이루지 못하고 다음으로 미루어야 했다. 금산사에서 발생한 갑작스런 화재 때문이었다. 도법은 1985년 화엄학림을 정리하면서 1987년 봄부터는 순례를 시작해야겠다고 생각했는데, 1986년 겨울 출가본사인 금산사 대적광전(大寂光殿)●에 불이 났다. 금산사에서는 주지 도영(道永) 스님이 화재의 책임을 지고 물러났고 수습대책으로 월주 스님이 후임 주지를 맡았다. 하지만 월주가 화재 수습 실무까지 할 수 있는 상황은 아니었다. 결국 금산사 스님들 중 승랍(僧臘, 승려가 된 햇수)이 비교적 높은 도법이 그 일을 맡게 됐다.

도법은 이런 상황이 마음에 들지 않았다. 걸망 둘러메고 인생의 고뇌를 붙잡고 참선으로 길을 뚫겠다고 서원(誓願)을 세워 살아온 삶이었는데, 나이 마흔 즈음에 갑자기 행정을 맡아야 하는 상황이 곤혹스러웠다. 도법은 한 번도 재무, 교무, 총무, 주지 등, 절집의 정치-행정을 맡아본 적이 없었다. 그런 일에는 가치 부여도 하지 않았고 오히려 진짜 구도자는 그런 속스러운 일을 하지 않아야 한다고 생각해왔다. 그런데 친정집에 불이 나는 바람에 그 수습을 맡지 않을 수 없게 됐다. 도법은 총무를 맡아 실무만 하겠다고 했으나 월주는 도법에게 부주지 직함을 주었다. 사실상 주지 직무대행을 하는 자리였다. 전주를 중심으로 한 전라북도 대부분 지역이 금산사 관할이었기 때문

● 금산사는 백제시대에 지어진 절로, 신라의 통일 이후 혜공왕(惠恭王) 때 진표(眞表) 율사에 의해 중창되면서 절의 기틀이 갖추어졌다고 한다. 금산사의 대웅전 격인 대적광전은 1597년(선조 31년) 정유재란으로 소실되기 전에는 대웅대광명전(大雄大光明殿)이라 하였다가 1635년(인조 13년) 재건된 후부터 대적광전이라 칭하였다. 1963년 1월 21일 보물 제476호로 지정되었는데, 1986년 12월 6일 화재로 전소된 후 1990년에 복원됐으나 보물 지정에서는 해제됐다.

에, 도법은 결국 본사인 금산사와 전라북도 교구를 책임지는 자리에 서게 됐다.

불이 나니까 인심이 흉흉해졌다. 그런 가운데 신도들 마음도 수습하고 금산사의 사형(師兄)과 사제(師弟)들도 구슬려서 절을 정상화시켜야 했다. 절의 정상화란, 권위적이고 봉건적인 체제에서부터 근대화, 민주화로의 탈바꿈을 의미한다고 도법은 생각했다. 사제들도 같은 생각들이었다. 그들은 "어른들이 변하지 않으면 아무것도 할 수 없다."고 했다. 도법은 "우리들 각자가 자기 맡은 바 소임을 열심히 잘하자. 그러면 그걸 가지고 어른들을 내가 설득하겠다. 그렇게 해서 우리들의 의견 반영률을 첫해엔 60퍼센트, 다음 해엔 70퍼센트로 점차 높여가는 방식으로 일을 추진하겠다."고 했고 사제들도 이에 찬성했다.

도법이 처음 시도한 것은 '메주 만들기' 사업이었다. 구성원들 사이에 갈등이 많은데, 메주를 만들어 팖으로써 절의 경제에도 도움이 되고 구성원들의 마음도 모을 수 있겠다고 생각했다. 그다음에는 '식판 공양'을 도입했다. 당시에는 신도들이 오면 상을 차려 내는 '상 공양'이 일반적이었고, 돈 있는 사람들이 오면 독상을 차리는 등 특별 대접을 했다. 절의 경제가 살려면 돈 있는 사람들이 많이 와야 했기 때문이다. 그러나 도법은 평소에 이게 못마땅했다. "세상에서도 돈 없어 서러운데, 절에서까지 돈 없다고 푸대접받는 것은 부당하다."고 생각한 것이다. 그래서 특별 대접을 없앴다. 그랬더니 바닥 대중들은 좋아하는데 돈 있는 신도들은 하나둘 빠져나갔다. 신도의 수는 증가하지만 절의 운영은 어려워지는 상황이 됐다.

승가(僧家)의 공동체성 회복을 위해 전라북도 사암승가회 (寺庵僧家會)도 구성했다. 당시 본말사(本末寺) 관계는 행정적 으로만 이루어졌는데, 본사와 말사가 한 달에 한 번씩 모여서 지역 현안을 논의하고 불경 공부도 함께하도록 했다. 수직적 관계였던 관계를 수평적 관계, 공동체적 관계로 전환한 것이 다. 본말사 주지스님들의 모임인 사암승가회에서는 '불교 의식 (儀式)의 한글화' 등을 추진했다.

그런데 부주지 일은 너무 어려웠다. 새벽 예불 등 일상의 수행을 계속해야 하는 건 당연하고, 행자교육, 법회 등 절 안의 모든 일을 자신이 나서서 해야 했으며, 군(軍)법당 법회까지 나 가야 했다. 나이들이 비슷비슷한 사형 사제들을 이끌기 위해서 는 도법 자신이 모범을 보여야 했기 때문에 어느 것 하나 소홀 히 할 수 없었다.

일이 많은 것보다 더 어려웠던 것은 마음을 모으는 일이었 다. 처음에는 윗분들을 설득하는 게 어려울 것으로 생각했는데 막상 일을 해보니 젊은 층에도 문제가 많았다. 예를 들면 메주 만들기를 할 때 각자가 자기 소임들을 열심히 해야 그 성과로 윗분들을 설득할 텐데, 사제들은 책임감 있게 뭘 하지 않으면 서 윗분들 탓만 했다. 무책임하고 불성실했다. 위도 아래도 모 두 "아득한 담벼락"이었다. 그래서 도법은 스트레스, 만성피로, 소화불량에 시달렸고, 의사들은 도법에게 쉬어야 한다고 했지 만 쉴 수 있는 여건이 되지 못했다.

그렇게 시간이 흐르면서 화재로 소실된 대적광전 복원이 진척됐다. 대적광전 화재는 원래 정부가 해체, 실측, 보수 작업을 하며 관리권을 갖고 있던 가운데 발생한 것이어서 정부의 지원으로 복원이 진행됐다. 오늘날이었다면 장관이 옷을 벗어야 할 사안이었다. 도법은 부주지로서 이 복원작업을 직접 주관했다. 기둥도 서고 대들보도 오르고 서까래도 걸리는 등 복원작업이 진행되는 걸 보면서 월주 스님은 기뻐했지만 정작 도법은 별 흥미를 느끼지 못했다. 이는 대적광전 복원이 자신의 본업인 도 닦는 일과 무관한 일로 느껴졌고 그래서 가치 부여가 잘 되지 않은 탓이었다.

## 사회로부터 소외된 불교: 근대 한국 불교 약사(略史)

도법의 삶은 그대로 한국 불교 혁명의 역사다. 그의 삶을 서술하는 것은 한국 불교가 어떤 혁명의 길을 걸어왔는지를 살피는 일과 맞닿아 있다. 그러므로 이쯤에서 근대 한국 불교가 어떻게 진행돼 왔는지 그 역사를 일별할 필요가 있다.

한국 불교는 신라와 고려 때 꽃을 피웠지만 이후에는 음지에서 연명하는 신세였다. 불교는 자신의 동력으로 한국사회를 이끌어가지 못하고 오히려 외재적인 정치상황에 의해서 규정됐다. 조선조의 탄압, 일제의 왜곡, 해방 이후 이승만 대통령에 의해서 촉발된 정화(淨化), 전두환 대통령에 의한 법난(法難) 등 수많은 외재적 상황들 때문에 한국 불교는 스스로의 발걸음을 떼는 것조차 버거워했다.

조선조에 불교는 탄압을 받았다. 승려는 천민 신분으로 떨어졌고, 세종 시절에는 도성 출입조차 금지됐다. 이는 1895년 해제됐지만, 1910년 한일 강제병합으로 한국 불교는 다시 왜곡됐다. 일제는 승려의 결혼을 장려했고 대처승(帶妻僧, 살림을 차리고 아내와 자식을 거느린 승려)이 조선의 절간을 장악했다. 가정에 얽매임 없이 도를 추구하는 비구들은 자리에서 밀려났다.●

해방 이후 1954년에는 이승만 대통령이 '불교정화유시'를 발표했다. 그 내용은, 가정을 가진 승려는 친일승이니 물러나라는 것이었다. 이를 계기로 선학원(禪學院)의 비구 60여 명은 당시 조계종 중앙총무원이던 태고사(太古寺)를 점거했고, 이후 무력을 동원한 '절 뺏기'가 조계종의 관행이 됐다. 일제강점기에 일본제국의 힘으로 자리 잡은 왜색불교를 바로잡는 과정도 내부적인 논리보다는 외부의 힘으로 촉발된 것이었다.

"'불교정화유시'는 이승만 대통령이 사사오입 개헌 준비를 위하여 국민의 반독재적 관심을 호도하고 혼란위기의식을

● 한때 조계종 총무원장과 종정(宗正, 조계종 최고 정신적 지도자이자 불법의 상징)을 역임한 바 있는 서암 스님의 회고록에는 이런 상황이 그려져 있다. "다른 스님들은 모두 장가가서 애들 낳고 잘만 사는데⋯⋯ 그러니 결혼해라.' 일제 시대의 일이었다. 천지에 대처승만 보이던 시절이었다. 결혼한 스님들이 주지도 하고 절집 살림도 맡으며 유지 대접도 받아 오히려 잘살 때였다. 비구승은 거지나 다름없었다. 그런 상황인데 무슨 까닭으로 굳이 비구로 남는 거냐, 모친의 이야기는 그런 뜻이었다. 실제로 색시감을 물색하기도 했다. 그러나 나는 '저는 이미 불도와 결혼했습니다. 도를 이루기 위해 발심했으니 그게 바로 평생 함께 살아갈 약속이지요. 그러니 다시는 저를 위해 수고하지 마십시오'라고 단호히 거절했다." 서암 스님 구술, 이청 엮음, 『그대, 보지 못했는가』(정토출판, 2013), 356~357쪽.

조장하기 위한 위장 술책이었다."● 라는 비판을 받고 있기도
하다.

1980년에는 '10·27 법난'이 발생했다. 1980년 10월 27일
새벽 2시 조계종 총무원 이하 전국의 주요 사찰에 계엄군이 진
입해 송월주(宋月珠) 총무원장 등 46명을 연행하고 사찰의 종
무 관련 서류·재산 관련 서류·예탁금 증서 등을 압류해 갔다.
당시 계엄사령부는 이를 불교 정화를 위한 것이었다고 발표했
지만, 이 조치가 같은 해 벌어진 5·18 광주민주화운동, 다시 말
하면 시민에 대한 학살극으로 인한 반역성을 은폐하기 위해서
국민의 관심을 정치권 바깥으로 쏠리게 하려는 술책이었음은
명백했다.

근대 한국 불교의 역사는 분규로 점철됐다. 종단을 움직이
는 힘이 부처님의 가르침, 부처님의 법(法)으로부터 나온 것이
아니라 외부로부터 오는 것이었기 때문에 사찰 안에서도 세속
적인 욕망과 권력 욕구가 판을 쳤다. 해방 이후 한국 불교는 종
단의 대표권을 둘러싼 '정신적 지도자'인 종정과 '행정의 최고
책임자'인 총무원장 간 대립, 총무원장과 각 사찰 문중(門中, 한
스승 아래 대대로 형성된 승려들의 계통)과의 대립 등으로 바람 잘
날이 없었다. 1970년대 말 3년 동안 조계종단은 이른바 조계사
(曹溪寺) 측(윤고암(尹古庵) 종정, 배송원(裴松園) 총무원장)과 개운
사(開運寺) 측(윤월하(尹月下) 종정, 송월주 총무원장)으로 양분되어
종권 싸움을 벌였고, 1980년 3월 30일에야 양측의 합의로 일단

●　　김용옥, 『나는 불교를 이렇게 본다』(통나무, 1989), 254쪽.

해결의 실마리를 찾았으나, 그 후에도 내부적으로 갈등과 분규가 가라앉지 않았다. 이것이 법난의 빌미를 준 측면도 없지는 않다. 결국 불교계에서 '외부의 정치적 개입'과 '내부적 자성의 결여'는 악순환의 고리를 형성했다.

물론 자성의 움직임이 없지 않았다. 1947년 10월부터 1950년 3월까지 봉암사에서 50여 명의 승려가 전개한 '봉암사 결사'는 주목할 만한 불교 내부의 자성 노력이었다.

봉암사 결사의 의의는 '존경받는 승가상'을 확립한 것이었다.● 결사 이전의 불교는 일제에 의한 대처 불교였으며 그들의 주 임무는 신도들로부터 물질적 대가를 받고 복을 빌어주는 의례행위를 하는 것이었다. 이 시기 대부분의 승려는 종교적 기능인으로 전락했으며 생사해탈(生死解脫)과 구세대비(救世大悲)라는 출가자의 본분사(本分事)는 사라지고 없었다는 것이 당시 결사의 문제의식이었다.

봉암사 결사를 주도한 성철과 청담(青潭)은 사찰경제를 떠받치고 있던 불공(佛供)과 천도재(薦度齋, 죽은이의 영혼을 극락으로 보내기 위해 치르는 불교의식) 등을 과감하게 폐지했다. 성철은 대신에 내면적 수행자상 확립에 고심했다. 그는 세속적 가치와 질서로부터 승가를 철저하게 분리하고, 출가자만의 정신세계를 구축하는 데 힘을 기울였다. 간화선을 중시했으며, 공부에

---

● 이런 평가는 서재영, 「봉암사결사의 정신과 퇴옹 성철의 역할」, 대한불교조계종 교육원 불학연구소 편, 『봉암사결사와 현대 한국불교』(조계종 출판사, 2008), 161~204쪽 참조.

게으른 수행자들에게는 가혹하게 몽둥이찜질[방(棒), 불가에서 후학을 깨닫게 하려고 주장자를 세우거나 후려치는 것)을 하고 소리를 질렀다[할(喝)].

그 결과 참선하는 승려상이 구축되었다. 조선시대에 승려는 천민이었고 일반인들에게 반말의 대상이었으며 하인과 다름이 없었으나, 봉암사 결사를 계기로 승려에 대한 인식이 바뀌었다. 성철은 신도들로 하여금 스님들을 만나면 꼭 세 번씩 절을 하도록 했고 이를 지키지 않으면 신도로 인정하지 않았다. 자신을 만나려면 삼천배를 하도록 요구하기도 했다. 이는 "나를 만나려 하지 말고 부처를 만나라"는 메시지였다.

봉암사 결사는 한국 불교에 선풍(禪風)을 진작하는 큰 역할을 했으며, 여기에서 성철의 수행과 이에 따른 공헌은 절대적이었다. 그러나 봉암사 결사, 그리고 그 핵이 된 성철은 적극적으로 사회를 구원하는 데까지는 나아가지 못했다. 봉암사 결사의 표어는 "부처님 법대로만 한번 살아보자"라는 것이었다. 승려와 절은 사회 안에 있는 것이므로 사회를 향한 메시지의 제시가 결국 개혁의 내용이 되어야 했지만, 부처님 법대로 살아보자"는 표어는 승려들만을 대상으로 삼는다. 이는 당시 불교가 세속을 변화시킬 만큼의 역량이 미비했기 때문에 내부 역량을 강화하는 데에 우선 온 힘을 기울인 결과였다고 해석할 수 있을 것이다.

## 70~80년대 불교 사회운동의 발전

대한민국에 '사회의 구원'을 표방한 불교운동이 없지는 않았다. 1977년 발표된 전재성의 「민중불교론」 등이 그것이다. 당시 대학생이던 전재성은 「민중불교론」에서 "물질적 정신적인 고해에 허덕이는 중생은 정신적 고통을 물질적 정신적으로 해결할 수 있는 중생과는 구별된다."고 하여 중생 일반과는 계급적으로 구분되는 민중을 설정하였다. 그는 "진정한 보살행은 억압당하고 있는 민중의 해방을 위해 노력하는 실천"이라고 주장했다. 이를 위해서 민중불교운동의 영역을 확대하여 긴밀한 연대를 형성하고, 민중과 유리된 특권층과의 결탁은 배제하며, 정치운동과는 분리되어 종교 운동으로서의 고유성을 지켜야 한다는 등의 실천 방안을 제시했다. 전재성의 문제 제기 이후 여익구, 고은 등이 민중불교연구회를 조직하여 이념과 운동방법론에 대하여 논의를 확충시켜 나가지만 조직적인 체계가 있었던 것은 아니었고, 교리적으로도 다듬어지지 않았다. 이는 당시 이 사회에 번져가던 마르크스 이론을 불교에 덧씌우는 차원의 것이었다.●

한국 불교계는 1980년 10·27 법난으로 자성의 계기를 찾았다. 이후 1985년에 승가와 재가의 연합으로 민중불교운동연합(민불련)이 창립되었고 1986년에는 조계종 승려 152명이 "민주화는 정토구현이다"라는 제하의 시국성명을 발표했다. 이어 승려 221명이 발기하여 한국 불교의 반역사적·반민중적 보수

● http://www.beopbo.com/news/articleView.html?idxno=53050

성을 반성하고 불교자주화와 사회민주화에 대한 사명과 임무를 천명하며 불교정토구현전국승가회(정토구현승가회)를 창립했다. 또 '9·7 해인사전국승려대회'에서는 승려 2,000명이 모여 "호국불교란 정권에 봉사하는 것이 아니라 국민에 봉사하는 것이다"라는 내용의 '불교자주화선언문'을 채택하기도 했다.

## 선우도량 창립

1970~80년대, 군부 독재에 저항하는 사회 분위기는 불교계의 분위기도 바꾸었다. 이는 '밖'으로부터의 변화 압력에 대한 대응이었다. 그러나 불교 '안'에서부터의 변화가 없다면 이러한 변화도 사상누각에 불과할 것이었다. 그런 '안'으로부터의 변화의 씨앗이 1980년대 후반, 김제의 금산사에서 발아하고 있었다.

도법·지환(知幻)·수경(收耕) 등 30~50대의 소장·중진 승려 10여 명은 1988년 하안거(夏安居) 해제를 앞둔 어느 날 모임을 갖고 한국 불교의 변화를 위한 치열한 토론을 벌였다. '깨달음을 법칙으로 삼고 수행을 최고의 가치로 확신하는 출가정신은 분명한가', '청정·화합·헌신의 승풍은 살아 있는가', '이웃들과의 관계 속에서 수행이 충분히 이뤄졌는가', '불교는 민족전통종교로서의 위상이 확고하며 산업사회에서 올바른 역할을 해내고 있는가' 등이 그 논제였다. '승풍', '출가정신' 등 봉암사 결사에서 주제가 된 개념어들과 함께 '이웃들과의 관계', '산업사회에서의 올바른 역할' 등이 주제로 올라온 것이 눈에 띈다.

이는 개인의 마음과 수도, 사찰로부터 벗어나 '사회'를 화두로 삼은 당시의 시대정신이 선방 수좌들의 머리까지도 점령한 것이라고 할 수 있다.

이들은 "한국 불교의 개혁은 제도의 변화만으로 완수될 수 없으며, 철저한 자기변화와 의식의 변화가 수반되지 않고서는 결코 이뤄질 수 없다."라고 선언했다. 그리하여 개인의 수행과 교단의 문제에 대한 불교적 해법을 제시하기 위해 수행결사모임을 구성하기로 뜻을 모았고, 이후 2년간 5차에 걸친 준비모임을 통해 개혁을 갈망하는 스님들을 규합했다. 그 결과 1990년 11월 14일 결사조직이 창립됐다. 이날 예산 수덕사에서 열린 창립대회에는 도법·현각(玄覺)·원행(遠行)·범진(梵眞)·원타(圓陀)·원명(圓明)·현봉(玄鋒)·수경·법성(法性)·종광(宗光)·여연(如然)·범하(梵河)·영명(靈明)·현응(玄應)·명진·돈연·영진(永眞) 등 80여 명이 동참했다. 도법은 이해 가을 월주에게 "(대적광전 화재로 인한) 금산사의 위기는 넘겼고, 여기서 제 소임은 끝났습니다."라고 말했다. 월주는 펄쩍 뛰면서 금산사 일이 아직 끝나지 않았다고 만류했지만, 수덕사로 떠나는 도법을 막을 수는 없었다.

결사운동 단체의 이름은 '선우도량(善友道場)'으로 했다. 단체를 준비하는 사람들 사이에서는 당시 '정법불교중흥회'가 대세였지만, 도법은 '선우도량'을 제안했다. '선우(착한 벗)'라는 말은 불경에서 쓰이는 것으로, 부처님이 사람들을 "벗이여"라고 부르는 장면이 자주 나온다. '도량'은 한 장소를 의미하는 말이라서 전국에 연계망을 갖고 있는 결사 이름으로는 부적합하다는 이유로 처음에는 호응을 얻지 못했지만 정작 대중이 다 모인 정식 회의에서는 이 이름이 채택됐다.

선우도량의 상임대표를 맡게 된 도법은 결사의 방향으로 이론과 실천, 선(禪)과 교(敎)의 병행을 내세웠다. 기본적으로 전통 방식의 수행 정진은 하지만 그 이외에 대화와 토론을 통해 담론을 생산하는 일도 하기로 했다. 수행방법으로는 한국 불교에 전통으로 자리 잡은 간화선 이외에 위파사나(vipassanā)●, 천태선(天台禪)●●, 염불선(念佛禪)●●● 등의 다른 방법들도 모두 아우르려고 했다.

도법은 결사운동을 한 장소에서만 하는 것이 아니라 시간과 공간을 자유롭게 운용토록 했다. 뜻있는 사람들은 정혜사(定慧寺)에서 3년 결사를 수행하지만, 개인의 사정에 따라 한 철(3개월) 결사에 참여할 수도 있게 했다. 또 1년에 두 차례, 종단의 중요한 주제를 준비해서 3박 4일 혹은 2박 3일 동안 대화하고 토론하는 '수련 결사'를 했고, 각자 자기 삶의 현장에서 선우도량의 결사정신으로 생활하고 활동하는 '현장 결사'를 운용하기도 했다.

● 균형되고 맑은 관찰을 통하여 인간의 본질을 통찰하는 수행법. 몸과 마음이 매순간 변화하는 것을 그저 바라보기만 함으로써 몸과 마음은 행복의 원천이 될 수 없고, 몸과 마음에 영구적인 자아란 없으며, 몸과 마음이 업(業)에 따라 흐르고 있다는 것을 알 수 있게 된다.

●● 천태종에서 시행하는 선정(禪定) 수행법. 산란한 마음을 멈추고 한 가지 대상에 집중하는 '지(止)'와 위파사나, 즉 '관(觀)'을 합친 '지관(止觀)' 수행법.

●●● 염불을 통해 나 자신이 부처임을 믿고 내 안의 부처 성품을 발현하는 수행법.

자신의 인생 문제를 해결하겠다며 화두 참선에만 골몰하는 태도에서 탈피해 종단을 생각하고 여러 수행방법을 아우르게 된 이 결사는 도법 개인의 정신단계 측면에서도, 한국 불교의 발전단계 측면에서도 진일보한 것이었다. 그것은 한국 불교의 혁명을 의미했다.

조선조 이후, 특히 구한말의 선사(禪師) 경허 이후에 한국 불교의 법맥은 선불교를 중심으로 하는 것이었다. 선불교에서는 깨달음을 "진아(眞我), 즉 '참나'를 찾는 것"으로 규정했다. 이것은 인도 불교에서 인식론적 측면에서 이해되던 마음이 형이상학적 자아와 유사한 존재적 지위를 가진 주체로 새롭게 정의되어가는 것을 의미한다. 원래 인도 불교는 '마음이란 어떤 실체가 아님'을 증명하는 식으로 전개됐지만, 중국으로 오면서 마음은 실체가 있으며 절대적이고도 신비한 존재가 된 것이다.● '불립문자(不立文字)', '이심전심(以心傳心)' 등으로 표현되는 이런 전통은 "내가 설하는 이 법은 현실적으로 증험되는 성질의 것이며, 때를 격하지 않고 과보(果報)가 있는 성질의 것이며, 와서 보라고 말할 수 있는 성질의 것이며, 열반에 잘 인도하는 성질의 것이며, 또 지혜 있는 이가 저마다 스스로 알 수 있는 성질의 것"●●이라고 한 석가모니 붓다의 진술과 어긋나며 과학적인 사

---

● 중국 불교에 대한 이런 비판은 조은수, 「중국 불교: 마음, 인도에서 중국으로」 참조. 서울대학교 철학사상연구소 엮음, 앞의 책, 203~226쪽.
●● 마스타니 후미오 지음, 이원섭 옮김, 『아함경』(현암사, 1976) 중 2장 「그 사상」 참조.

고와도 다르다. 무엇보다 석가모니 붓다가 설한 '제법무아(諸法無我)', 즉 "모든 것은 실체가 없다"라는 진리와 충돌한다. 그럼에도 근대 한국의 불교는 무비판적으로 이 선불교를 정통으로 내세웠고 거기에 매몰됐다. 바랑(승려가 등에 지고 다니는 자루 모양의 큰 주머니)에서 만화책이 나오면 별 반응이 없지만 불경이 나오면 참선은 하지 않고 쓸데없는 짓을 한다는 꾸중을 듣는 일이 승가에는 자주 있었다. 그것은 대한민국의 전통 불교를 세우려는 노력에서 비롯된 질책이었지만 선불교의 스승들이 만들어놓은 길을 반성 없이 가도록 하는 강요였고, 1980년대까지는 그 강요가 받아들여졌다. 그러나 선우도량은 한국 불교의 이런 전통 자체에 질문을 던졌다.

선우도량이 발행하던 무크지 《선우도량》에는 당시 참선의 의미 혹은 한국 불교의 방향에 대한 탐구정신이 그득하다. 도법은 1993년 2월에 발간된 《선우도량》 4호 「재정립되어야 할 올바른 불교세계관과 수행관」이라는 제하의 권두언에서 "선과 교 또는 간화선, 위파사나, 천태선, 염불선 등의 수행방법과 형식의 차이를 갖고 왈가왈부할 일이 아니다."라며 "올바른 불교 세계관과 역할은 문제 삼지 않고 지엽적인 수행방법과 형식을 갖고 갈등과 대립을 거듭하는 것은 스스로 편협한 수행관을 갖고 잘못 수행하고 있음을 드러냄일 뿐 그 이상의 의미는 없다."라고 못 박았다. 이해 8월에 발간된 《선우도량》 5호의 수련결사 발제문은 「간화선의 성립 배경」, 「간화선의 방법론적 구조」, 「오늘의 선원에 대한 반성과 대안 모색」이었다. 간화선 위주 수행의 문제점을 검토하고 대안을 모색하는 토론이었음이 짐작된다.

선불교는 형이상학적인 마음을 내세워 불교를 '참선 엘리트'들에게로 한정하는 폐단을 야기했다. 불교가 참선을 위주로 이해되고 동시에 '참선으로 부처 되기'는 극도로 어려운 것이 되면서 불교는 사회의 일반 재가자들과는 관련 없이 그저 '승려들이 수행하는 것'으로 치부됐으며 일반인들의 역할은 승려들을 후원하는 것으로 국한됐다. 스스로 수행을 할 근기(根機, 능력)가 되지 못하는 재가자들은 불교를 '극락왕생(極樂往生)'을 비는 '기복(祈福)'으로 이해했다. 이런 상황에서 등장한 선우도량은 승가와 재가를 막론하고 많은 공감을 불러일으켰다. 그래서 전통 수좌들, 교학자(敎學者)들, 율사들이 선우도량으로 모여들었다. "오늘 우리가 직면한 불교의 현실은 올바른 수행의 부재로부터 그 원인을 찾는다. 우리는 서로 사랑하고, 위로하고, 기뻐하고, 나누는 실천행으로 새로운 승풍(僧風)을 바로 세워야 한다."라고 한 선우도량 창립취지문은 봉암사 결사 이후 한국 불교에 자리 잡은 '수행'과 1980년대 이후의 대중불교운동이 지향하는 '실천'을 모두 아울렀다.

3년 결사, 한철 결사, 수련 결사, 현장 결사로 설정된 네 가지 결사 조직체계도 현실적이고 유연했다. 실제 결사의 내용을 살펴보면 낮에는 울력(여러 사람이 힘을 합하여 일하는 것), 저녁과 새벽에는 좌선을 하는 것이 전통적인 결사와 다를 바가 없었고, 일주일에 한 번 담론●을 만들기 위한 대화와 토론을 하는

● '부처님의 생애'를 주제로 이루어진 이때의 담론은 이후 『내가 본 부처』(호미, 2004), 『부처를 만나면 부처를 죽여라』(아름다운 인연, 2004) 등 도법의 저술을

것 정도가 다를 뿐이었지만, 선우도량이 뭔가 불교 수행자답게 일을 추진하고 있다는 공감대가 도량 안팎으로 퍼져갔다.

선우도량은 당시로서는 예외적으로 신문사의 취재대상이 되기도 했다. 이전에는 승가가 긍정적인 의미에서 취재되는 일 자체가 적었고, 언론에서 관심을 보여도 승려들이 언론에 모습을 나타내는 것을 꺼렸다.● 그러나 《동아일보》에서 오명철 기자가 취재 요청을 했을 때, 선우도량 측은 "의도적으로 드러내려고도 하지 않지만 숨기지도 않는다. 정직하게 한다."라는 원칙을 세우고 취재에 응했다.

이런 식으로 선우도량과 정혜사가 불교 공부의 핵심으로 떠오르자 여론도 선우도량에 호의적이 됐다. 택시를 타고 "정혜사로 갑시다."라고 하면 기사들도 반색을 했고, 당시 도법이 교육 중이던 수덕사 비구니들도 선우도량의 스님들을 호의를 갖고 바라보는 것 같았다. 급기야는 정혜사의 도감(都監, 절에서 돈이나 곡식 따위를 관리하는 직책 또는 그 사람)을 맡고 있는 수덕사 출신의 수경 스님이 수덕사 주지가 돼야 한다는 주변 여론까지 나오게 됐는데, 이것이 오히려 결사의 근거지를 옮기게 한 요

통해서 정리되기도 했다.

● 송광사에서 5년 동안 수행한 로버트 버스웰은 "승려들은 자신들만의 정신적 수행 과정과 결과에 대해 누구와도 얘기하지 않는 것이 하나의 불문율이다. 완전한 비구 승려가 되기 위해서는 250가지의 계율을 지켜야 하는데, 그 계율 중의 하나가 참선을 통해 얻은 경험을 동료 승려가 아닌 다른 이에게 얘기하는 것을 금지하는 것이다."라고 썼다. 로버트 버스웰, 앞의 책, 27쪽.

인이 됐다. '굴러온 돌'이 수덕사의 '박힌 돌'을 위협하고 부담을 주는 것이 아닌가 하는 걱정이 들었고, 결국 선우도량은 근거지를 옮기기로 했으며 정혜사에서의 결사는 약 1년 4개월 만에 막을 내렸다.

## 실상사에 터를 잡다

도법은 새 근거지를 남원 실상사(實相寺)에 마련했다. 실상사 본사인 금산사에 부탁하고 실상사 주지를 설득해서 그곳으로 이사한 것이다. 초기 선우도량 3년 결사엔 20여 명이 참여했지만 한철 결제가 끝난 후 많은 사람들이 떠났고, 실상사로 이사할 즈음에는 몇 명 남지 않았다. 붙박이 인원은 도법, 수경, 종광 등 3명 정도였고, 한 철만 사는 결사 인원까지 합쳐도 10명을 넘지 못했다.

실상사에서도 마음이 편한 것은 아니었다. 선우도량이 부처님 법을 연구한다는 대의명분이 있기 때문에 실상사에서 함께 살도록 허락받았지만, 실상사는 사실 정혜사보다 더 불편했고 더 눈치가 보였다. 정혜사는 본사인 수덕사로부터 떨어진 독립공간이었지만 실상사는 기존 식구들과 같은 공간에서 함께 생활할 수밖에 없었기 때문이다. 당시 실상사에 살고 있던 스님이 두셋, 보살, 처사 등을 합해도 대여섯 명이었는데, 선우도량 팀이 많이 줄기는 했지만 인원수로만 따져도 실상사 '박힌 돌' 들보다 많았기 때문에 그들에게 부담을 줄까 걱정이 됐다.

그래서 초기 실상사에서의 방침은 "실상사 스님들의 부담을 최소화한다."라는 것이었다. "무엇이 옳지 않다든지 무엇을 바꾸자든지 하는 말은 절대 하지 않고 무엇이든 실상사에 도움이 되는 일이 있으면 그걸 한다. 그렇게 한 다음에 방해가 되지 않는 수준에서 우리의 할 일을 한다."는 식이었다. 그렇게 조심스럽게 실상사에서 한 일은 두 가지였다. 하나는, 남원 지역에 '불교대학', '실상사 어린이 법회'와 '청년회'를 만든 일이었고, 둘째는 일 년에 두 차례 수련 결사를 한 것이었다. 나중에는 지리산 지역권의 아이들에게 책을 읽히기 위해 지역 문인들과 논의한 끝에 '청소년 글쓰기 한마당'을 펼치기도 했다.

선우도량은 승가교육에 힘써 1992년 8월 『가려뽑은 아함경』(선우도량 교육위원회 엮음)을 발간했다. 1993년 11월에는 『한국불교 승가교육 개혁안』을 자료집으로 제작, 전국에 배포했으며 종단에도 제출했다. 그러나 종단 집행부로부터는 아무런 반응이 없었다. 선우도량은 또한 '부처님의 생애'를 주제로 세미나를 개최하면서 한국 불교에서의 수행과 전법(傳法), 승가교육, 비구와 비구니 '2부 승가' 문제, 불교와 사회의 관계 등에 대해서도 토론했다.

선우도량은 수행론 탐구 및 토론에 그친 것이 아니라 '한국 불교 혁명'을 향한 서원을 세웠다. 선우도량의 토론, 연구 결과를 실은 잡지 《선우도량》 창간호(1991년 8월 발간)는 혁명에의 열정으로 가득했다. 「불교 정화 운동의 시대적 상황과 그 당위적 과제/ 신철」, 「조계종 현 상황에서 승단 정화의 방향/ 지명」, 「결사 운동의 필요성과 그 방향/ 도법」, 「승가의식과 역사의식의 하나됨/ 법성」, 「한국불교가 안고 있는 문제와 선우도량의

할 일/ 지환」 등의 논단(論壇) 제목들이 이를 반영하고 있다. 한마디로 "'불교 정화'라는 '역사의식'으로 한국 불교의 문제를 해결한다."는 것이 선우도량의 지향점이었다.

먼저, 신철(信徹)은 "종교가 사회적 기대를 받고 있는 만큼 종교집단은 그 사회 안에서 공동체의 도덕적 의무를 가지기 마련"이라고 전제한 후, "해방 후 시대적 상황은 사회적 통치 제도의 강요로 야기된 혼란이 아니라 교단 자체의 모순과 내분에서 빚어진 자가당착적 현실(교리, 제도, 신행이 모순됨)"이라고 진단하고 "불교 정화라는 당위적 과제를 논의하지 않을 수 없게 되었으며", "그동안 소외된 선원 수행승도 종단의 자구책이 그 자생력을 잃고 있다는 비판에 눈을 돌리게 되었다."라고 썼다. 법성은 "승가의식 없는 역사의식도 역사의식 없는 승가의식도 붓다의 연기론적 세계관에 걸맞지 않는다."며 '역사에의 동참'을 말했다. 가난한 이웃들을 향해 화합과 공경의 삶을 살아가려는 승가대중은 "나의 문제가 우리의 문제이며[파(破)아집(我執)], 우리의 문제가 나의 문제임[파(破)법집(法執)]을 자각하고[문수(文殊)지혜(知慧)], 나, 곧 우리로서의 삶의 문제를 문제 속에 있는 대중과 함께 풀어가야만 한다[보현행원(普賢行願)]."는 것이었다. 지환은 당시 한국 불교를 "두들겨도 소리가 나지 않는 찢어진 북과 같고, 방향감각을 잃고 표류하고 있는 배와 같으며, 어디서부터 손을 써야 좋을지 모를 중환자와 같다."라고 진단했다. "한마디로 상구보리(上求菩提) 하화중생(下化衆生), 즉 위로 깨달음을 구하는 일이나 아래로 중생을 교화하는 일 중에 그 어느 것도 제대로 못하고 종교의 사명과 역할을 망각하고 있으며, 오히려 교단 운영의 병폐와 역작용이 큼으로 해서 일반대중의 외면과 혐오를 받고 있다."는 것이었다. 그는 구체적으로 "금권정치, 폭력, 권모술수가 횡행하여 뜻있고 참신한 스님들의 종단 발전 기여에의 길이 막혀 있다."라고 지적했다. 또 (조계종 내의 입법부라고 할 수 있는) 종회의 비민주적 비승가적 작태에 대해서도 "직능별 간선의 경우 (중략) 총무원장 친위부대나 다름없고, 그 숫자도 직선에 비해 너무 많다."며 "이러하고도 종회가 어찌 정통성과 대표성을 인정받기에 충분하다 하겠는가."라면서 끊임없는 정화운동이 필요하다고 말했다. 또한 "'정화'는 출가정신, 구도정신, 승가정신의 회복으로 끊임없이 참회하고 수행 정진하여 의식혁명을 통해 전개해나가야 한다."며 "물리적 방법으로는 안 된다."라고 덧붙였다.

선우도량의 목표는 '장기적'인 승가정신의 개혁이었다. "출가자의 사상적 변화를 개혁의 목표로 한다."라는 기치를 내건 선우도량은, 그러나 출범 4년 만인 1994년 들어서 종단개혁의 태풍으로 끌려 들어간다. 개혁에 대한 사상적 기반을 닦고 있던 선우도량이 이 종단개혁에서 태풍의 눈이 된 것은 어쩌면 매우 자연스러운 일이었다.

"오늘 우리가 직면한 불교의 현실은 올바른 수행의 부재로부터
  그 원인을 찾는다. 우리는 서로 사랑하고, 위로하고, 기뻐하고,
  나누는 실천행으로 새로운 승풍(僧風)을 바로 세워야 한다."

# 5

# 종단개혁, 종단사태, 백인 대중공사: 종단 내 민주주의를 이끌다

1994년, 대한불교조계종은 종단 내 '일그러진 영웅'● 서의현 총무원장의 3선을 저지하면서 혁명을 이룬다. 이것이 종단개혁이다. 1998년에는 이에 대한 반동이 있었다. 이것이 종단사태다. 도법은 종단개혁을 이끌었고 종단사태를 수습했다. 그러면서 조계종단은 민주적인 체제를 갖춘다. 20년이 더 지난 2015년, 궁정 쿠데타라고도 할 수 있는 서의현 감형(減刑)사태가 발생했을 때 도법은 이를 대중 공의(公議)기구인 백인 대중공사에 부쳐 해결했다. 도법은 종단 내 민주주의의 아이콘이 됐다.

● 이문열의 소설 「우리들의 일그러진 영웅」에서 따온 말. 이 소설의 주인공 엄석대는 초등학교 교실 안에서 절대권력을 휘두르는 인물로 묘사된다.

## 94년 종단개혁

불교는 깨달음의 종교다. 깨달음에는 개인의 깨달음도 있지만 '사회' 차원의 깨달음도 있다. 종단이, 사회가, 국가가 집단으로서 깨어 있어야 한다. 집단으로서 깨어 있다는 것은, 집단의 구성요소들 사이에 소통이 활발히 일어나 집단이 하나의 살아 있는 생명체처럼 움직이고 반응함을 의미한다.

구성원의 총의가 반영돼서 집단이 유기적으로 움직이는 것, 그것을 민주주의라고 할 수 있을 것이다. 이는 2,600년 전 석가모니 붓다가 조직한 단체, 즉 승가를 지배한 이념이기도 하다. 대한민국의 민주주의는 1980년 5·18 광주민주화운동, 1987년 6·29 선언 등을 거치면서 이루어졌다. 조계종단은 1994년에야 개혁이 시작됐다. 이전까지 조계종은 시대적으로 사회의 흐름에 뒤처지는 모습, 주체적이지 못하고 수동적인 모습, 사회를 개혁하기보다는 사회로부터 은둔하는 모습을 보였다. 종단의 많은 사람들이 "불교가 사회를 걱정하지 못하고 사회가 불교를 걱정하는 현실"을 고민했다. 그 고민을 해결하고자 하는 에너지가 분출한 것이 1994년 연초부터 약 10개월간 조계종단 내에서 벌어진 소용돌이로서의 종단개혁이다.

이 사태의 직접적 계기는 1986년부터 1994년까지 총무원장을 8년 연임한 서의현 스님의 3선 기도였다. 1960년 통합종단 조계종이 출범한 이후 총무원장이 4년 임기를 채운 적이 없었고, 총무원장 평균 재임기간이 1년 6개월에 불과한 사실을 생각하면 서의현의 총무원장 8년 연임은 놀라운 일이었다.

1986년 8월 제25대 총무원장에 당선된 서의현은 1987년 초 청와대에서 종교지도자 모임을 가진 이후부터 노골적인 친여 성향을 보였다. 국민들의 민주화 요구를 거부하고 일체의 개헌논의를 중단시킨 전두환 대통령의 4·13 호헌조치를 "구국의 결단"이라고 추켜세웠고 같은 해 12월 대선에서는 노태우 후보가 불자(佛者)라는 이유로 '노태우 대통령 만들기'에 발 벗고 나서면서 여권(與圈)과 돈독한 관계를 형성했다.

이를 바탕으로 그는 1988년 3월 임시 종회에서 종단 대표 권자를 종정에서 총무원장으로 변경하는 종헌개정을 단행했고, 주지 임면권도 종정에서 총무원장으로 바꾸면서 사실상 종단의 모든 권력을 틀어쥐었다. 그는 자신의 측근을 본사 주지로 임명하고, 본사 주지는 다시 당연직 중앙종회의원이 됐다. 중앙종회의원 선출위원장까지 맡으면서 종단의 입법기구를 장악한 서의현은 1990년 6월, 재임에 성공했다. 그리고 종단의 행정과 사법, 입법권을 모두 장악했고, 정치권과도 밀접한 관계를 형성하면서 장기집권 체제를 다졌다. 그러나 1994년 1월 상무대 비리의혹 사건● 이 불거지면서 정치적 위기를 맞았고, 이를 타개하기 위해 무리하게 추진한 3선 연임 시도가 자충수가

● 이 사건은 1992년 대선 직전, 광주광역시와 경남 김해시에 있는 제병협동교육본부 등을 전남 장성 지역으로 이전하는 사업 과정에서 시공업체인 청우종합건설 조기현(曺琦鉉) 회장이 공사 대금 5,800억 원 가운데 227억 원을 유용했다고 정대철(鄭大哲) 민주당 의원이 1994년 2월에 폭로하면서 드러나기 시작했다. 이 과정에서, 검은 돈 80억 원이 대구 동화사 대불조성 불사에 흘러 들어갔으며, 40억 원은 정치자금으로 여권 고위층에 전달됐다고 정의원은 주장했다. 14대 대선에서 기독교 신자였던 김영삼 후보 진영이 취약했던 불교계 지지기반을 확보하기 위해 조 회장을 이용했다는 것이었다.

되고 말았다.

　서의현 총무원장 임기 8년 동안의 파행에 염증을 갖고 있던 불교계의 진보단체들은 현실을 개혁할 새로운 통합단체의 결성을 논의했다. 1994년 1월 14일, 실천승가회와 동국대 석림동문회, 전국승가대학인연합 등 승가단체 대표 21명은 서울 종로 송현클럽에서 '한국불교의 미래를 밝히기 위한 승가단체 신년 인사회'를 가졌으며 여기에는 선우도량 대표 도법도 초청됐다. 그런데 이후에 바로 서의현이 3선을 강행하려 한다는 정보가 입수됐고, 승가단체들은 현실을 개혁할 조직으로 긴급히 범승가종단개혁추진위(범종추)를 결성했다. 현실개혁을 위한 당면 목표는 서의현의 3선 저지였고 장기 목표는 한국 불교의 개혁이었다. 선우도량은 당시 대중적인 인지도나 구성 인원들 면면의 중량감이 높았기 때문에 범종추는 석림회 동문회장, 실천승가회 대표와 함께 선우도량 대표 도법을 3인 상임대표로 선출했다.

　제도개혁보다는 출가자의 사상적 의식 변화를 중시하면서 범종추에 대해 유보적인 입장을 보였던 도법은 상임대표를 맡으면서 몇 가지 원칙을 내세웠다. 첫째, 비폭력 평화적 방식을 추구한다. 둘째, 대중들의 공감을 이끌어내기 위해 단식한다. 셋째, 모든 책임은 지도부가 진다. 넷째, 종권(宗權)을 잡지 않는다.

　첫째 원칙은 폭력사태로 얼룩져온 조계종단의 관행을 반복하지 않겠다는 선언이었고, 둘째 원칙은 이를 위한 방법론이었다. 셋째 원칙은 "책임을 져야 될 상황이 되면 누군가를 내세우고 지도부는 빠져나가는 관행을 없애야 한다."는 정신을 표현한 것이었고, 넷째 원칙은 집행부의 공공성을 표현한 것이었다. 그러나 "종권을 잡고 개혁을 완성시켜야지, 그러지 않으려면 범종추 뭐하러 하나.", "이런 식이면 단식하지 않겠다."라는 불만들이 터져 나왔다. 도법은 무엇을 하든 불교적으로 해야한다며 "이런 식으로 나오면 나는 상임대표 하지 않겠다."고 버티면서도, 개혁의 계기가 마련됐을 때 종권을 잡고 개혁을 완성시키자는 의견에 대해서는 추후 다시 논의하기로 했다. 기회가 아직 온 것도 아닌데 그 문제로 내부분열을 맞을 필요는 없었다.

범종추는 3월 23일 스님 500명이 참석한 가운데 중앙승가대에서 공식 출범한 이후 26일과 28일 연이어 법회를 열고 의현 총무원장 3선 연임 포기를 촉구했으며, 3월 30일로 예정된 중앙종회도 저지할 것이라고 천명했다. 동참 대중들은 조계사에서 철야정진을 시작했고 100여 명의 스님들이 종회 장소인 총무원 청사 주변을 봉쇄했다.

의현 총무원장 측도 순순히 물러나지 않았다. 그들은 28일 서울 종로경찰서에 공문을 보내 "조계사 경내에서 폭력사태가 예상되니 경찰병력을 동원해달라."고 요청했다. 그러나 경찰은 이를 스님들 간의 충돌로 판단해 개입하지 않기로 결정했고, 만일의 사태에 대비해 조계사 주변에 전경 7개 중대 800여 명을 배치했다. 의현 총무원장은 급기야 청부폭력배를 동원하기로 하고 경찰에 폭력사태가 발생해도 개입하지 말아줄 것을 요청했다. 깡패들이 청사 안의 범종추 스님들을 끌어내면 종회의원들이 들어가 3선을 가결시킨다는 시나리오였다. 29일 새벽 6시 30분경, 조계사 해탈문 쪽으로 300여 명의 괴청년들이 침입해 스님들을 위협했고 집단 난투극이 벌어졌다.

경찰은 수수방관했다. 그런데 괴청년들 중 한 명이 무선호출기(삐삐)를 떨어뜨렸고 여기에 담긴 전화번호를 추적하자 종로경찰서 직원의 집 전화번호가 확인됐다. 또 중앙승가대신문사 편집장 지환 스님이 촬영한 사진에서 당시 총무원에 근무하던 모 계장의 얼굴도 나타나 총무원과 종로경찰서, 폭력배 간의 유착 고리가 드러났다.

의현 총무원장은 폭력배 동원이 무위로 돌아가자 다시 공권력에 매달렸고, 경찰의 해산작전이 시작됐다. 오후 6시 30분경 전경 9개 중대 1,000여 명은 승용차와 쇠파이프, 나무판자 등으로 이루어진 바리케이드를 철거하고, 총무원 청사 안에서 '종단개혁 어떻게 할 것인가'를 주제로 토론하던 범종추 스님들 400여 명을 한 사람 한 사람 연행하여 서울 지역 30여 개의 경찰서로 배당했다. 상임대표 3명을 포함하여, 단식을 계속하던 지도부 10여 명은 병원으로 이송됐으며 이후에 용산경찰서에서 취조를 받았다. 스님들은 처음에 "사람들 다치면 안 된다. 손들고 나가자."라고 했으나 "나가도 제 발로 나가지 말고 연행당하는 형태로 나가야 한다."는 운동권 경험자들의 조언을 받아들여 "농성은 종단개혁이라는 순수한 대의명분을 위해서 한 것이다. 우리는 부끄러울 것이 없다."라고 입장을 정리하며 단식 농성을 계속했다.

용산경찰서에서의 취조는 대부분 한두 시간 만에 끝났지

만, 도법은 대여섯 시간이 지나고서야 풀려났다. 도법은 운동 경력이 있는 사람들로부터 "불리한 얘기는 하지 말아야 한다, 유도심문에 넘어가지 말아야 한다, 묵비권도 적절히 행사해야 한다."라는 조언을 들었지만, 취조에 응하다 보니 그 말이 맞지도 않았고 그렇게 되지도 않는 것을 느꼈다. 그래서 솔직하고 적나라하게 이야기했다. 범종추 측이 청사 안으로 진입하면서 상당 부분의 기물 파손이 있었으므로 기물손괴죄가, 주인 허락 없이 들어갔으니 거주침입죄가 성립했다. 도법은 이 모든 것을 "내가 지휘했다."라고 말했다. 현장에서의 판단을 다른 사람이 한 것으로 미룰 수도 있었지만 전체 의사결정을 최종적으로 도법 자신이 한 것이라고 생각했기 때문이다. 그러자 취조를 하던 형사가 "스님, 이렇게 얘기하면 불리한데요."라고 했다. 도법은 재차 "모든 책임은 나에게 있다."라고 강조했다.

그러자 형사도 자기 얘기를 했다. 자신도 불교와 인연이 있다고 밝히고, 취조를 하는 다른 형사들은 조폭 담당이지만 자신은 운동권 담당이기 때문에 자신의 보고를 판사들이 많이 참조한다는 말도 했다. 결국 지도부에 대한 처벌은 없었다. 도법은 자신을 담당한 형사가 법에 걸리지 않도록 조서를 잘 꾸며서 보낸 것으로 판단했다. 만약 지도부를 한 달 정도만 구속시켰어도 범종추의 종단개혁은 구심점을 잃어 유야무야됐을지도 모른다.

지도부가 처벌을 면한 데다, 총무원 측이 조폭과 연관됐다는 증거가 나오자 언론이 사태를 적극 보도하면서 상황이 변하기 시작했다. 경찰서에서 풀려난 지도부는 다시 개운사로 모여

종단개혁을 위한 여러 형태의 행사를 열었고 나중에는 조계사에서 수천 명이 모인 승려대회로 열기를 뿜었다. 이 승려대회에 해인사, 금산사 등 전국의 25개 교구본사 주지는 거의 오지 않았다. 서의현은 종회에서 3선에 성공했지만 결국 사퇴했고, 종회는 권한을 개혁회의에 이양하기로 결의했다.

범종추의 종단개혁운동은 결국 대정부 투쟁으로 변질됐고, '대통령 퇴진'이라는 구호까지 등장했다. 이런 혼란의 과정에서 범종추의 입장을 설명해야 하는 많은 상황이 발생했고, 인터뷰는 도법에게 쏠렸다. 그에게는 선우도량 대표라는 좋은 이미지가 있었고, 무엇보다 불교 정신을 내세워서 상황을 설명하려면 이에 대한 사상적 바탕이 있어야 하는데, 도법이 그걸 갖추고 있었던 것이다. 이런 과정을 통해서 도법은 범종추의 핵심으로 인식됐다.

그러나 서의현이 사퇴하고 개혁회의가 종회의 권한을 넘겨받는 등 개혁을 위한 기반이 잡히자 '종권을 잡지 않는다'라는 애초의 공약이 논란이 됐다. 범종추가 권력을 잡아서 개혁을 밀어붙일 것인지 아니면 개혁회의에 권한을 넘겨야 할지를 놓고 갑론을박이 있었으나 개혁회의까지는 범종추가 해야 한다는 의견이 다수였다. 범종추가 중심이 되어 약 80명이 참여한 개혁회의는 입법, 사법, 행정 등 종단의 모든 권한을 넘겨받아 법을 만들고 고쳐서 종단개혁을 마무리했다. 서의현 전 총무원장에게는 '조계종단에서의 영구추방'을 의미하는 멸빈(滅擯, 승려가 죄를 짓고도 뉘우치지 않을 때, 승려의 신분을 없애고 다시 속인이 되게 하는 것)형을 내렸다. 이후 총무원장에 송월주 스님이 선출됐고 업무 인수인계를 한 이후 개혁회의는 해산했다.

종단개혁의 결과, 조계종은 종단의 낡은 법과 제도를 대대적으로 뜯어고쳤다. 우선 총무원으로 일원화됐던 행정체계를 총무원과 교육원, 포교원으로 분리해 종무 행정의 전문성을 갖추도록 했다. 또 겸직금지 규정을 강화했으며 입법과 행정, 사법 등 3권분립 체제를 성문화해 종단의 권력이 특정인에 집중되지 않도록 했다. 더불어 수행종풍 확립과 승려교육 강화를 위해 '선교육 후득도' 제도를 도입, 4년간의 의무교육을 받은 사미승에 한해 구족계를 받을 수 있는 자격규정을 마련했다. 이때 종단의 교육안은 선우도량에서 마련한 것이 100퍼센트 반영됐다. 1995년부터는 종단이 인가한 공식 교육기관으로서의 학림이 실상사에서 시작됐다. 또한 종단 재정의 공영성과 투명성 확보를 위해 모든 재정은 공개운영을 원칙으로 함을 종헌에 명문화했다. 사설사암(私設寺庵)의 종단 재산 등기를 의무화하는 등 재정의 투명성 제고를 위한 법도 마련했다.


**98년 종단사태**

94년 종단개혁은 성공했다. 그러나 반개혁세력의 반발은 거세고 끈질겼다. 종단개혁 4년 후, 조계종단 내 개혁세력과 보수세력은 총무원 청사의 점령을 둘러싸고 소림사 활극을 연상시키는 폭력전을 벌였으며 이는 전 세계에 중계됐다.

'98년 종단사태'라는 이름이 붙은 이 사건은 송월주 스님의 연임 문제가 발단이 됐다. 94년 개혁 입법에 의해서 선출된

송월주(당시 나이 60세)가 연임을 하려고 하자 3선에 대한 시비가 붙었다. 송월주는 1980년에 총무원장으로 취임했다가 신군부에 의한 10·27 법난으로 자리에서 물러난 바 있다. 송월주에 대한 반대파들은, 스님이 이번에 연임을 하면 당시의 경력과 합쳐서 3선이 되므로 종헌에 어긋나는 불법이라고 주장했다. 그러나 3선 시비는 표면적인 것이었다. 이 사태의 실체는 서의현 등 94년 종단개혁 때 멸빈당했던 스님들의 사면복권과 종정 중심제로의 종헌종법 개정 움직임이었다. 월하 종정은 1995년에, 그리고 1997년에 재차 이런 요구를 해왔으나 월주 총무원장은 이를 거부했다. 그러자 월하 종정은 종정 사임서를 원로회의에 제출했다. 원로회의는 이를 받아들이지 않기로 결의했고 월하 스님은 종정 직무수행을 거부했다. 1998년 초파일은 종정의 봉축 법어(奉祝法語)● 없이 진행되는 파행을 겪었다.

1970년대 말 월하와 월주는 개운사 편에서 총무원장 중심제를 함께 지지하면서 조계사 측과 대결했던 동지였다.●● 그러나 월하 종정은 1998년 10월 "총무원장의 3선은 부당하다. 종헌종법을 개정해야 한다. 모든 종도는 제2의 정화 불사라는 마음으로 종단을 바로잡기 바란다."라는 종정 교시를 발표하면서

---

● 부처님 오신 날을 축하하는 의미로, 중생을 깨우치기 위해서 종정이 세상에 내는 글. 1982년 성철 스님은 "자기를 바로 봅시다. 자기는 원래 구원되어 있습니다. 자기가 본래 부처입니다. 자기는 항상 행복과 영광이 넘쳐흐르고 있습니다."로 시작하는 법어를 냈다.

●● 「"종정(宗正)은 법통의 상징으로 존재해야"」, '나의 삶 나의 길/ 송월주 회고록' 〈35〉, 《동아일보》 2011.12.20.

월주 총무원장을 겨냥했다. 월주는 월하 종정이 주석하는 통도사를 찾았다. 종정의 측근은 "멸빈자 구제와 종정 중심제에 동의해달라. 그러면 (월주 스님의) 총무원장 연임을 지지하겠다."라고 말했다. "이는 물레방아를 거꾸로 돌리는 것"이라고 생각한 월주는 이를 거부했다.

1998년 11월 12일 제29대 총무원장 선거를 앞두고 상황은 급박하게 흘렀다. 4일 서울 조계사에서 종정 교시 봉행(奉行) 정진대회가 열린 데 이어 11일 250여 명이 승려대회를 개최했다. 이들은 중앙종회 해산, 총무원장 해임과 징계, 선거 유보와 이른바 '정화개혁회의' 출범을 결의하고, 월주의 3선 저지를 명분으로 총무원 청사를 점거했다.

당시 총무원장 후보는 월주, 월탄(月誕), 지선(知詵), 설조(尚兆) 등 4명이었다. 이중 월탄 스님●이 정화개혁회의 측 후보였다. 그러나 정화개혁회의의 총무원 청사 점거로 선거는 불가능했다. 종단은 16일 봉은사에서 중앙종회를 열어 총무원 청사 즉각 반환을 촉구하고 '후보자 전원 사퇴, 전국승려대회를 통한 사태 수습'을 결의했다. 불법점거가 장기화되자 월주 는 결단을 내려 임기 끝나기 하루 전인 19일 서울 아차산 영화사(永華寺)에서 총무원장 후보 사퇴 기자회견을 가졌다. 그러나 정화개혁회의는 총무원 점거를 풀지 않았다. '3선 저지'를 구호로 내세웠지만 목적은 다른 것이었음이 명백해졌다.●

임기가 끝나는 20일, 도법은 월주로부터 아차산 영화사로 오라는 전화를 받고 달려갔다. 종법에는 총무원장의 후임이 선출되지 못한 채 임기가 끝나면 총무부장이 총무원장 권한을 승계하도록 돼 있다. 그러나 당시 총무부장스님은 몸이 아파 사태 수습에 나설 수 없었고, 이를 대신할 다른 스님도 없었다. 그래서 월주는 "중앙종회가 '권한대행'을 추천해주면 그 사람을 임명하겠다."라고 제안했지만, 중앙종회는 적당한 사람을 추천하지 못했다. 그래서 월주는 "내 상좌 '도법'을 임명하겠다."라고 종회의원들에게 제안하고 이날 도법을 불러서 사정을 얘기한 것이다. 이에 도법이 총무원장 권한대행을 맡으면서 다시 분쟁의 전면에 나서게 됐다.

도법이 우선 해결하지 않으면 안 되는 일은 총무원 청사 수복이었다. 조계사 경내에 있는 총무원 건물에서 쫓겨나 근거지를 인근의 제주은행 건물로 옮긴 조계종 총무원 측은 중앙종회가 주도해서 '승려대회 추진위원회'를 구성했다. 정화개혁회의 지지파였던 조계사 주지가 승려대회를 못하게 조계사 문을

---

● 「"후보 사퇴하고 백의종군하겠다"」, '나의 삶 나의 길/ 송월주 회고록' 〈36〉, 《동아일보》2011.12.21.

막아버렸기 때문에 우정국로 길거리에서 1,500여 명이 참석한 가운데 전격적으로 승려대회를 열었고, 종헌·종법 수호, 정화개혁회의의 즉각 해산, 총무원 청사 반환, 종정의 탄핵, 해종(害宗) 행위자 중징계를 결의했다. 정화개혁회의 측은 돌과 화염병을 던지는 등 폭력으로 맞서 큰 충돌이 일어났다. 총무원 청사는 시커먼 연기에 휩싸였다.

총무원 청사를 장악당하고 청사 건물이 자리한 조계사 문이 꽁꽁 걸어 잠긴 상황에서 총무원 측은 사태를 진척시킬 수가 없었다. 그래서 '청사 수복'이 초미의 관심사가 됐다. 전통적으로 청사를 장악하는 측이 종권을 쥐어왔기 때문에 승려들은 정화개혁회의 측을 청사에서 몰아내는 일이 중요하다고 생각했다. 승려대회 추진위원회는 청사를 되찾기 위해서 사람을 사고 인적 관리도 했다. 이들을 다 재우고 먹이고 활동비를 주면서 청사 회복을 기획했다.

1994년 종단개혁 이후 도법은 비폭력으로 문제를 다루자고 목소리를 높였는데, 전통적인 방식은 물리적인 해결이었고 이번에도 사태는 그 방향으로 가려 했다. 도법 권한대행은 "사태를 평화적으로 해결해야 한다."고 주장했다. 그러자 "그렇게 해서 어떻게 청사를 되찾겠으며, 청사를 되찾지 못하면 승려대회가 무슨 의미가 있나?" 하는 반론이 있었고 "너 잘났다."라는 비아냥, "차라리 승려대회 취소하자."라는 반발 등이 난무했다. 도법은 절충안을 제시했다. "94년은 우리가 불법 집단이었고 정부 경찰이 우리 입장을 지켜줄 턱이 없었지만 지금은 다르다. 지금은 우리가 합법적인 집행부니까 정부 경찰이 우리를 보호하게 돼 있다. 승리는 시간문제일 뿐이다. 그러니 청사건물 4층을 다 찾으려 하지 말고 1층만 찾자. 대신 비폭력적으로 하자." 그러자 "1층 되찾는 것은 어렵지 않다."라는 등의 호응들이 이어졌다. 그러나 막상 행동에 들어가 보니 예상과 다른 상황이 펼쳐졌다. 정화개혁회의 측은 강력하고 거칠게 저항했다. 결국 밤새 철야 공방전이 조계사에서 벌어졌고 CNN 등 국내외 언론들이 동원된 가운데 이 '소림 활극'이 전 세계로 중계됐다. 동아일보는 "불도저를 동원하고 돌과 화염병을 던지는 스님은 더 이상 스님이 아니다. 불법(佛法)과 불도(佛道)를 이미 벗어났기 때문이다. 쇠파이프와 각목을 든 승려, 가사장삼(袈裟長衫)을 입고 헬멧을 쓴 승려들이 종권(宗權)을 놓고 시중의 깡패 같은 집단싸움을 벌인 (11월) 30일 밤"이라고 현장을 묘사했다. 이렇게 중앙종회가 주체가 된 청사 되찾기는 결국 실패했다.

이때부터 권한대행이 전면에 나섰다. 임무는 총무원 청사와 조계사를 되찾는 일이었다. 도법은 "만약 경내에 총무원 청사를 품고 있는 조계사만 되찾아도 상황은 호전될 것"이라고 생각했다. 규정에 의하면 조계사 주지는 총무원장이 바꿀 수 있게 돼 있었다. 그러나 8년 동안 조계사 주지를 맡으면서 탄탄한 기반을 다져온 현근(玄根) 스님과 싸우는 일이 만만치 않았기 때문에 조계사 주지를 하겠다고 나서는 사람이 없었다. 결국 주지를 총무원장 권한대행 도법이, 부주지를 지홍(至弘)이 맡았고 이하 총무부장 등의 직책도 배분했다.

그런데 사태는 생각보다 수월하게 풀렸다. 정화개혁회의 측은 불법 집단이고 청사에 무단 침입한 것이니까 이를 법적으로 해결하자고 해서 한쪽으로 재판을 추진하고 있었는데, 정화개혁회의 측에 대한 '퇴거 가처분 소송'을 법원이 받아들인 것이다. 총무원 청사를 방어하는 과정에서 정화개혁회의 측의 폭력적인 모습을 본 경찰은 12월 23일, 엄청난 병력을 동원해서 청사는 물론 조계사까지 싹 정리해주었다. 결국 되찾은 총무원 청사에서 선거를 통해 고산(杲山) 스님을 총무원장으로 선출했고, 도법은 업무를 인수인계한 후 다시 실상사로 내려갔다.

## 백인(百人) 대중공사

개혁은 간단한 일이 아니었다. 종단개혁에 대한 도전은 21세기 들어 법적 절차를 밟아 다시 한 번 은밀하게 시도됐다. 1994년 6월 8일, 종단개혁의 와중에서 종단의 초심호계위원회(세속의 1심 법원에 해당함)는 서의현 전 총무원장에게 멸빈 징계를 내렸다. 이는 당시의 개혁정신의 표현이었으며 '민주화'라는 사회의 흐름에 따른 것이었다. 그런데 그로부터 21년이 지난 2015년 6월 18일, 조계종은 이 사건에 대해 세속의 대법원에 해당하는 재심호계위원회를 열고 서의현 전 총무원장에 대한 징계를 '공권정지 3년'으로 감형했다. 서의현 전 총무원장이 2015년 5월 21일, "94년 호계위원회의 결정을 통보받지 못했다."라며 호계원에 이 사건의 재심을 청구했고, 호계원은 "94년 당시 초심호계위원회가 호계위원회법에 규정된 통보 절차를 위반했다."라며 피제소인에게 재심 청구 권한이 있음을 인정하여 재심 호계위원회를 열고 감형을 결정한 것이다. 결정문의 내용은 다음과 같다.

> 피제소인의 죄상이 결코 경하지는 아니하나, 피
> 제소인이 과오를 진심으로 참회하고 있고, 종단
> 으로부터 빈척되었음에도 불구하고 21년 동안
> 속퇴하지 아니하고 승려의 분한을 유지하는 한
> 편 교구본사주지-중앙종회의원-총무원장 등
> 을 역임하면서 행한 공적이 작지 아니하며, 이
> 미 팔순에 이르러 회향을 준비하고 있는 점 등
> 을 참작함과 아울러 종정 예하의 교시와 원로
> 대종사의 자비화합의 뜻을 받자와 피제소인을
> '공권정지 3년'의 징계에 처한다.

이에 대해 《불교신문》은 6월 24일자 사설에서 "1994년은 위
대했지만 이제는 낡은 옷이 되었다. 이리저리 고치고 땜질하
지만 새로운 옷으로 갈아입어야 할 때다. 1994년도 이제는 넘
어야 할 산이다. 새로운 시대를 열기 위해서는 과거와의 단절
은 불가피하다."라고 썼다. 사설은 종정 예하가 이와 관련 "부처
님 당시 제바달다(데바닷타)도 대중 앞에 참회하니 용서하고 화
합승가에 동참할 수 있도록 불은(佛恩)을 베풀었다."라며 "이러
한 가르침을 따라 참회 정진하는 이들에게 출가사문으로 회향
하는 길을 열어주기를 바란다."라는 내용의 교시를 발표했음도
알렸다. 원로회의 의장 밀운(密耘) 스님의 "매우 타당하고 지당
한 결과다. 조계종 사법부가 옳게 판단했다."라고 한 평가도 전

했다.《불교신문》은 1960년 조계종 초대 총무원장을 역임한 청담(靑潭) 스님을 발행인으로 하여 창간되어 숭산, 월탄, 법전(法傳) 스님들이 사장을 거친 신문으로 '조계종단의 기관지'나 다름없어서 이 사설은 큰 파문을 일으켰다.

재심호계원의 서의현 감형 결정은 조계종단이, 특히 종단을 움직이는 권력자들이 지난 21년 동안 얼마나 '94년 개혁정신'과 멀어져 있었으며, 또한 대중과 멀어져 있었는지를 보여주는 상징적인 사건이었다. 그것은 조계종단 내에서 일어난 '친위쿠데타'와도 같았다. 수많은 사람들이 흘린 피와 땀, 그리고 그들의 정신을 호계원의 몇몇 호계위원이 깨닫지 못하고 인정에 이끌려 내린, 역사에 대한 망각의 결정이었다.

종단 안팎에서 이에 대한 반발이 일어난 것은 매우 자연스러운 일이었다. 대한불교청년회, 참여불교재가연대 등 14개 불교단체는 호계원의 결정에 대해서 "94년의 개혁정신을 훼손하는 행위"라며 7월 9일 '94년 불교개혁정신실천비상대책위원회'를 구성했다. 조계종 총무원의 종무원들 사이에서도 동요가 일었고, 인터넷에는 "나, 이제 불교도 그만하겠다"라는 등 실망과 분노의 표현이 폭주했다.

그러자 총무원 집행부, 즉 자승(慈乘) 총무원장·현응 교육원장·지원(智圓) 포교원장은 23일 "대중공사와 중앙종회에서 (서의현 재심 판결과 관련한 문제를) 논의해달라."고 요청하며 "논란이 최종적으로 종식될 때까지 재심판결에 따른 후속 행정절차를 진행하지 않겠다."고 발표함으로써 진화에 나섰다. 재심호계위원회의 결정이 문제가 된 상황에서 종단의 어떤 기구도 이를 제대로 다룰 수 없는 상황이 되자, 그 결정을 사실상 '대중공사'에 넘긴 것이다. 그러자 교구본사 주지협의회도 28일 "1994년 개혁정신이 지난 20여 년 동안 종단의 근간을 이뤄왔다."라며 "교구의 책임자로서 적극 참여해 종도들의 현명한 의지를 수렴하도록 최선을 다하겠다."는 입장을 밝혔다. 이에 따라 다음 날인 29일 열린 제5차 사부대중 백인 대중공사에는 어느 때보다 많은 147명의 출재가자들이 참여해 열띤 토론을 벌였다.

'사부대중 백인 대중공사'는 2013년 총무원장 선거 당시 자승 총무원장이 선거공약으로 내건 대중공의기구로서 2015년 초부터 매달 한 차례씩 열려왔다. 이의 진행은 대중공사 추진위원회 위원장인 도법이 총괄했다. 대중공사는 '미래세대를 위한 대안 마련, 사찰 재정의 투명화, 종헌종법 계율 청규(淸規) 준수로 종단 신뢰구축' 등 약 10개의 의제를 정해서 매월 논의하고 있었는데, 7월에 열린 제5차 대중공사에서는 긴급의제로 '서의현 전 총무원장 감형사태'를 논의하게 됐다.

제5차 대중공사는 명실공히 사부대중이 평등하게 참여하여 소통한 민주주의의 장(場)이었다. 이날 논의는 "나이, 지위, 승속을 넘어 평등하게 말하고 듣겠습니다", "주인된 마음으로 자리를 지키고 온 정성을 다해 함께하겠습니다", "도반의 말을 주의 깊게 듣고, 내 의견은 자비롭고 허심탄회하게 말하겠습니다" 등으로 이어지는 '대중공사 동참자의 약속'이 합송된 후에 진행됐다. 전체 사회를 맡은 일감(日鑑) 스님은 "나, 우리의 집단의 이익을 넘어서서, 옳고 그름을 넘어서, 대중들의 공동체

이익과 발전을 위해서 지혜를 모으겠다."라는 약속을 상기시켰다. 토론 사회를 맡은 성태용(成泰鏞) 건국대 교수는 "서의현 원장 덕에 우리가 이렇게 모여서 개혁정신을 다시 논의할 수 있게 됐다."며 분노가 아니라 사랑의 정신으로 토론에 임할 것을 부탁했다.

대중공사는 질서정연하게 진행됐다. 서의현 전 총무원장의 3선을 둘러싸고 폭력으로 대치했던 조계종단이었지만, 이날 참가자들은 처음부터 끝까지 서로의 말을 경청하면서 큰 물의나 혼란 없이 자기 의견을 피력했다.

쟁점 사안과 관련하여 우선 정서적인 소통이 잘됐다. 동화사 주지 덕문(德門) 스님은 본사 주지협의회가 '개혁정신의 계승'을 결의했음을 알렸다. 주지스님들 중에는 서의현 전 총무원장에 호의를 가진 이들이 많았다. "의현 스님은 박력 있는 총무원장이었다."라는 회상도 있었다. 원로회의 사무처장 광전(光展) 스님은 "의현 스님 사면에 공감한다."는 원로회의의 입장을 전했다. 반면에 "94년에 '실패하면 환속한다'는 각오로 개혁을 추진했는데 지금 나타난 그 결과가 너무 허망하다."라는 심정의 토로도 있었다. 개혁파와 보수파는 서로의 정서를 총체적으로 받아들일 수 없었는지는 몰라도 자신들의 정서를 한 공간 안에서 표출했고, 서로에 대해 조금이나마 이해하게 됐다. 이는 승단 내 갈등상황을 맞아 "비구들이여, 승단이 분열되고 교법대로 실천하지 않고 서로 우호적이지 않을 때라도 그대들은 서로 조리에 맞지 않는 몸짓과 말로 공격하거나 몸싸움은 하지 말아야겠다고 생각하며 다른 비구들과 이웃하여 함께 자

리에 앉아 있어야 합니다."라고 한 석가모니 붓다의 가르침에
맞는 행동이었다.

논쟁은 불꽃을 튀었다. "'자비'라는 말을 남발하지 말라",
"해종행위를 한 서의현에 대한 사면은 법난을 자초하는 일",
"서의현에 대한 '불사음계(不邪婬戒, 음란한 짓을 하지 말라는 계율.
서의현이 몰래 결혼생활을 했다는 주장이 있음)' 위반을 인정하면서
'공권정지 3년'으로 감형한 것은 모순"이라는 지적들이 있었다.
반면에 "의현 스님 사면시킨다고 종단개혁이 안 되나?"라는 반
론, "호계원 판결 무효화 주장이 오히려 탈법을 부추기는 논리"
이며 "멸빈제도 자체에 문제가 있으니 이 기회에 제도를 개선
해야 한다."라는 주장도 있었다. 그러나 개혁정신이라는 대의
가 공론의 장인 대중공사 판에서 부정될 수는 없었다. 서의현
감형사태의 중심에 있었던 호계원장 자광(慈光) 스님은 회의
말미에 발언권을 얻어 "호계원의 결정이 개혁정신에 어긋났다
거나 졸속, 부실했다."라는 지적에 대해서는 강력하게 부인했
지만 "호계원장 자리에 연연하지 않고 대중의 뜻을 따르겠다."
고 말했다. 전체 토론 후에 대중공사는 조별 토론을 거쳐 "호계
위원회의 재심 결정은 개혁정신과 대중공의에 어긋난 잘못된
판결"이라고 규정하고 재심호계위원들에게 책임을 지고 사퇴
할 것을 권고했다. 대중공사는 또 "대중공의기구를 구성해 미
래지향적으로 종단 과거사 문제를 다뤄가며, 중앙종회와 총무
원은 그 결과에 대해 책임지고 집행해야 한다."라고 결의했다.
서의현 재심에 대해서는, 종단 최고 사법기관이 결정한 사항이
므로 이를 무효화할 수는 없고 다만 이에 따른 후속 행정조치

를 하지 않는 것으로 문제를 일단락 지었다.

대중공사란 무엇인가? 사전에는 "사찰에서, 사찰 운영이나 승려의 그릇된 행위에 대한 문책, 공지사항 등이 있을 때, 사찰에 있는 모든 승려들이 모여 서로 의견을 주고받는 일"이라고 되어 있다. 이는 왜 하는가? 조계종단이 대중공사를 여는 의의는 무엇인가? 도법은 제5차 대중공사 이후에 마련된 한 토론회에서 다음과 같이 말했다.

> 첫째, '사부대중을 주체로 세우기 위해서'다. 종단의 주인은 사부대중이다. 종단은 총무원장의 종단이 아니고 총무원의 종단도 아니며 스님만의 종단도 아니다. 둘째, '목적 세우기'다. 불자는 왜 존재하는가? 모든 경전이 "생명의 안락과 행복을 위해서"라고 한다. 셋째, 탁마상승(琢磨相承)이다. 지위고하, 출가-재가, 제도권-비제도권 구분 없이 모이는 이 장을 통해서 굉장한 학습, 교육 효과가 있다. 문제의식이 달라지고 있고, 서로에 대한 인식이 달라지고 있다. 변화가 일어나고 있는 것이다.
>
> 지금 대중공사는 불교적인 방식으로 진행되고 있다. 개방성, 공평성이 담보돼 있고, 민주적으로 운영되고 있다. 이 자체가 우리의 수준을, 실력을 만들어가고 있는 과정이다. 탁마를 통해 변화하는 사람은 누구인가? 종단 실력자들이

다. 사부대중이 함께한다는 이것 자체가 원래는 용납이 안 되는 일이었다. 대중공사 이전에는 '재가자의 종단 참여'라는 말을 들으면 '권력다툼' 같은 말들이 생각나서 집권자들로서는 '뺏긴다', '끌려간다'라는 불안감이 있었는데, 그러나 실제 해보니까 '꼭 그렇지만은 않구나', '합리적으로 뭔가가 진행되는구나' 하는 안도감도 있다. 그렇게 학습과 탁마, 변화 등이 폭넓게 이루어지고 있다.

사부대중 간의 소통이 조계종의 미래를 밝히는 힘이 되고 있다. 이것은 21세기의 한국 조계종에서 갑자기 튀어나온 것이 아니다. 도법은 불교가 원래부터 대화와 토론의 종교임을 강조한다.

역사적으로 불교공동체에서는 승려대회라는 전통이 있었고 사찰에서도 늘 대중공사가 있었다. 부처님 당시 승단 운영방식 자체가, 대중공의를 모으는 대중공사였다. 『열반경』에 보면, "대중들이 자주 모여서 법에 대해 일에 대해 문제에 대해 진실되게 토론하면 정법은 쇠퇴하지 않는다."라는 구절이 있다. 이게 거의 부처님의 유언이었다.

우리나라에도 '늘 기억하고 보답해야 할 은혜'라는 뜻의 '탁마상성붕우지은(琢磨相成朋友之

恩, 함께 닦고 부딪치며 성장시킨 벗의 은혜)'이라는 말이 있다. 이것이 "바보 셋이 만나면 문수 지혜가 나온다."라는 격언으로 이어졌다. 개인은 어리석어도 대중이 진실로 함께하게 되면, 지혜로운 결론에 도달한다는 말이다.

"대중이 화합하면 소도 잡는다." 이건 대중이 화합하면 무한한 힘으로 작동한다는 말, 구성원들이 만나서 진실되게 대화 토론을 통해 뜻을 모아 실행하면 반드시 실현된다는 말이다. 대중공사는 오랜 전통 속에서 늘 있어왔다. 그런 대화와 토론 문화가 강당에서는 논강(論講) 형식으로, 선방에서는 법거량(法擧量, 선객(禪客)들 사이에 주고받는 선(禪)에 대한 문답), 법담 형식으로 이어져오는 것이다.

그런데 역사의 어느 순간부터 이런 전통이 무너져버렸다. 도법은 말한다.

불행하게도 법담이 관념화, 추상화됐고, 보편적인 상식으로 법담을 나누는 것이 불가능해졌으며, 보통 상식으로는 알아들을 수 없는 신비한 이야기가 마치 법담인 것처럼 돼버렸다. 그래서 대화가 없어져버렸다. 논강도 관념적이고 추상적이고 형식화되어버렸고, 경전 공부와 실제 삶이 연결이 안 되니까 토론이 깨져버렸다. 결국 대중공사라는 것이 행사 공지하는 수준으로 전락했다. 그러나 불교의 역사는 대중공사의 역사다. 이걸 우리 시대에 어떻게 살리는가가 한국 불교의 미래를 만들어가는 데에 중요한 관건이 된다.

2015년 한 해, 백인 대중공사가 성공적으로 진행됐고 2016년에는 보다 심화된 대중공사가 기획되고 진행됐다. 사실은 서의현 전 총무원장 문제를 대중공사에서 다루었다는 것은 좀 웃기는 일이다. 조계종의 공식기구들이 역사의식을 망각했고, 제 역할을 못했음을 이 사건이 방증하기 때문이다. 그러나 이는 앞으로 종단 문제가 보다 합리적으로 바뀔 조짐이라고 볼 수도 있다. 대중공사가 종단을 깨우는 역할을 하고 있기 때문이다. 도법은 "호계원장의 행보가 '자율사퇴'의 형식으로 결정되는 것이 힘을 미쳐서 동국대 문제도 변화의 움직임이 일 것"이라고 전망했다. 동국대학교는 2014년 12월 동국대 신임 총장 선거에 총무원이 개입했다는 불신과 불만으로 시작해 '신임 이사장(일면(日面) 스님)의 문화재 절도 의혹'과 '신임 총장(보광(普光) 스님)의 논문표절 의혹' 등으로 내홍을 겪었다. 동국대학교 학생 2,000여 명은 2015년 9월 17일 전체 학생총회에 참석해 동국대 이사장·총장 사퇴안을 결의했고 결국 일면 스님은 이해 말에 사퇴했다.

# 3

# 진리

도법은 불교의 진리를 '골방의 방석 위에서'가 아니라
수많은 사람들과의 대화 속에서 터득했다.
그의 언어는 불교경전에 있는 학술적인 것이 아니라
현대의 대중들이 사용하는 현장의 일상어다.

# 6

# 인드라망생명공동체

도법은 1990년대 후반에 사회와 본격적으로 관계를 맺기 시작한다. 이전에, 도법의 세상은 주로 절 안이었다. 절 안에서 참선하고 고뇌했으며, 투쟁의 한가운데에서 개혁을 이루었다. 그러다 1990년대 후반부터 사회로 발을 내딛었고 그 결과 실상사가 중심이 된 마을공동체 '인드라망생명공동체'가 형성됐다. 이 과정에서 큰 활약을 한 이가 이병철 전 귀농운동본부장이다. 도법과 동갑내기인 이병철은 이후 생명평화결사 운영위원장 등을 지내면서 도법과 평생 지기(知己)가 된다.

## 이병철 귀농운동본부장

1997년 지리산 실상사에서 이병철(李炳哲) 귀농운동본부장에게 강연 요청이 왔다. 이후 진행된 강연에서 운동권 출신 40대 후반의 이병철은 수십 명의 스님 청중들에게 두 가지를 말했다.

첫째, "불교가 이 시대에 사회를 위해서 역할을 해주어야 한다."라는 것이었다. 젊은 시절 감방에 가는 걸 마다않는 운동권이었지만 투쟁만을 앞세우는 그 운동의 한계를 인식하고 성찰의 중요성을 깨달은 이병철에게 불교는 진정한 운동을 위한 귀한 자산이었다. 그러나 한국의 불교는 신비주의에 휩싸여 있었고 사회와는 동떨어져서 개인의 성불(成佛)에 집착하는 그릇된 길을 가고 있었다. 현대문명의 기반이 되는 물질 위주의 서구사상이 한계를 드러내고 있어서 인간과 자연이 함께 사는 불교적 사유방식이 절실한데도 불교는 잠잠했다. 이병철은 이 사회를 부처님 법이 지배하는 불국토(佛國土)로 만드는 일에 동참하자고 스님들에게 촉구했다.

둘째, 그중에서도 불교가 귀농운동을 위한 자산을 갖고 있으니 자신이 벌이고 있는 이 운동을 같이하자고 제안했다. 1983년 함양댐 건설계획에 따라 수몰될 위기에 처할 뻔했던 실상사는 그 옛 모습 회복운동의 일환으로 절 주위 땅을 사들이는 '땅 한 평 사기 운동'을 벌였고, 1997년까지 약 2만 평의 옛 절터를 복원해놓았다. "농업을 살려야 한다. 농업은 곧 밥상이고 밥상은 곧 생명이다. 밥상을 살리는 것이 곧 생명을 살리는 길이며 민족을 살리는 길이다."라고 이병철은 열변을 토했다.

강연이 끝나자, 주지 도법이 "함께 해봅시다. 절 땅을 활용해 생태자립 마을공동체가 실현되도록 합시다."라고 했다.
이병철은 깜짝 놀랐다. 자신의 제안은, 자신이 청춘을 불태워
서 바친 길에 오류가 있었다는 것을 깨닫고 새로운 길을 모색
한 끝에 내린, 쉽게 결정하기 힘든 제안이었다. 이런 새로운 제
안을 받으면 여러 여건을 고려해보고 현실성이 있는지 검토한
뒤, 이후의 결정을 위해 생각해보겠다고 답하는 것이 보통이라
고 생각했는데, 절간에만 있던 스님이 당장 같이하자고 화답해
왔기 때문이다. 이병철은 "이 사람하고 일을 하면 일이 되겠다."
라는 생각을 했다. 1949년 동갑내기인 둘은 이후 평생의 도반
이 됐다.

이병철은 1960년대 말부터 학생운동에 투신한 운동권
출신으로, 1974년 민청학련 사건에 연루되어 구속됐으며 부
산대학교에서 출학(黜學) 처분을 당했다. 민청학련 사건이란,
1974년 4월 전국민주청년학생총연맹(全國民主靑年學生總聯盟,
약칭 민청학련)이 폭력으로 정부를 전복하기 위한 전국적 민중봉
기를 획책했다는 이유로 총 180명이 구속·기소된 사건이다.

1973년 8월 김대중(金大中) 납치 사건을 계기로 대학생,
야당 인사, 지식인과 종교인 들을 중심으로 반유신체제운동이
일어났고 비밀개헌서명운동이 추진됐다. 이에 박정희 대통령
은 1974년 1월 8일 긴급조치 제1, 2호를 공포하고 일체의 개헌
논의를 금지했으며, 위반자를 심판할 비상군법회의를 설치했
다. 이어 4월 3일에는 "전국민주청년학생총연맹이라는 불법단
체가 불순세력의 조종을 받고 있다는 확증을 포착하였다."라고
발표하면서 긴급조치 제4호를 발동, 학생들의 수업거부와 집

단행동을 일체 금지했다. 이후 비상군법회의 검찰부는 긴급조치 제4호 위반자 1,024명 중 180여 명을 구속·기소하였으며 이중 8명이 사형을, 민청학련 주모자급은 무기징역을, 그리고 나머지 피고인들은 최고 징역 20년에서 집행유예까지를 각각 선고받았다. 이 사건의 변호사 강신옥(姜信玉)은 "피고인석에서 그들과 같이 재판을 받고 싶은 심정"이라는 요지로 변론을 하다가 세계 사법사상 처음으로 변론 중인 변호사가 법정구속되기도 하였다. 수감자들은 1975년 2월 15일 대통령특별조치에 의하여 대부분 형집행정지로 석방되었다.●

어릴 적 심훈의 소설 『상록수』의 주인공 박동혁을 롤모델로서 마음에 간직했던 이병철은 형 집행정지로 풀려난 이후 1976년부터 가톨릭농민회 조직을 시작으로 농민운동을 시작했다. 그는 1987년의 민주항쟁 시기에 민주쟁취국민운동본부(이하 '국본')의 조직국장을 맡았으나 양김의 분열로 군부 출신인 노태우 후보가 대통령이 되는 것을 목격했다. 이에 충격을 받은 이병철은 1년 이상 칩거하면서 자신이 지향했던 가치관의 근본적인 재검토가 요청됨을 자각한다. 그리하여 "군부와

● 2005년 12월 국가정보원 과거사진실규명위원회는 "민청학련 사건은 학생들의 반정부 시위를 인민혁명 시도로 왜곡한 학생운동 탄압 사건"이라고 발표하였고, 2009년 9월 사법부는 이 사건 관련자들에 대하여 "내란죄로 인정할 증거가 없다."며 무죄를 선고하였다. 또 2010년 10월 서울중앙지방법원은 이 사건의 관련자와 가족 등이 국가를 상대로 제기한 손해배상 소송에서 "국민을 보호해야 할 국가가 유신체제를 유지하기 위해 오히려 가해자가 돼 불법행위를 저질렀다."며 피해자들에게 520억 원을 배상하라는 판결을 내렸다.

자본을 상대로 맞서 싸우는 것만으로는 건강한 세상이 이루어 지지 않으며 생명 그 자체를 근본적으로 위협하는 문명의 위기 를 해결할 수 없다."라는 성찰에 이른다.


## 무위당 장일순의 생명사상

이런 생각에 이를 수 있게 도운 것은 무위당(無爲堂) 장일순(張 壹淳) 선생이다.

1928년 강원도 원주에서 태어난 장일순은 1948년 서울대 학교 미학과에 입학하였으나, 6·25 전쟁으로 인해 학업을 중 단하고 원주에 정착했다. 1953년에는 원주 대성학원 설립에 참여하고 초대 이사장으로 취임하였다. 1960년 4·19 혁명 직 후에는 사회대중당 후보로 민의원 선거에 출마하면서 정치활 동을 시작하였다. 그러나 5·16 군사정변 이후 줄곧 주장해오 던 '중립화 평화통일론'으로 인해 구속되어 3년간 수감생활을 하였다.

그는 천주교 원주교구장인 지학순(池學淳), 시인 김지하(金 芝河) 등과 함께 강원도 일대의 농촌·광산 지역을 돌며 농민· 노동자들을 위한 교육과 협동조합운동을 주도하였다. 그는 운 동권의 정신적 지주였다. 특히 1974년 민청학련 사건이 일어났 을 때 지학순 주교가 "유신헌법은 무효"라는 양심선언을 하고 수사기관에 출두했는데, 이를 권유한 인물이 장일순이었다. 그 는 1980년대에 원주의 한살림운동을 주도하면서 산업문명으 로 파괴된 자연의 복구를 주장하는 생명사상(운동)을 펼쳤다.

유학·노장사상에도 조예가 깊었던 그는, 특히 최시형(崔時亨)의 사상과 세계관에 많은 영향을 받아 일명 '걷는 동학(東學)'으로 통했다.

그는 운동을 '투쟁'이 아니라 '조화'라고 보았다.

> (나에게 운동이란) 전체가 다 공생하자는 이야기죠. 운동이라는 것이 뭐냐 했을 때 으레 투쟁이 기본이냐, 아니면 조화가 기본이냐로 갈리죠. 나는 조화가 기본이라고 봅니다. (……) 상대를 없애버리는 해결은 해결이 아니라고 보는 거죠. 저것이 있는 것은 이것이 있기 때문에 가능한 것이지 없애버리면 해결이 있을 수 없죠. (……) 혁명은 새로운 삶과 새로운 변화가 전제가 되어야죠. 새로운 삶은 폭력으로 상대를 없애는 것이 아니라, 닭이 병아리를 까내듯이 자신의 마음을 전심투구하는 노력 속에서 태어나는 것이잖아요.●

이병철은 장일순과 함께 한살림운동을 이끈 박재일(朴才一)을 통해서 장일순을 알게 됐고 1986년 한살림 출범 이후에는 정기적인 공부모임에 참여하면서 장일순의 생명사상을 내면화한다.

●   장일순, 『나락 한알 속의 우주』(녹색평론사, 2009년 개정판), 133쪽.

그 사상의 일단이 1989년 10월 29일 발표된 한살림선언의 한 구절에 드러나 있다. "한 그릇의 밥이 한울과 자연의 젖이요 이웃들의 땀인 줄 안다면 한울과 땅 그리고 이웃의 고마움을 알고 되갚을 마음을 가져야 할 것이다." 이 선언은 장일순을 비롯해 박재일, 최혜성(崔惠成, 전 통일원 상임연구원), 김지하가 정리하고 최혜성이 대표 집필한 것으로, 1894년 농민운동을 지원한 동학의 2대 교주 해월(海月) 최시형의 사상을 주로 계승한 것이다.

반민주, 반민중 세력인 군부 그리고 기득권 세력에 대한 분노로 가득 차 '불칼'이라는 별명을 가질 정도로 거칠었던 이병철은 이후 "밝고 건강한 세상을 만들고자 한다면 그 과정 또한 밝고 건강해야 하지 않을까?"라는 생각을 하게 된다.

1970년대 이후 반군부독재전선에서 가장 전위적 역할을 하던 가톨릭농민회(이하 '가농')가 한순간 뜬금없이 '생명공동체'란 깃발을 내건 것은 이병철의 사상적 전환에 기인한다. 이는 핵심 운동권으로 알려진 김지하가 1991년 「죽음의 굿판을 걷어 치워라」라는 칼럼을 씀으로써 세상을 놀라게 한 것과도 같은 맥락이었다. 이병철은 1987년 국본 때, 그리고 1989년 가농의 생명운동으로의 전환 때 등 중요한 문제마다 실무 책임자로서 무위당의 의견을 구했고 이를 운동에 반영했다.


## 실상사, 귀농운동을 주도하다

새 가농운동인 생명공동체운동에서 주 슬로건은 "참농민이 참

세상을 만든다"였다. 상품으로 전락한 밥을 상품이 아닌 생명으로 나누는 사회가 되고, 그러기 위해 생산자와 소비자, 농촌과 도시가 서로 모시고 함께 사는 길을 찾아가는 운동이 이 사회를 살린다고 생각한 이병철은 '우리밀살리기', '우리농촌살리기' 등의 운동을 펼쳤다. 그리고 1996년에 이르러서는 '전국귀농운동본부'를 출범시키고, 농촌을 이끌 농민을 교육하기 위해 '귀농학교'를 설립한다.

그러나 서울 등에 세운 귀농학교는 이론교육은 있되 실습을 할 땅이 없어서 반쪽 학교에 머물렀다. 반면에 실상사에는 수만 평의 농장이 있었고, 절이라는 공간이 있었다. 도법은 "이건 우리가 제공할 수 있다."고 했고 이병철은 "교육은 우리가 시킬 수 있다."고 했다. 그래서 1998년에 실상사 불교귀농학교가 시작됐다.

절 안에서는 담배, 술, 노래 등이 금지되므로 일반인이 살기에 절은 적합지 않았다. 그래서 절 울타리 바깥 논 가운데 비닐하우스를 만들어 일반인들이 머물 수 있도록 했으며 이론교육과 함께 농장실습도 이루어졌다. 우리나라에서는 처음으로 열린 '실습형 장기 귀농학교'였다. 처음에 3개월 과정으로 시작한 이 학교는 차츰 인기를 얻어서 봄, 가을로 일 년에 두 차례 열렸으며, 언론에서도 관심을 보여 사회적으로 귀농 바람이 불었다. 실상사가 마치 귀농운동을 주도하는 것처럼 됐다.

당시 귀농학교에 입학한 사람들은 주로 IMF로 인해 실직한 도시인들이었다. 도시를 떠나 새롭게 살아가야 하는, 그러나 그 방법이 막연한 상처받은 이 사람들의 관심은 "어떻게 농촌에서 살 수 있을 것인가?"였다. 그들은 농촌에서 살아갈 수 있는 기술에 직접적으로 관심이 있었다. 그러나 그들 마음의 근저에는 현대 도시문명에 대한 회의, 생명의 안정성에 대한 불안, 그리고 이웃공동체에 대한 그리움 등 생태적이고 인간적인, 대안적 삶이라는 문제의식이 작용하고 있었다.

교육의 내용은 주로 정신교육이었다. 이는 장일순, 박재일이 주도한 한살림운동과 맥을 같이한다. 한살림선언에 드러난 한살림의 정신은 생명에 대한 우주적 각성, 자연에 대한 생태적 각성, 사회에 대한 공동체적 각성이다. 한살림운동은 또한 새로운 인식, 가치, 양식을 지향하는 생활문화운동이며, 생명의 질서를 실현하는 사회실천활동이고, 자아실현을 위한 생활수양운동이며, 새로운 세상을 창조하는 생명의 통일활동이다.

이병철은 귀농학교의 목표를 "지리산을 배운다", "땅과 자연을 배운다", "공동체 정신을 배운다"로 정했다. 귀농이란 생태적 삶을 의미했고 자연, 생명과 함께하는 삶으로의 전환을 의미했다. 이는 자기 이익에 기반한 자본주의적 본능으로부터 탈피해서 새로운 인간으로 거듭나야 가능한 일이었다. 그래서 귀농학교는 단순히 농사법을 배우는 학교가 아니라 새로운 세상과 그에 맞는 새로운 철학, 새로운 삶을 배우는 학교가 됐다.

교과목은 식(食), 집, 교육, 몸 돌보기 등의 항목으로 나뉘었다. 홍선(興善) 스님의 불교미술 강의도 있었고 염색, 집짓기 등의 강의도 있었다. 밤에는 꽹과리·징·장구·북 등의 풍물과 서각(書刻, 글씨를 새겨서 만드는 예술)도 가르쳤다.

귀농학교에서는 그렇게 농사의 기본을 가르쳤고, 수강생

들을 퇴비 잘하는 집, 양돈 잘하는 집, 과수 잘하는 집으로 이끌어 견학도 하게 했다. 그러나 정작 농사짓는 법에 대한 강의는 많지 않았다. 농사는 현장에 가서, 현장에 맞는 어떤 작물을 재배할 것인지를 결정한 다음에 배워야 할 항목이었기 때문이다. 사람들은 낮에는 공부했고 밤에는 술을 마시면서 "내가 왜 이렇게 됐나?"라며 신세 한탄을 하기도 했다.

그러나 인생의 근본적인 전환을 하지 않으면 안 되는 상황에 몰렸기 때문에 오히려 이들은 이병철과 그가 꾸린 강사진의 얘기, 그리고 교장인 도법의 얘기를 집중해서 들을 수 있었다. '절밥 먹여주면서 3개월간 20만원'이라는 파격적인 교육비가 도움이 됐음은 물론이다. 이런 교육을 받은 실상사 귀농학교 졸업생들은 70퍼센트 이상의 농촌 정착률을 보였다.


## 도법의 생명사상

도법이 귀농운동을 적극적으로 받아들인 것은 무엇 때문이었을까? 이병철은 그 이유를 '4·3 사건'과 '지리산'에서 찾았다. "도법 스님 자신이 이념 투쟁의 희생이 된 제주 4·3 사건의 한가운데에서 태어났고, 스님이 주석하신 지리산 또한 빨치산의 저항 근거지여서 '이념이 생명보다 우선되는 사회'에 대한 문제의식이 누구보다 컸다."는 것이다.

도법은 또한, 농장사업을 통해 승려의 길을 걷다가 환속한 사람들을 품어 안으려는 마음도 있었다. 중묵(中黙) 거사(居士, 출가하지 않고 집에서 불도를 수행하는 사람)가 그런 인물 중 한 명이다. 어릴 적 입은 화상으로 오른손을 잃은 중묵은 오랫동안 행자생활을 했지만 "장애인은 승려가 될 수 없다"는 조계종 규정 때문에 절망하여 절을 몇 번 뛰쳐나갔다. 그러나 도법은 실상사 주지로 있는 동안 그에게 사실상의 승려 역할을 맡겼다. 중묵은 결국 승려의 길을 포기했지만, 도법은 그를 재가자로서 인드라망수련원 귀정사(歸政寺)에서 일하게 한다.

도법이 귀농운동 제안을 흔쾌히 받아들인 것은, 도법 자신에게 생명에 대한 자각이 있었기 때문이었다. 그것은 십대 후반부터 30여 년이란 세월을 바치고 얻은 자각이었다. 도법은 이 기간 동안 하루도 빠짐없이 "나의 이름 듣는 자 삼악도(三惡道)•를 벗어나고, 나의 모습 보는 자 해탈 얻어지이다"를 서원하였다. 어느 곳에 있든 관계없이 "내가 칼산지옥 향해 가면 칼산지옥 저절로 무너지고, 내가 싸움지옥 향해 가면 싸울 마음 저절로 사라지이다"를 가슴에 새겼다.•• 그러나 1998년의 종단사태 현장에서 만난 불교는 이런 이상과는 거리가 멀었으며, 오직 싸움에 이기기 위해 수단 방법을 다 동원해야 하는 한낱 싸움꾼의 모습이 되어 있는 자신을 보며 도법은 망연자실하지 않을 수 없었다.••• 이는 타는 불로 인해 괴로움을 받고 있는 중생의 모습이었다. 부처님이 "비구여, 모든 것은 불타고 있다.

---

• 죄악을 범한 결과로 가게 되는 지옥도(地獄道)와 축생도(畜生道)와 아귀도(餓鬼道)의 길. 지옥은 고통을, 축생은 어리석음을, 아귀는 굶주림을 의미한다.

•• 도법, 『화엄의 길, 생명의 길』(선우도량, 1999), 7~8쪽. 이 책은 1990년 『화엄경과 생명의 질서』라는 제목으로 출판된 것을 다듬어서 재출간한 것이다.

••• 앞의 책, 8쪽.

눈에서도 불이 타고 마음에서도 불이 타고 이 마음과 눈이 사물에 접촉할 때에 감각에서도 불이 타고 있다."● 라고 설한 것처럼, 도법에겐 역사의 참상들과 종단의 위기 상황이 모두 다 우리 자신의 욕망의 불길에 의하여 타오르고 있는 것으로 보였다. 그는 "분노의 불, 원한의 불, 증오의 불, 복수의 불, 정복의 불, 야심의 불, 민족의 불, 이념의 불, 의혹의 불, 불신의 불, 소유의 불, 착취의 불 등 온통 불길에 휩싸여 있음을 느낀다. 자만의 불, 열등의식의 불, 이기심의 불, 개인적인 불, 집단적인 불, 가진 자의 불, 없는 자의 불, 유일신의 불, 인간 중심의 불, 선민의식의 불, 승리의 불, 패배의 불 등이 타오름에 의하여 우리의 삶은 상처를 받고 심하게는 잿더미가 되어버릴 위험 수위에 있음을 쉽게 느낄 수 있는 것이 오늘의 현실이다. 자본주의의 불, 공산주의의 불, 생존경쟁의 불, 전진의 불, 발달의 불 등에 의하여 갈기갈기 찢기는가 하면 갈등과 대립, 파괴와 살상으로 점철되고 있다."라고 썼다.●●

그는 이렇게 된 이유를 '생명 질서에 대한 무지' 때문이라고 말한다. 결국 『화엄경』에 나타난 생명사상이 오늘날 문제에 대한 해답인 것이다.

『화엄경』은 성도(成道)하신 부처님의 삼업(三業, 몸, 입, 뜻으로 짓는 세 가지 업. 신업(身業), 구업(口業), 의업(意業))작용으로 우주를 묘사한다. 불교의 핵심 교리인 연기법의 원리를, 『화엄경』

● 『잡아함경』, 앞의 책 98쪽에서 재인용.
●● 앞의 책, 98~99쪽.

131

에서는 피와 살이 있고 체온이 있는 생명의 관계로 드러내어
보여주는 것이다.

> "이때에 부처님이 자리에 계시면서 일체법에
> 최상의 깨달음을 성취하셨는데, 지혜는 삼세에
> 들어가 모두에 평등하시고, 그 몸은 일체 세간
> 에 충만하시며, 그 음성은 널리 온 우주의 국토
> 마다에 수순하십니다."●

혹은 부처님의 법회 장소에 참여하고 있는 부처님과 대중으로
묘사한다. 거기에는 깨달은 자이신 부처님, 깨달음의 장(場)인
법보리장, 그늘을 드리우고 있는 보리수, 여래께서 거처하시는
궁전, 여래께서 정좌하신 사자좌가 있다.

　이 법회 장소에 무수한 대중이 구름처럼 모인다. 보현보살
등 지정각세간(智正覺世間, 부처의 세계)●●의 무수한 보살, 해의
신·달의 신·바다의 신 등 무정세간(無情世間, 생명이 살 수 있는
바탕이 되는 세계)의 대중들, 그리고 유정세간(有情世間, 살아 있는
것)의 모든 생명 등 우주에 존재하는 모든 것이 하나도 빠짐없
이 평등한 자격으로 함께 모이고 있다.

　여기에는 인간만이 존귀하다는 식의, 특정한 무엇을 중심

---

●　「세주묘엄품(世主妙嚴品)」, 『화엄경』, 앞의 책 116쪽에서 재인용.

●●　'지정각'이란 '지혜로 바르게 깨달음'의 뜻으로 '붓다가 얻은 큰 깨달음'을 의
　　미한다.

으로 가치를 부여하는 사고는 발붙일 곳이 없다. 생명의 가치와 생명의 역할에서도 철저하게 각자의 존귀성을 손상당하거나 손상시키는 일이 없다. 도법은『화엄경』을 읽는 환희를 다음과 같이 표현한다.

> 화엄경을 읽어가노라면 생명의 세계가 무한할 뿐 아니라 존재 가치의 평등성과 서로서로의 관계가 신비한 조화로움이라는 것을 느끼게 된다. 세계, 산천, 초목, 부처님, 보살, 중생, 이것과 저것, 시간과 공간, 유정과 무정 등 모두가 함께 어울려 출렁이는 생명의 큰 바다는 그야말로 장엄스럽다.
> 무수한 개체들이 동체의 통일을 유지하면서도 혼잡스럽거나 어색함이 전혀 없는 자유로운 예술적 아름다움 앞에서 어찌 옷깃을 여미고 환희하지 않겠는가? 더하여 모순, 갈등, 대립의 화신으로 여겨왔던 자신과 우리들의 세계도, 저 넓고 넓은 신비로운 생명 바다의 일원으로 참여하고 있는 사실을 자각할 때 왜소하고 답답하게만 여겨졌던 자신과 세계의 존재 의미가 새롭게 인식되어진다.●

● 앞의 책, 93쪽.

우리는 대개 현재라는 것을 장래의 완전한 상태를 향한 한 과정이라 생각하는데 이것은 큰 잘못이다. 가령 개화한 장미꽃을 보았을 때 우리는 그것을 먼 장래에 더욱 완전한 꽃으로 피어날 한 과정이라고 생각하지 않는다. 우리는 눈앞의 꽃, 그 자체의 아름다움에 충분한 가치를 부여한다. 인간에 대해서도 같은 말을 할 수 있다.● 결국 현재의 인간과 세계는 그것 자체로 완전한 이상향이며 극락정토로서의 생명이다.

'불교는 세상을 쳐다보면 안 된다'는 교육을 받아왔고, 그 결과 1980년대 초에 광주민주화운동에 대해서도 잘 몰랐던 도법이 생명사상에 눈을 뜬 것은 『화엄경』 덕이었다. 도법은 십여 년 동안 구도의 길을 걸었지만 끝내 회의에 빠져 선방을 나와 우왕좌왕하다가 '5분 이상 책 읽지 말라'는 성철 스님의 가르침을 거스르고 석 달에 거쳐 『화엄경』을 읽었다.

당시에 선우휘(鮮于輝) 소설을 극화한 드라마 〈노다지〉도 도법의 생명사상에 영향을 주었다. 일제강점기를 시대 배경으로 한 이 드라마 속에서 부모는 징용당해 가는 아들에게 무조건 살아남으라고 말한다. 누구를 죽이고 살아남든, 비겁하게 엎드려 빌어서 살아남든, 무슨 수를 써서라도 살아서 돌아오라는 게 부모의 당부였다. 도법은 이걸 보고 "노다지는 사람의 생명을 의미하는 것이구나!" 하고 깨달았다.

● 앞의 책, 92쪽.

## 인드라망생명공동체의 탄생

귀농학교에서 배출된 학생들이 농촌에 정착하게 되면서 불교적 시야로 환경생태적 이념의 실천을 표방하는 공동체운동단체가 출범했다. 1999년 9월 11일, 조계사와 실상사, 능인선원(能仁禪院) 등 23개 사찰과 불교단체들은 조계사에서 공존, 협동, 균형의 생명질서를 실천하는 도농공동체운동 전개 등을 강령으로 내세운 '인드라망생명공동체 창립대회'(공동대표 도법)를 열었다. 이들은 우주의 본래 모습인 유기적 생태공동체를 회복해야 한다는 불교적 깨달음에 바탕해 도시인과 농촌 주민의 교류, 협동조합운동 등으로 상생의 사회를 만들자고 다짐했다.

인드라망생명공동체는 실상사를 중심으로 하는 마을공동체다. 실상사는 귀농인구가 늘어나고 아이들이 농촌에 많아지면서 2001년에 중등과정의 대안학교 '실상사작은학교'를 세웠다(훗날 고등과정까지 확대). 이후 인드라망생명공동체는 사단법인 한생명, 인드라망수련원 귀정사, 인드라망생협, 인드라망대학, 광주도량 선덕사, 광주전남 인드라망, 우리옷 인드라망 등으로 외연을 넓혀갔다.

# 7

# 생명평화결사운동과
# 탁발순례

20세기 말부터 21세기 초에 걸쳐서 도법은 '지리산살리기국민운동'을 펼치고 도반들과 '지리산 공부모임'을 함께한 끝에 '생명평화결사운동'으로 나아간다. 그는 생명평화의 정신을 전파하기 위해 2004년 탁발순례를 떠난다. 이 순례는 1980년 화엄학림이 좌절되었을 때 계획했으나 금산사 대적광전이 불타 뒷수습을 하느라 접었던 꿈을 다시 성취하는 것이었다. 단, 당시에 기획된 만행(萬行), 즉 여러 곳으로 돌아다니면서 수행을 하겠다는 꿈이 낭만적이고 모호한 것이었다면 이번 순례는 생명평화라는 구체적 화두에 기반한 '대화'를 목적으로 했다는 것이 달랐다.

## 지리산살리기국민운동

실상사에서 도법은 지리산권의 불교계를 움직이고 싶었는데, 정작 불교계는 움직이지 않고 기독교인들이 찾아왔다. 1999년 무렵, 연세대 이신행(李信行) 교수, 함양의 양재성(梁在成) 목사 등 기독교인들을 중심으로 지리산운동을 하자는 사람들이 실상사를 찾아왔고, 이들을 중심으로 '지리산을 사랑하는 열린 연대'가 결성되었다. 그러자 지리산을 둘러싼 많은 정보가 모였고 지리산댐이 현안으로 떠올랐다. 당시 함양에 댐을 만들어 물을 가두고 그 물을 부산 및 경남 지역에 공급한다는 계획이 국토부에 의해 수립되고 있었던 것이다. 이 댐이 건설되면 실상사 인근 지역까지 물이 차게 되므로 이는 실상사와도 직접 관련이 있는 문제라고 생각되어 '지리산댐 실상사 비상대책위원회'가 구성됐다.

당시 '지리산을 사랑하는 열린 연대'에는 목사들이 많았기 때문에 그중 한 사람을 대표로 하고 범종교시민사회가 구례 화엄사에서 창립식을 갖기로 했다. 그런데 상임대표로 추대 예정된 목사가 "신도들이 이웃 종교와 같이하는 것을 반대한다."며 대표를 고사했고, 결국 "도법 스님이 상임대표를 하는 게 좋겠다."는 의견이 나와 도법이 상임대표를 맡게 됐다.

도법은 당시 실상사에서 함께 살던 수경, 그리고 화엄학림 학장을 맡고 있던 연관(然觀)이 이 일을 함께했으면 했다. 그러나 스님들은 평소 '운동'과는 거리가 멀었고 뜻도 없었다. 수경은 안거해야겠다면서 선방(禪房)에 갈 뜻을 밝혔다. 도법은 절의 운명이 걸려 있는 일을 하는 데 참여하지 않고 혼자만 도를 닦겠다는 수경이 마뜩잖았다. 그래서 다음과 같이 말했다.

> "네가 함께하지 않겠다면 나도 내 멋대로 하겠
> 다. 언제는 일을 같이하자고 하면서 나보고 주
> 지를 하라고 해놓고, 실상사의 운명이 걸린 문
> 제가 다가왔는데 혼자만 도 닦아 성불하려고 하
> 느냐. 그렇다면 나는 나대로 알아서 하겠다. 이
> 문제를 해결하지 못하면 주지도 계속할 수 없는
> 일이니, 실상사 주지를 내놓든가, 목숨을 걸고
> 하든가 할 수밖에 없다."
> "알아서 해."
> "만약 내가 목숨 걸고 단식한다고 치자. 그럼 그
> 게 다 소문날 텐데 너는 선방에서 혼자 편안하
> 게 참선이 되겠나?"

수경이 안거를 하러 떠난다는 소식은 젊은 대중들의 불만을 불
러왔다. "어른들이 앞장서서 몸을 던져야 우리가 뒤따르든지 말
든지 할 것 아닌가?"라는 불만이었다. 수경은 "그럼 실상사를 떠
나지 않고 같이 있겠다. 그러나 앞장서지는 않겠다."라고 했다.

활동경험이 없어서 대책위는 잘 굴러가지 않았다. 성질 급
한 놈이 술값 낸다고, 보다 못한 수경이 "어떻게 해야 돼냐?"라
며 의욕을 보였다. 도법은 94년 종단개혁 때 함께했던 현응을
끌어들이는 것이 좋겠다고 했고, 수경이 적극 나서서 일을 성
사시켰다. 현응은 "도법 스님은 계속 전위에 있었으니까, 새로

운 사람이 위원장을 해야 새로운 대중들을 끌어들일 수 있다. 그러니까 수경 스님이 위원장을 해야 한다."고 했다. 수경은 처음에 펄쩍 뛰었으나 결국 "나는 이 일에 문외한이니 실무는 현응 네가 다 해야 한다."는 조건을 달고 위원장을 맡았다. 이것이 선방에서 도만 닦던 전통 승려 수경이 불교계 운동판에 혜성처럼 나타나게 된 내막이다. 수경은 금방 지리산운동의 중심에 서서 운동권에 바람을 일으켰다.

인적 구성을 갖춘 대책위는 지리산댐을 저지하기 위해 외연을 확대하면서 다음과 같은 전략을 짰다.

첫째, 지리산의 가치와 역사적 의미를 드러내기 위해 지리산 순례를 한다.

둘째, 좌우대립의 응어리를 녹이기 위해서 지리산 희생자 합동위령제를 한다.

셋째, 낙동강 물을 식수로 쓸 수 없기 때문에 지리산댐을 만들자는 것인데 이는 낙동강을 포기하는 일이다. 낙동강을 살려야 한다. 그러기 위해 낙동강 상류에서 하류까지 낙동강 순례를 한다.

넷째, 지리산이 백두대간의 단전(丹田)이니 백두대간을 잘 보호하기 위해 백두대간 종주 순례를 한다.

도법은 "나는 실상사 안에서 생명평화, 민족화해, 평화통일을 위한 천일기도를 하겠다."라고 했다.

실상사를 중심으로 시작된 지리산댐 저지 연대는 전국의 200여 단체를 아우르는 거대 단체가 됐다. 당시 영향력이 컸던 환경연합도 참가한 범국민적 운동기구로 태어난 것이다. 이들은 서울에서 모여 가칭 '지리산댐 백지화 국민행동'을 만들었고 실상사에서 이름을 최종 결정짓기로 했다.

그러나 이 이름에 도법은 반대했다. 그 이유는 다음과 같았다. 첫째, 단체의 목적을 '댐 문제'로 못박아버리면 지속성을 잃을 수 있다. 단체는 댐 문제에 국한할 것이 아니라 지속적으로 지리산을 보호하고 대안을 만들 수 있도록 해야 한다. 둘째, 댐에 초점을 맞추면 댐을 아는 사람만 모인다. 그래서는 국민들의 공감을 부를 수 없다. 댐을 모르더라도 지리산에 애정을 가진 사람은 누구나 참여할 수 있도록 해야 한다.

이에 따라 도법은 이름을 '지리산 살리기 국민행동'으로 해야 한다고 주장했다. 이 단체가 하는 일은 '반대투쟁'이 아니라 보통 사람들이 관심을 갖고 함께할 수 있는 '대안운동'이 돼야 한다는 주장이었다. 당시 공격 목표가 뚜렷해야 한다며 반대하는 의견이 많았으나 많은 논란 끝에 결국 이 이름이 채택됐다.

수경은 지리산 순례, 낙동강 순례를 하고, 연관은 백두대간 종주 순례를 하고, 범종교시민사회가 함께 모여 합동 위령제를 치르기로 했다. 이를 위해 각 종교계가 백일기도를 했고, 그다음 지리산 뱀사골에서 5,000여 명이 모여 합동 위령제를 지냈다. 백일기도들이 끝난 다음에도 도법은 실상사에서 천일기도를 계속했다. 이런 노력들이 빛을 발해 지리산댐 건설 저지에 성공했다. 수경은 그 과정에서 천주교 정의구현사제단의 문규현(文奎鉉) 신부를 만나게 되고 새만금에도 관심을 갖게 됐으며 새만금 사업 백지화를 위한 삼보일배(三步一拜)로 유명해졌다. 그러나 새만금은 전라북도가 개발에서 소외됐다고 주장한 김대중 씨의 강력한 요구로 노태우 대통령이 받은 사업이었고, 노태우, 김영삼, 김대중 전 대통령들 모두가 공약한 국책사업이 었다. 그래서 이를 막기가 어려웠으며 결국 저지에 실패했다.

### 지리산 공부모임

이병철과 도법은 "편 갈라서 뺏고 빼앗기는, 이런 패러다임으 로는 이 사회가 미래로 나아갈 수 없다."라는 데에 공감했다. 이 를 극복할 방법이 무엇일까에 대해 고민하다가 이병철이 '지 리산 공부모임'을 제안했다. 원주에서 공부하던 무위당 장일순 선생의 후학들, 즉 한살림의 박재일, 김지하 시인, 가톨릭농민 회의 장태원 등을 초청해서 함께 '평화'를 그리고 '생명'을 공부 해보자는 의견이었다.

그렇게 해서 2001년 4월 5일, 지리산 실상사 화엄학림 강 당에 도법 스님, 수경 스님(불교계), 문규현 신부(천주교), 이선종 (李善宗) 교무(원불교), 김지하 시인, 채희완(蔡熙完) 교수, 김영 동(金英東) 국악인, 손혁재(孫赫載, 참여연대), 이영일(李榮 , 여수 지역사회연구소), 노귀남(불교포럼), 박재일(한살림), 장태원(울산우 리밀살리기운동) 등 50여 명이 모였다.

김지하가 사회를 본 이날 모임에서 이영일 연구소장이 "지 리산과 제노사이드"라는 제목으로 강연을 하고 김지하 시인이 "지리산 공부모임의 방향과 내용"에 대해 발제했다. 이 모임에 서, 김지하를 중심으로 한 많은 인사들이 생명담론을 세계적인 차원의 문화운동으로 전개하자는 생각을 갖고 있음이 드러 났다. 반면에 도법과 이병철 등은 지리산을 중심으로 한 소박 한 생명운동, 평화운동을 지향했다. 김지하가 하고자 하는 문화 운동을 뒷받침할 재원도 '지리산 공부모임'으로서는 감당할 수 없었다.

그래서 이후의 지리산 공부모임은 김지하와 일부 인사들 이 빠진 채 진행됐다. 이병철과 도법을 중심으로 박재일, 수경, 백기범(白基範) 작가, 성염(成稔) 교수, 손혁재 등이 참여하면 서 2001년에 여섯 번째 모임까지 열렸다. 주제는 "왜 지리산인 가?", "한국전쟁과 나, 그리고 통일", "한국전쟁 전후의 역사인 식" 등이었다. 2002년에는 백기완(白基玩) 선생 초청강연 "역사 적 삶, 종교적 삶"이, 그리고 소설가 김성동(金聖東) 선생 초청 "지리산 이야기"가 열렸다. 7월의 네 번째 모임에서는 "지리산 을 배우고 지리산을 공부하는 이 모임에서 이루어지는 3년간 의 공부가 마침내 한국사회에 생명평화의 새로운 패러다임을 제시할 수 있기를" 기원했다. 9월의 다섯 번째 모임에서는 양재 성 목사가 "왜 지리산인가?"를 주제로 발제를 했고 빨치산 간 부 출신 황의지(黃義智, 남부군 45사단장, 418독립연대와 구국연대장) 선생의 증언이 있었다. 10월의 6차 모임에서는 신용균 선생의 한국전쟁 전후의 역사인식에 대한 발제가 있었다.

2003년 1월 6일에는 지리산 천일기도 700일맞이 장회익 선생 초청강좌 "지리산과 온생명" 강연이 있었고, 4월 26일에 는 지리산 천일기도 800일맞이 생명평화의 점등식이 있었다. 그리고 6월 23일, 김지하도 초청한 "6월, 지리산에서 평화를 말한다"라는 기획 좌담회가 열렸다. 2003년 3월 발생한 이라크전으로 인해서 한반도에도 전쟁이 발발할지 모른다는 사회적 불안감이 일어난 것이 이 토론회의 계기였다. 류승국(柳承國) 전정신문화연구원장이 "평화의 민족사적 의미"라는 제목으로 강연을 했고 김지하와 도법, 김영호(金泳鎬) 경북대 경제학과 교수, 이부영(李富榮) 국회의원이 좌담에 참가했다. 사회는 강대인(姜大仁) 대화문화네트워크 원장이 봤다. 이 자리에서 도법은 '생명평화결사'를 제안했다. 이는 율곡의 10만양병설에서 착안한 것으로, 비폭력 평화 행동을 할 사람 10만 명이 유사시에 전방에 모여 평화를 위해 기도하고 호소하고 제안하는 행동을 할 수 있도록 준비하는 결사였다.

이는 이병철과 공감대를 이룬 상황에서 행해진 발언이었다. 이병철은 이렇게 회상한다. "지금은 어떻게 들릴지 모르겠지만, 당시는 미-이라크 전쟁이 발발하고 한반도도 위기가 현실화될 것 같은 비상한 상황이었기 때문에 우리는 매우 비장했다. 내가 '전쟁이 나면 우리는 DMZ에서 포탄을 몸으로 맞을 것'이라고 비장하게 얘기하자 집사람이 내 앞에서 울었다."


## 김지하의 생명사상과 생명문화포럼

김지하는 '지리산 공부모임'의 초반에 참가했지만 이후에는 독자적으로 활동했으므로 도법과 긴밀한 교류가 있지 않았다. 또 이 둘은 서로의 사상에 영향을 끼치지도 못했다. 그러나 도법이 책 출간 활동을 하기 전인 2003년에 김지하가 발간한『생명학』등을 보면 도법의 사상과 비슷한 면이 많다. 한 시대의 흐름을 읽는다는 취지에서 김지하의 사상을 일별해보겠다.

김지하는 1970년대에 「타는 목마름으로」 등의 시를 발표하면서 민주주의 투사로 활동했다. 유신독재에 저항하면서 도피와 유랑, 투옥과 고문 등 형극의 길을 걸어온 그는 민주주의를 향한 저항문학의 상징과도 같은 인물이었다. 그의 활동이 정당한 것이었음은 2015년 법원이 확인한다. 김지하는 1970년대 민청학련 사건과 오적(五賊) 필화 사건 등으로 약 6년 4개월 동안 투옥된 것과 관련해 "반민주적 불법행위에 대해 국가가 위자료를 지급해야 한다."라며 국가를 상대로 손해배상 소송을 제기했고 "국가는 김지하에게 15억 원을 배상하라."는 판결을 받아냈다.

그런데 1970~80년대 운동권의 상징인 그 김지하가 1990년대 들어 갑자기 비판의 칼날을 운동권을 향해 겨누었다. 1991년 4~5월 노태우정권의 공안통치에 항거해 청년학생들이 연이어 분신, 투신할 때 김지하는 분신 정국을 민주화운동 세력들이 이용하고 있다고 강력히 비난해 파란을 일으켰다. 이해 5월 5일자 《조선일보》에 실린 「죽음의 굿판을 당장 걷어치워라」라는 글에서 그는 운동권 지도부를 향해 "당신들은 지금 극히 위태롭다. 생명은 자기 목숨이라 하더라도 함부로 할 수 없는 무서운 것인데 하물며 남의 죽음을 제멋대로 부풀려 좌지우지 정치적 목표 아래 이용할 수 있단 말인가? 그럴 수 있다고 대답하는 모양인데, 그렇다. 바로 그 대답에 당신들의 병의 뿌리가 있고 문제의 초점이 있다."라고 썼다. 또 "지금 당신들 주변에는 검은 유령이 배회하고 있다. 그 유령의 이름을 분명히 말한다. 네크로필리아 시체선호증이다. 싹쓸이 충동, 자살특공대, 테러리즘과 파시즘의 시작이다."라고 덧붙였다. 그러면서 "영육이 합일된 당신들 자신의 신명, 곧 생명을 공경하며 그 생명의 자연스러운 요구에 따라 끈질기고 슬기로운 창조적인 저항 행동을 선택하라."고 요구했다.

그러나 그의 생각은 민주화 동지들에게 쉽게 받아들여지지 않았다. 선명한 투쟁노선으로 치열하게 달려가야 이 땅의 진정한 민주화를 이룰 수 있다고 생각하는 사람들에게 '생명'이란 말은 투쟁을 희석시키고 무력화하는 단어였다. 그는 "생명교 교주", "변절자", "전열 이탈자"라는 비난을 들었으며 민족문학작가회의로부터 제명 처분을 당했다.

김지하의 생명사상은 시대를 앞선 것이었다. 민주, 자유, 평등, 정의 등으로 규정되는 이념은 이미 지나간 시대인 '근대'의 이념이었고 시대적 한계에 봉착하고 있었다.

지역경제 발전을 위해 생명의 보고인 갯벌을 황폐화시킨 새만금 간척사업과 부실공사로 수많은 생명을 잃은 삼풍 참사가 보여주는 것처럼, 1990년대의 현실은 '경제가치'가 '생명가치'를 압도하고 있는 것이어서 자본가를 적으로 하는 노동자의 투쟁으로는 해결할 수 없는 차원으로 진입했다. 그러므로 운동권도 시대의 흐름에 맞추어 변해야 했다. 1996년에 출간했다가 2003년에 이름을 바꿔 다시 출간한 책 『생명학』에서 김지하는 "임금 중심의 투쟁이나 정치적인 혁명을 향한 노동운동의 때는 이미 지나갔습니다. 그것을 이제 훌훌 벗어던질 때가 된 것이지요. 임금 중심의 경제체제 내적 노동운동도 아니며 폭력 혁명적인 정치적 노동운동도 아닌 새로운 생명 노동운동, 지역 노동운동, 개인 창조적·가정적·소그룹적 노동 등에 관한 새 운동을 생각해야 할 때입니다."● 라고 주장했다. 또 "노동을 성스러운 예술적 창조 활동으로까지 높이는 것을 겨냥하는 질 높고 격조 높은 노동운동이 돼야 합니다."●● 라고 덧붙였다.

김지하는 1980년대 감옥의 쇠창살 틈으로 날아 들어온 하얀 민들레 꽃씨, 그리고 감옥 벽의 쇠창살과 시멘트 받침 사이의 틈에 싹을 틔우고 자라나는 개가죽나무 풀을 보면서 한없는 감동을 느낀다. 바로 생명의 무소부재(無所不在)함을 깨달은 것이다. 그는 이후 100일간의 참선을 통해 개인의 마음, 생명이 고립되고 제한된 것이 아니라 전 우주, 전 시간과 전 사회적 삶, 사회 심리의 움직임에 연속되어 있음을 이해했다. 그는 이후 진화론과 불교, 동학, 노장학, 주역 등 생명 혹은 생성, 변화와 관련된 책들을 닥치는 대로 읽으면서 생명사상을 구체화한다.

김지하는 생명을 실체가 아닌 '생성'으로 이해한다. 그는 또한 생명을 '정의할 수 없는 것'이라고 설명한다. "이것이다 또는 저것이다, 라고 정의하는 순간 이것이 이것이 아니고 저것은 저것이 아닌 변화가 곧 생명이기 때문이지요. 만약 그것을 명확히 정의하거나 고정시킬 수 있다면 그것은 이미 죽은 것이거나 상대적으로 잠정적인 균형 상태에 있는 덧없는 한순간이

● 　김지하, 『생명학 1』(화남출판사, 2003), 219쪽.
●● 　앞의 책, 220쪽.

거나 아니면 관념에 의한 추상물일 뿐입니다. '탄생, 성장, 소멸하는 것'이라거나 자기 작동성, 자기 조직화, 자기 조절 기능 등의 규정이나 다양성, 순환성, 관계성, 영성 등의 규정은 총괄적인 정의일 수는 없습니다."•

김지하에게 생명은 눈에 보이는 것이면서 동시에 눈에 보이지 않는 "숨겨진 질서"로서의 전체적 생성 유출 변화 과정이다. 바로 이 "보이면서도 보이지 않는 생명의 끝없는 생성 변화"를 살아 있는 그대로 파악하고 그에 따라 삶과 세계를 살아가는 탁월한 방법의 모색이 이제 우리 인류에게 시급한 과제로 요구되고 있는 것이다.••

이런 시각으로 보면 도(道)란 일상인들이 더 잘 알 수 있는 것이다. 객관적 관찰자나 검증 과학자, 주관적 정관자(靜觀者)나 종교 명상가들은 도리어 생명의 실상을 잘못 짐작하거나 헛짚는 경우가 허다하다. 일용(日用)행사가 곧 '도'다. 생활하는 민초들이 제 삶의 나날의 과정에서 안으로 느끼거나 깨닫거나 짐작하며, 노동이나 여타 활동에서 실제 경험하고 확인하는 "삶 속에서의 생각", "삶의 이치" 또는 "삶의 지혜" 속에서 생명의 모습은 더욱 빛나게 나타난다.•••"그래서 예부터 민(民)이 천(天)이라고 했고 중생이 바로 부처라 했고 번뇌가 곧 열반이라고 했던 것이고, 생명의 실상이 생활인 것이며, 생명을 그 '숨겨

• 앞의 책, 66쪽.
•• 앞의 책, 67쪽.
••• 앞의 책, 69쪽.

진 질서'대로 고이 '모심', 그리고 그 개성적 '결'대로 '기름', 나아가 그 생명을 활짝 꽃피워 실현함, 이것을 우리는 쉬운 우리말로 '살림'이라고 부릅니다. '살림'에서 비로소 생명의 참모습을 보게 되는 것입니다."● 라고 김지하는 말한다.

이런 내용을 음미해보면 김지하의 생명사상이나 이병철과 도법의 생명사상이나 다르지 않다. 이는 김지하나 이병철이 모두 장일순의 후학이었다는 사실과도 관계가 있을 것이다. 그러나 앞에서 언급했듯이 생명을 '문화'로 연결하고자 했다는 점에서 김지하가 지향하는 바는 이병철이나 도법과 약간 달랐다.

## '생명평화결사'의 탄생

2003년 11월 15일 실상사에서 '지리산 천일기도 회향식'과 함께 지리산 생명평화결사 창립식이 열렸다. 이 자리에는 모성(母性)의 의미를 살리는 차원에서 미국 유니온신학대학의 현경(玄鏡) 교수, 전교조위원장을 지낸 정해숙(丁海淑) 선생 등이 함께했다. "6월, 지리산에서 평화를 말한다" 기획 좌담회 이후 "모성, 지리산, 그리고 평화"라는 제목으로 열린 두 차례의 강연회, 원불교, 천주교, 개신교, 불교계가 모여 거행한 지리산 노고단 기도회, 남원, 함양, 산천 등 지리산권에서 열린 '생명평화한마당'을 거친 후 마련된 창립식이었다.

● 앞의 책, 69~70쪽.

'생명평화'라는 단어는 이병철이 만들었다. '생명평화'란 '생명+평화'가 아니라 '생명=평화'를 의미한다. 평화란 생명이 안녕(安寧)한 상태, 생명이 충만하게 피어 있는 상태다. 생명의 길이 곧 평화의 길이고 평화의 길이 바로 생명의 길인 것이다. 그래서 새로운 이 운동은 생명운동이나 평화운동이 아닌 생명평화운동이어야 했다.

"우리 사회에 새로운 운동이 있어야 한다. 기존 운동의 맹점은, 그 안에 '수행'이 빠져 있다는 것이었다. 세상의 변혁과 개인의 수행은 병행되어야 하는데, 사람들은 세상의 변혁만을 외쳤다. 불교의 언어로 말하자면 진리를 구하는 수행으로서의 '상구보리(上求菩提)'와 세상을 변혁시키는 운동으로서의 '하화중생(下化衆生)'이 병행되어야 하는데, 사회에서 벌어지는 운동에는 '상구보리'가 없었다. 거꾸로 절간에는 '하화중생'이 없었다." 이렇게 생각한 이병철은 "세상의 평화를 원하면 내가 먼저 평화가 되자"라는 표어를 만들어 이 둘을 연결시켰다. 그는 "생명평화결사가 만들어짐으로 해서 비로소 환경, 노동, 농민, 정치 등 다른 모든 운동의 기반이 될 '근본 운동'이 시작됐다."고 생각했다.

생명평화운동은 대표가 따로 있지 않고 모든 사람이 대표가 되는, 전혀 새로운 운동이었다. 이전의 운동은 세상을 '대상'으로 하는 것이었다. 그러나 생명평화운동은 "세상은 나의 반영"이라는 전제를 한다. "나의 모습이 비친 것이 바로 세상"이라는 것이다. 이병철은 이를 다음의 시로 표현했다.

여기
한 송이 꽃 피어
충만한 우주

지금 그 자리
환한 꽃
당신

(이병철, 「환한 꽃」 전문)●

생명평화결사의 구성원들은 "내가 등불이 되겠다"라는 서약을
하고 수행을 한다. 생명평화 서약문은 다음과 같다.

## 생명평화 서약문

세상의 평화를 원한다면, 내가 먼저 평화가 되
어야 함을 압니다.
내 마음의 평화와 세상의 평화가 둘이 아님은,
세상이 곧 나의 반영인 까닭입니다.
평화는 모심과 살림이며, 섬김과 나눔의 다른
이름이요, 함께 어울림이며, 깊이 사귐입니다.
그러므로 생명평화는 사람과 사람과의 관계를

● 이병철, 『고요한 중심 환한 미소: 여류의 노래 3』(민들레, 2015), 139쪽.

150

넘어 모든 생명, 모든 존재 사이의 대립과 갈등,
억압과 차별을 씻어내고, 모든 생명, 모든 존재
가 다정하게 어울려 사는 길이며, 저마다 생명
의 기운을 가득 채워 스스로를 아름답게 빛나게
하는 것입니다.

생명평화의 길은 자신과 세상에 대한 신념이요,
깨어 있는 선택이며, 지금 여기서의 행동하는
삶입니다.

나 자신이 먼저 평화의 등불이 되어 세상을 비
추고, 평화의 샘물이 되어 평화의 강을 이루고,
평화의 씨앗이 되어 평화의 텃밭에 활짝 꽃이
피어나도록 돕겠습니다.

(「생명평화 서약문」 앞부분)

---

## 탁발순례

이병철은 아직 매화가 꽃봉오리로 맺혀 있는 찬바람 속에서 탁
발순례를 나서는 벗 도법에게 시 한 편을 건넸다.


오랜 길 떠나는 벗에게

길은 오래고
늘 새롭다

이것이 있어 저것이 있는
다르마의 길 위에서

옛길을 걸어
새 길에 이른다

걸어온 아득한 길 이어
걸어갈 아련한 길

오랜 길 나서는 벗이여
길은 언제나 걷는 자에 의해 이어져 있다

그대는 다만 걷는 자
언제 꽃이 필까 근심하지 마라

걷는 발자국 따라 씨앗 돋아난다면
봄길 따라 꽃 피지 않는 마을 있겠느냐

꽃그늘 아래 생명평화의 등불 밝히고
신명의 잔치 여는 건 머문 사람들의 몫

바람결에 옛 벗들의 안부 물으며
다만 천지간에 충만한 봄소식을 전하라

세상의 길 가운데 이어져 있지 않는 길 없으니
그대 발걸음 서둘지만 않는다면

순례의 길 이어 그대 돌아오는 날

향기로운 차 한 잔을 준비하리라.•

2004년 3월 1일 새벽, 도법은 12년간 정든 실상사를 떠나 순례
길에 오르면서 절 식구들에게 절 잘 지키라며 인사했다. "생명
평화의 길을 못 찾으시면 어쩌시려고……?"라는 질문에는 "젠
장, 그럼 죽어야지." 하고 대꾸했다. 100여 명이 모인 지리산 노
고단의 '출발 기도' 식장에서는 지리산운동을 같이하던 원불교
이선종 교무가 '보내는 말'을 낭독하면서 "어젯밤 한숨도 못 잤
습니다. 왜 떠나십니까?"라며 눈물을 보였고 여기저기서 흐느
끼는 소리가 들렸다. 도법은 "세상을 의미 있게 살고자 하는 사
람들의 힘이 모이고 있다. 가는 길은 편하고 기쁠 것이다. 나는
소풍 가는 기분으로 나섰다. 울지 말고 웃자. 웃어야 웃는 세상
이 온다. 우리 웃으며 길에서 만나자."라며 분위기를 추스렸다.

　　순례는 구례 쪽으로 해서 지리산을 한 바퀴 돌고 전국으
로 발길을 잇는 여정이었다. 도법 스님, 수경 스님, 박남준(朴南
準) 시인, 이원규(李元珪) 시인 등 10여 명으로 꾸려진 순례단이
성삼재에서 주먹밥을 먹고 첫 숙박지인 천은사(泉隱寺)에서 쉬
고 있을 때, 실상사에서 사람이 왔다. "오늘 작은학교(실상사 곁
에 있는 대안학교) 입학식이 있었는데 축사를 하는 동안 주지스
님 두 분이 떠나셨다는 소식을 듣고 학교가 눈물바다가 되어
끝내 행사를 마치지 못했다."는 소식을 전해 듣고 도법은 "저런

---

● 　이는 후에 이병철, 『흔들리는 것들에 눈 맞추며: 여류의 노래 2』(들녘, 2012),
　　140쪽에 실림.

저런……" 하며 안타까워했고 책을 보던 수경은 "울기는 왜 울어?"라고 했다.

순례단은 하나의 기초단체를 걸어서 가는 데 닷새 정도가 걸렸고, 그 속도로 전국을 다 돌았다. 여정의 맨 마지막이 된 서울을 도는 데만도 백일이 걸렸다. 그리하여 2008년 12월 12일, 1,747일간의 대장정을 마쳤다. 순례단은 마지막 나흘간 "찾아가는 대화순례"라는 제목으로 민주노동당, 한국노총, 한국진보연대, 한겨레신문, 경향신문, 조선일보사 등을 찾았다. 13일에는 종로 천도교 중앙대교당에서 '닫는 마당'이 있었으며, 14일에는 지리산 노고단에서 순례가 끝났음을 하늘에 고하는 생명평화기원제가 열렸다.

범종교시민단체가 함께한 이 만행(萬行)에서, 도법 일행은 교회, 성당, 교당, 절, 펜션, 호텔, 가정집, 마을회관이나 도서관 등에 머물렀다. 처음엔 준비가 덜 돼서 우왕좌왕했지만, "아침에 일어나 밥을 먹고, 때로는 누룽지를 끓여 먹고, 출발지에 집합해서 생명평화백배서원 절명상 하고, 걷고, 점심 먹고, 그날 종점에서 절명상 하고, 저녁 먹고 대화하는" 형태의 일상이 반복됐다. 생명평화백배서원 절명상은 "진리가 삶을 자유롭게 한다는 말씀을 마음에 새기며 절을 올립니다", "언제 어디서나 모든 이에게 평화로운 마음과 태도로 대할 것을 다짐하며 절을 올립니다", "견해가 다르다는 이유로 상대를 미워하고, 나의 견해만이 옳다는 생각이 폭력의 시작임을 가슴에 새기며 절을 올립니다" 등의 100개 문장으로 이루어진 도법의 기도문에 따라 100번 절을 하는 것이다.

순례단은 주로 얻어먹고 얻어 잤다. 잠잘 곳, 순례코스, 강연장소 등을 잡는 일은 후에 실상사 종무실장이 되는 수지행(修智行)이 맡았다. 도법 일행이 춘천을 걷고 있으면 수지행은 PC방에서 컴퓨터로 검색한 정보를 가지고 미리 양양천을 답사하는 식이었다. 수지행은 주로 자동차에서, 그리고 찜질방에서 자면서 현장을 답사했고, 순례단보다 먼저 마을 주민들과 교감했다. "먹고살기도 힘든데 무슨 생명평화냐!", "스님이 조용히 순례하면 됐지 뭐 이렇게 시끄럽게 다니냐!"라는 등의 비아냥을 듣기도 했지만 그럴 때마다 사람을 만나는 자세를 가다듬었고 순례의 의미를 되새겼으며 나름 열정적으로 이를 사람들에게 설명했다.

1년쯤 지나서는 수경이 무릎이 아파서 순례를 접었고 박남준도 뒤를 이어 중단했다. 애초에 3년 순례하기로 했던 이원규도 1년 남짓 걸은 후에는 곁을 떠났다.

처음부터 끝까지 순례한 것은 도법 한 사람이었다. 황인중(黃仁中)은 약속한 대로 3년을 채웠고, 그 밖의 사람들은 1년, 1년 반, 100일, 한 달, 열흘 등 자기 형편에 맞는 기간 동안 합류했다. 일행은 평균 10명 정도가 됐다. 적을 때는 두세 명이 걸을 때도 있었고, 지역에서 그날그날 결합하는 사람들이 있어서 많을 때는 수백 명일 때도 있었다. 5년간 같이 걸은 사람은 모두 7,000명 정도다. 여름에 너무 덥고 겨울에 너무 추울 때를 합해서 1년에 3개월은 쉬었다. 전체 걸은 거리가 3만 리, 만난 사람은 8만 명 정도다. 그 사람들과의 소통은 강의, 대화, 좌담회 등 다양한 형식으로 이뤄졌다.

## 「생명평화경」

도법 일행은 순례 과정에서 수많은 사람을 만났다. 생명평화 탁발순례에는 시민사회와 종교계의 많은 사람들이 동참했기 때문에, 함께할 공동기도문이 있으면 좋겠다는 제안이 나왔다. 그러나 기도문 갖고는 생명평화의 세계관과 실천론을 담아낼 수가 없겠다는 생각에 도법은 경전 형식을 떠올렸다. "범종교 시민사회가 함께할 수 있는 세계관과 실천론이 될 수 있도록 경전을 생각해보자. 그동안 인류사의 양심과 지성들에 의해 제시돼온 가르침들, 즉 종교적 가르침 그리고 현대과학이 제시하는 것, 역사가 가리키는 것 중에 보편성을 갖고 있는 것, 이런 것들을 종합하고 용해해서 아주 단순하게 논리화시킴으로써 범종교시민사회가 함께할 수 있도록 해보자." 도법은 이렇게 생각했다.

그리하여 도법은 「생명평화경」을 만들었다. "이웃 종교는 우리 종교의 의지처이고, 우리 종교는 이웃 종교에 의지하여 살아가는 종교공동체이니라.", "그대는 내 생명의 어버이시고, 나는 그대에 의지하여 살아가는 공동체 생명이니라.", "내 삶의 의지처인 상대를 불안하게 하는, 진리를 외면한 자기중심의 이기적 삶을 버리고, 상대를 내 삶의 하나님으로 대하는, 달관과 자족의 삶을 살지니라.", "진리의 길은, 현재의 삶을 진지하게 성찰할 때 그 실상이 드러나고, 진리의 서원을 세울 때 생명평화의 삶이 실현되나니, 항상 깨어 있도록 할지니라." 등으로 이어지는 1,916자의 경이었다.

이 경의 핵심 사상은 상호의존의 세계관과 동체대비(同體

大悲, 너와 내가 한 몸임을 자각하여 내는 큰 자비심)의 실천론으로, 이는 종교의 벽을 넘어선 것이다. 이 경은 "이웃을 네 몸같이 사랑하라"는 예수의 사랑을 표현한 것이고, "우주와 인간은 하나"라는 천도교의 인내천(人乃天) 사상과도 연결된다. 어떤 종교의 눈으로 보든, 허심탄회하게 들여다보면 "어, 이건 우리 종교네!"라고 느껴지며 생명그물이라는 현대과학의 눈으로 보면 "어, 이건 현대과학이네!"라고 해석되는 것이다.

그대는 다만 걷는 자
언제 꽃이 필까 근심하지 마라

걷는 발자국 따라 씨앗 돋아난다면
봄길 따라 꽃 피지 않는 마을 있겠느냐

# 8

## 생명평화무늬:
## 불교 세계관의 시각화

한글꼴 '안상수체'를 개발한 안상수 교수가 이병철 생명
평화결사 운영위원장의 부탁을 받아 '생명평화무늬', 일
명 '인드라망무늬'를 만들었다. 모든 것이 연결돼 있다는
화엄의 세계관, 우주의 진리를 압축해서 표현한 이 무늬
를 통해 '참나', '연기법', '본래붓다' 등의 어려운 개념, "산
은 산이요 물은 물이다"라는 알쏭달쏭한 법어도 누구나
쉽게 이해할 수 있게 됐다. 생명평화무늬는 21세기 한국
불교가 전법을 위해서 적극적으로 활용해야 할 위대한 작
품이다.

## 불교의 진리를 담은 그림 한 장

생명평화 탁발순례에는 한글꼴 안상수체로 유명한 안상수(安
尙秀) 교수가 가끔 동참했다. 생명평화결사 운영위원장이었던
이병철은 생명평화를 상징하는 디자인을 그에게 부탁했다. 이
는 불교뿐만 아니라 천도교, 기독교, 천주교, 원불교 등 모든 종
교 혹은 과학이 공통적으로 갖고 있는, 그리하여 범종교시민사
회가 함께할 수 있는 세계관을 '로고'로 표현하는 일이었다. 안
교수는 1년 넘게 고민해서 생명평화무늬, 즉 인드라망무늬를
만들었다.

인드라망이란 불교에 수용된 힌두교 신 인드라가 갖고 있
는 그물, 망(網)인데 그물코마다 매달려 서로를 비추는 구슬은
적이 침공하면 소리를 내어 이를 알려준다. 인드라망무늬란, 이
처럼 "서로 의지하고 서로를 비추는 인드라망의 그물코처럼 우
주의 모든 존재는 서로 얽혀 있다."라는 진리를 표현하는 무늬
라는 뜻이다.

불교와 관련해서 수많은 경전과 이론, 학설 들이 있지만
불교이론의 핵심인 '상호의존성'이 그림으로 표현된 적은 없
다. 인드라망무늬는 21세기 한국 불교가 내세울 세계관이다.
그것은 가장 압축적으로 우주의 진리를 표현한 것이어서, 누구
나 쉽게 이해할 수 있다.

원래 석가모니 붓다는 세계관보다 실천론을 중시했다. 석
가모니가 죽기 전에 제자들에게 한 말도 "모든 생성된 것은 소
멸한다. 방일하지 말고 정진하라."였다. 여기서 중요한 것은 "방
일하지 말고 정진하라."가 가리키고 있는 실천론이다.

유명한 '독화살의 비유'가 이를 웅변한다. 독화살을 맞아 죽어가는 사람을 앞에 두고 '화살을 누가 쐈는지, 독의 성분은 무엇인지' 등에 대해 갑론을박을 벌이면 그 사이에 사람이 죽고 만다는 이야기이다.

사람이 독화살에 맞은 상황에서 필요한 것은 독을 제거하고 사람을 살리는 일이다. 석가모니는 이를 "나는 고(苦)와 고의 멸진(滅盡)만을 설한다."라는 말로 표현했다.

석가모니는 탐진치(貪嗔痴)나 갈애(渴愛)로 오염된 몸과 마음을 '나'로 오인하지 말아야 한다고 가르쳤다. 있지도 않은 '나'의 실체가 있다고 생각함으로써 모든 고(苦)가 생겨나는 것이니 실제를 봄으로써 우주의 진리, 존재의 법칙에 일치하는, 고(苦)로부터 해탈한 삶을 살라고 가르친 것이다. 이는 주로 어떻게 마음을 '내야(써야)' 하는지와 관련한 '실천 심리학'의 문제였다. 그런데 석가의 후예들은 '오염되지 않은 청정한 마음'이란 무엇인지를 묻고 찾았다. 고(苦)로부터의 해탈을 목표로 했던 석가모니의 상식과 과학에 기초한 실천적 불교가 신비화된 자아를 찾는 형이상학, 어려운 철학이론으로 변해버렸다.

도법은 이런 어려운 질문에 대해 인드라망무늬를 제시하며 한 문장으로 간명하게 답한다. "사람이 본래 부처다"라고. "'분리 고립된 나', '이기적 욕망에 갇혀 있는 나'가 아니라 '인드라망무늬'로 표현된 '우주적 존재로서의 나', 그것이 곧 부처"라는 것이다.

"우리가 사는 이 세상은 어떤 모습을 하고 있는가?"라는 질문에 생명평화무늬로 간명하게 답함으로써 우리는 '참나', '진제(眞諦)와 속제(俗諦)'•, '진여문(眞如門)과 생멸문(生滅門)'••, '일심(一心)', '공적영지지심(空寂靈知之心)'••• 등으로 표현되는 불교의 어려운 형이상학적 용어로부터 해방된다. 생명평화무늬는 붓다의 가르침을 일반인들이 사실적으로 이해하고 수긍할 수 있도록 하기 위해 21세기 한국 불교가 적극적으로 활용해야 할 위대한 작품이다.

## 생명평화무늬의 의미

다음 쪽의 무늬를 살펴보자. 왼쪽과 오른쪽의 동그라미는 각각 해와 달을 표현한다. 가운데 동그라미를 중심으로 위쪽은 나무, 풀 등 식물이며 아래쪽은 사람이다. 오른쪽은 들과 산에 사는 네발짐승들, 왼쪽은 물고기와 새들이다. 인간과 네발짐승, 식물, 물속과 하늘의 모든 생명체, 그리고 해와 달, 하늘과 산, 우주의 먼 끝에 있는 별, 작은 먼지 하나까지도 모두 그물의 그물코처럼 서로 연결된 존재라는 것이 무늬가 전하는 메

---

• '속제'란 상대적 진리이며 자타(自他)의 구별이 있는 현실생활의 이치이며 '진제'란 절대적 진리이자 열반의 경지이다. 불교에서는 진제와 속제는 서로 다른 것이 아니라고 가르친다.

•• '한 마음(一心)'에는 진여문과 생멸문이 있다. 진여문이란 참진리의 문이고 생멸문이란 인연을 따라 나고 죽는 문이다. 이는 2세기 인도의 마명(馬鳴)이 『대승기신론(大乘起信論)』에서 전개했고 신라의 원효가 『대승기신론소(大乘起信論疏)』에서 발전시킨 이론이다.

••• '신령스럽게 스스로 아는 마음'이 사람에게 있다는 뜻. 고려의 국사(國師) 지눌이 『수심결』에서 전개한 이론.

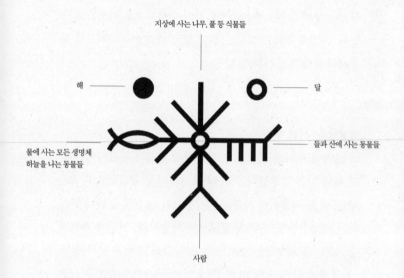

지상에 사는 나무, 풀 등 식물들

해

달

물에 사는 모든 생명체
하늘을 나는 동물들

들과 산에 사는 동물들

사람

왼쪽과 오른쪽의 동그라미는 각각 해와 달을 표현한다. 가운데 동그라미를 중심으로 위쪽은 지상의 나무, 풀 등 식물을 상징한다. 아래쪽은 사람이다. 오른쪽은 들과 산에 사는 네발짐승을, 왼쪽은 물에 살거나 하늘을 나는 모든 동물을 의미한다. 이 모든 존재는 고립된 것이 아니라 상호의존하고 있다.

시지다.

우주의 모든 것은 서로 연결돼 있다. 무늬에서 사람을 떼어내려고 해보자. 그러면 사람과 연결된 새와 네발짐승, 그리고 그 배후에 있는 해와 달이 모두 함께 딸려 나온다. 우리는 '사람'을, '나'를 독립적으로 존재하는 실체라고 생각하지만 이 무늬에서는 그러한 '고립'이나 '단절'이 허용되지 않는다. 석가모니 붓다가 설한 것은 '연기(緣起)'이고 '무아(無我)'인데, 이것은 '존재가 없다'는 말이 아니라 "공간적으로 분리독립된, 시간적으로 고정불변한 존재는 없다."라는 말이며 "모든 것은 서로 관계를 맺고 끊임없이 변화함으로써 존재한다."는 뜻이다.

예컨대 '나'는 고립되어 존재하지 않는다. 만약 내가 '아버지'로서의 정체성을 가지려면 나의 자녀들을 잘 보살펴야 한다. 내가 '선생'이 되려면 학생들을 잘 가르쳐야 한다. 나는 나의 존재를 나 아닌 다른 존재에 의존한다. 내가 '생각하는 존재'로서의 사람인 것은 생각 대상으로서의 우주가 존재하기 때문이다. 이런 관계를 잘 생각해보면 나는 온 우주에 나의 존재를 빚지고 있다. 결국 '지금, 여기'에 존재하는 '나'는 전 우주와 한 몸인 우주적 존재인 것이다.

"존재란 관계로부터 비롯된다."는 이 진리를 알아채면 그는 그 순간 즉시 붓다이다. 반면에 이를 알지 못하고 분리독립된 자아가 있다는 사유방식에서 연유하는 탐욕과 갈애에 휘둘리면 그는 중생이다. 한마디로, 인드라망무늬를 보고 그 의미를 알고 사는 사람은 붓다이고 이치를 모르고 사는 사람은 중생이다. 이 무늬는 우리가 깨달아야 할 진리를 온전하게 보여주므로, 이 무늬를 보면 즉시 누구나 그 의미를 깨칠 수 있다. 깨친 사람은 우주와 한마음, 즉 동체대비(同體大悲)의 삶으로 나아가기 때문에 생활이 보람 있고 즐거우며 마음의 평화, 즉 열반을 얻는다. 반면에 중생의 삶은 그 이치를 거스르기 때문에 갈등과 대립으로 괴롭다. 우리는 스스로 우리 자신이 우주의 모든 존재와 연결된 '연기(緣起)적 존재'임을 인식하고 그에 맞게 살아야 한다.

무늬가 가리키는 세계관은 이렇게 실천론으로 바로 연결된다. 아니, 그 세계관은 실천으로 완성된다. 세계의 실상이 이러함을 안다고 해도, 자기중심적인 삶, '나'를 위한 삶, '나'의 감각적 쾌락을 추구하는 삶을 산다면 그 '앎'은 아무 의미가 없게 된다.

감각적 쾌락에 휘둘리지 않고 연기적 존재로서의 삶을 살기 위해서는 지금 여기 나에게 주어진 모든 것을 인드라망 세계관에 맞게 적극 활용하는 노력이 필요하다. 석가모니 붓다가 죽으면서 당부한 '정진(精進)'은 바로 이를 말함이다. 그것은 탐진치를 넘어 뭇 생명의 평화와 행복을 위한 삶을 살기 위한 노력이다. 이렇게 노력하고 정진할 때 나는 붓다로서 존재하는 것이며, 이것만이 진정으로 나를 위하는 길이 된다.

인드라망무늬를 통해서 보면, 선사들의 어려운 말씀도 쉽게 이해된다. 중국 송나라 때 청원 유신(青原 惟信) 선사가 읊었고 성철 스님이 1981년 종정 취임 때 "산은 산이요 물은 물이다"라는 법어로 번역해서 사용한 선시(禪詩)를 보자.

산시산 수시수(山是山 水是水)

산비산 수비수(山非山 水非水)

산시수 수시산(山是水 水是山)

산시산 수시수(山是山 水是水)

처음에 산을 보면, 산은 그저 산이고 물은 그저 물이다. 그러나 산을 자세히 들여다보면 거기에 바위도 계곡물도 나무도 있지만 정작 '산의 실체는 이것'이라고 말할 수 있는 것이 없다. 그러므로 "산은 산이 아니다." 물도 마찬가지다. 우리가 '바다' 혹은 '강'이라고 할 때 이것은 '물'을 지칭하는데, 바다 안에는 바위도 있고 물고기도 있고 다른 여러 생명체들도 있다. 그러므로 이를 다만 '물'이라고 하면 이는 실제 상황과 다르다. 그러므로 "물은 물이 아니다." 산속에는 옹달샘도 있고 실개천도 있고 폭포수도 있는데, 이런 측면을 보면 "산은 물이다." 옹달샘과 실개천과 폭포수의 측면에서 보면, 물의 이런 '형식'들은 산의 여러 지형에 의해서 결정된다. 그러므로 "물은 산이다."

　그러나 원래 '산'이라고 할 때 그 '산'은 산에 있는 물 그리고 그 이외의 나무, 흙, 계곡, 돌 등을 다 포함한다. 또한 그 산이 있는 지역이 없으면 산이 존재하지 못한다. 이렇게 생각하면 산은 그 지역을 한 요소로 포함하며 이는 산이 지구, 우주를 모두 포괄함을 의미한다. 산이란 원래 이렇게 온 우주를 포함한 존재이므로 그런 존재로서의 산을 산이라고 하는 것은 매우 타당하다. 또 우리가 '물'이라고 할 때에도, 물 이외의 다른 요소들이 개입한 샘물, 폭포수, 냇물, 강물, 바다 등을 말하는 것이지 이런 외부적 요소 없이 순수한 '물'을, 예컨대 분자 화학식으로서의 $H_2O$를 말하는 것은 아니다. 그러므로 이렇게 현실적으로 물 이외의 요소들과 관계를 맺고 있는 물을 물이라고 하는 것도 온당하다. 결국 첫 연에 나오는 산과 물은 고립적으로 존재하는 산과 물을 의미하고 마지막 연에 나오는 산과 물은 '모든 것은 서로 의존하고 있다'라는 연기법의 관점에서 본 산과 물을 의미하는 것이다.

사실은 이것이 존재의 실상이다. '고립적으로 존재하는 산과 물'은 우리의 개념 속에만 있을 뿐이며 '다른 요소들에 의존해 있는 산과 물'이 실제 현실에서의 산과 물이다. 성철 스님이 "산은 산이요, 물은 물이다"라는 법어를 내리면서 "대중은 이 이치를 알겠는가?"라고 했을 때, 이는 "연기법의 시각에서 본 산과 물'이라는 그 실상을 이해하고 있는가?"를 물은 것이다.

# 생명평화무늬는
## '시대정신'이 만들었다●

_생명평화무늬 디자이너 안상수 교수 인터뷰_

**문** 김지하 씨를 어떻게 만났나?

**답** 90년대였던 것 같다. 김지하 선생 부인의 개인적인 자문에 응해준 일이 인연이 되어 만나게 됐다. 내가 한글꼴을 멋지었기(디자인했기) 때문에 자연스럽게 한글에 대한 얘기를 같이하게 됐다. 한글에는 주역 원리가 배어 있다는 얘기가 오갔고, 지하 선생이 주역을 같이 공부하자고 제안했다. 원주에서 매주 금요일에 유승국 선생이 주관하는 공부모임에 함께 참석했다. 일산에 사는 선생을 내가 차로 모시면서 주말마다 원주까지 두세 시간 얘기 들으면서 오갔다. 그분이 쓰신 책도 읽게 됐고, 새로 쓴 책 디자인도 내가 맡게 되면서 책을 더 읽게 됐고 점점 가까워졌다.

김지하 선생의 관심은 '생명'이었다. 그는 "생명

● 안상수 교수는 김지하 시인이 주도한 생명문화포럼을 위해서 생명'문화'무늬를 제작했고 또한 도법과 이병철을 위해 생명'평화'무늬를 제작했다. 이 두 무늬를 제작한 배경과 과정은 어떤 것이었을까? 안상수 교수를 직접 만나 이에 대해 물었다.

이 중요하다.", "지금 지구문명이 동아시아로 집중되고 있는데, 그 핵심이 생명사상이고 동학사상이다.", "밥이 하늘이다." 같은 말들을 열정적으로 했다. 2000년대 초반에는 생명문화포럼을 위한 심벌을 만들어달라고 부탁해오기도 했다. 선생은 '지하 형'이라고 부르며 따르던 손학규 당시 경기도지사의 지원으로 이 포럼을 한때 크게 운영했다.

**문**  어떻게 이런 모양의 무늬가 나올 수 있었나?

**답**  내가 20대 때, 사촌 매형인 국문학자 최래옥(崔來沃) 선생이 지리산 화엄사 얘기를 해준 적이 있다. "큰 절에서는 새벽 예불 전에 사물(四物)을 친다. 땅위 네발짐승을 깨우기 위해서 북을 치고, 하늘을 나는 새를 깨우기 위해서 운판(雲版)을 치고, 물에 사는 생명을 깨우기 위해서 목어(木魚)를 치고, 무명으로 땅속 지옥에서 고통받는 중생을 깨우기 위해서 종을 친 후에 예불을 올린다."는 것이었다. 이 이야기가 내 머리에 깊숙이 박혔다. 네발짐승과 물짐승, 날짐승 이런 것들이 '생명'이라는 이미지로 각인됐다. 거기에 식물을 더하고 사람과 하늘을 더해 주역의 원리인 천지인(天地人)의 순서로 배열한 것이 '생명무늬'가 됐다. 이전에는 '심벌'을 만든다면 대개 '하나'를 만들었지 이렇게 여러 개를 배열하는 식으로 만든 것은 별로 없었다.

또 하나의 경험은 1995년의 '광복 50주년' 행사를 위한 상징 공모전이었다. 1994년에 열린 이 공모전에 참가하면서 "이 상징은 '해방'과 '미래 염원'을 동시에 담아야 한다."고 나는 생각했다. 현대사의 고통과 뒤틀림, 그리고 우리가 앞으로 이루어야 할 바람을 한 화면에 담아야 한다는 생각이었다. 그 바람은 애국가 1절 "동해물과 백두산이 마르고 닳도록"이라는 표현처럼 깊은 서원이어야 했다. 그래서 나는 '50'이라는 숫자와 동해물, 백두산 그리고 태극을 합성한 심벌을 만들었다. 여기서 '태극'이란 이 겨레의 영원한 서원, 역동적 힘을 뜻한다. 결국 이 상징이 채택됐지만 당시 심사위원들 간에는 이렇게 하나의 이미지가 아닌 여러 이미지를 합성한 상징이 있을 수 있느냐는 데 대해서 격론이 있었고, 채택된 이후에도 논란은 이어졌다고 한다. 그만큼 이 상징은 전에 없던 방식의 디자인이었다. 그것은 한자 구성 원리 중에 회의(會意)에 해당하는 추상화 방식이다. 계집 '녀(女)'와 아들 '자(子)'가 만나서 좋을 '호(好)'가 되는 원리 말이다. 심사위원 중 한 명이었던 임권택 감독은 나

와 개인적인 친분이 전혀 없는데도, 당선작 발
표 자리에서 내게 다가와 "그거 아주 좋습니다."
라며 칭찬했다. 이런 경험이 생명평화무늬 창작
에 밑거름이 됐다.

문  도법 스님은 어떻게 만났나?
답  80년대 말쯤에, 구산선문(九山禪門)을 혼
자 여행했던 적이 있다. 남원 실상사는 그중에
서도 처음 창건된 절인데, 2~3월쯤에 갔었다.
극락전 툇마루에서 볕을 쬐고 있는데 한 스님이
방문을 열고 나왔고 몇 마디 인사말을 주고받았
다. 한참 뒤, 새해를 대흥사(大興寺) 일지암(一枝
庵)에서 맞이할 때, 여연(如然) 스님이 "올라가
는 길에 실상사를 들러서 도법 스님을 뵈면 좋
을 것"이라고 하셨다. 도법 스님을 뵈니 극락전
툇마루에서 만났던 키 작고 인상적인 그 스님
이었다. 도법 스님은 다른 스님들과 느낌이 달
랐다.
그 이후부터 도법 스님을 가끔 뵀다. 화엄학림
할 때, 그리고 개운사에서 단식할 때 찾아갔다.
조계종단이 시끄러울 때(98년 종단사태 때였던
듯)도 찾아뵀는데, 이때는 스님이 이미 유명해
져서 주변에 사람들이 많았고, 개인적으로 접촉
하기가 어려울 것 같아서 일부러 새벽에 약속도

172

없이 그냥 갔다. 그때 스님은 난장판 속에서 무언가를 골똘히 생각하면서 혼자 서성거리고 있었다. 의외의 상황이었다. 스님과의 만남은 이런 의외의 상황이 많았다.

문 안 교수도 생명평화 탁발순례에 참여했나?
답 그렇다. 주말에 가끔 참여했다. 처음 참여한 것은 2004년 8월 일주일 동안인데 일부러 날이 뜨거울 때, 유명 관광지가 아닌 김해 구간을 골랐다. 조용하고 사람이 많지 않을 장소와 시간을 택한 것이다. 당시 함께 걸은 사람들 중에 이원규 시인, 박남준 시인, 황인중이 있었다. 생각해보면 내가 어디를 그렇게 걸은 적이 별로 없다. 군대에서 행군한 것 말고는. 소중한 시간이었다.

문 순례 때 도법 스님은 어떤 모습이었나?
답 우연이었는지 아니면 나에 대한 배려였는지 모르지만, 순례 기간 동안 나는 항상 도법 스님과 한 방을 썼다. 그런데 당시 도법 스님은, 순례를 하면서 피곤할 텐데도, 아침마다 나보다 일찍 일어나서 뭔가를 쓰곤 했다. 대단하다고 생각했다.
순례를 하다가 잠잘 곳에 도착해서 사람들을 만

나면 한 20~30분 동안 생명평화가 무엇이고 왜 중요한지를 말씀했다. 그러고는 주로 사람들 말을 들었다. 김해 구간에서는, 동네 이장과 주민들을 만났다. 그 사람들이 자기들 사는 얘기들을 했다. 마을 도로에 화물차들이 쌩쌩 달려 과속방지턱을 만들어달라고 숱하게 얘기했는데도 이행이 안 된다는 등 당면한 생활 얘기들을 나누는 장면들이 내게는 매우 인상적이었다. 도법 스님이 무슨 해결사는 아니었는데 말이다. 물론, 그중에서 중요한 문제는 스님이 시청에 찾아갔을 때 전달해주기도 하고 했다.

문　특별히 생각나는 에피소드가 있나?

답　김해에서 진영으로 넘어가는 진영고개는 한국전쟁 동안 보도연맹 사건 등으로 사람들이 많이 학살당한 곳이다. 전쟁통에 좌우가 서로 죽이고 죽었다. 그 후 50년이 더 지났는데도 쉬쉬 하면서 위령제 한 번 못 지냈고 그 한이 풀리지 않고 있었다. 그런데 탁발순례 집회 중에 위령제를 하자는 안이 나왔다. 그러자 "3일 후에 체육관 하나 빌리고 장비 빌리고 사람들 초청해서 위령제를 치른다."라고 즉석에서 결정됐다. 당시 걷는 사람은 도법 스님 말고 대여섯 명밖에 안 됐는데, 이 사람들이 일을 추진해서 천주교 신부, 기독교 목사, 원불교 교무님 들도 오고 시청 관계자들도 왔다. 위령제날에 나보고 앞에서 깃대를 들고 서 있으라고 해서 내가 그걸 들고 있었다. 스님은 요령을 흔들며 진혼(鎭魂)을 하셨다. 우리 집은 불교 집안이라 내가 경 외는 것은 귀가 따갑게 들어봤지만, 『천수경(千手經)』이니 「신묘장구대다라니」니 뭐니 해도 무슨 말인지 알 수가 없었는데, 스님이 이때 해준 것 같은 독송 경험은 처음이었다. 스님은 '한도 많고 억울한 일도 많았겠지만, 한을 품는다고 해결이 되나. 그러니 이제 맘 풀고 좋은 곳으로 잘 가시라.'는 내용의 진혼 말씀을 마치 옆에 있는 사람에게 말하듯이 망자들에게 했다. 그러고서 좋은 진언을 하나 들려주겠다면서 『반야심경』을 읊었다. 스님의 그 말들이 가슴에 깊이 들어왔다. 나는 깃대를 잡고 선 채, 마치 비명에 죽은 그 넋들에 빙의된 것처럼 스님의 진혼 말씀을 들었다. 그 경험이 너무 감동적이어서 그날 하루 멍하니 지냈다.

나는 이게 정말 '이 생을 살고 있는' 사람의 태도라고 느꼈다. 도법 스님과 만남에는 여러 경험들이 많다. 스님과 만나 시간이 있을 때면 나는 가끔 뜬금없이 "스님, 『화엄경』에 대해 가르쳐주세요."라고 청한다. 그럼 스님은 싫다는 내색

안 하고 또 『화엄경』을 설명한다. 그때 적어둔 메모장이 지금도 있다. 나는 '세간(世間)', '중중무진(重重無盡)' 등 불교 전문용어가 나오면 이게 무슨 말이냐고 숙맥처럼 묻는다. 그러면 스님은 이걸 쉽게 설명해주고, 『화엄경』 책도 추천해준다. 그런데 난 그 책들 읽어도 잘 모른다. 나는 책 보는 것보다 스님이 얘기해주는 게 더 좋다. 하하하.

**문**　생명평화무늬는 김지하의 생명문화포럼을 위해서 만든 생명무늬에서 진화한 것인데, 그 과정이 궁금하다.

**답**　생명평화 탁발순례 도중에, 생명평화결사 운영위원장이던 이병철 선생이, 도법 스님도 함께 있는 자리에서, 생명평화를 상징하는 디자인을 내게 부탁했다. 나는 그 부탁을 받을 때 진정으로 기뻤다. 이병철 선생에게 부탁받기 전부터, 도법 스님과 함께 걷고 이야기하면서 '이걸 내가 디자인하고 싶다.'란 생각을 하고 있었기 때문이다.

생명무늬가 생명평화무늬가 된 과정은 '글자화' 과정이다. 생명무늬는 그림이고 생명평화무늬는 글자다. 한자 중에 코끼리 '상(象)'자를 생각해보자. 이건 원래 코끼리 그림이었는데, 그것이 단순화 과정을 거쳐 어느 순간 '상'이라는 음 가를 갖게 된 것이다. 음가가 있기 전에는 상징 이었던 것이 음가를 갖게 되면서 글자로 진화했 다. 처음에는 그림이었는데 나중에는 글자가 된 것, 그것이 한자의 역사다.

나는 생명평화무늬가 글자가 되기를 바랐다. 그 런데 이것을 생명평화라고 읽을 수는 없다. 우 리에게는 석독(釋讀)이라는 전통이 있지 않나?

문 석독?

답 일본말로 하면 '훈과 음', 순우리말로 하면 '새김과 소리'다. 생명평화는 '새김', 즉 '석(釋)' 이다. 이걸 '생명평화'라고 발음할 수는 없다. 발 음, 즉 '독(讀)'은 한 음절이어야 하는데 그것은 결국 '삶'이다. 스님은 생명평화무늬가 삶을 표 현한다는 걸 멋지게 설명한다. 스님 얘기를 들 으면, '와, 나도 저렇게 설명할 수 있으면 좋겠 다.'라는 생각이 든다.

삶의 이상적인 상황은 평화다. 그것이 원래 상 태인데, 그러하지 못한 것이 지금 문제인 거다. 삶이 오염되지 않은 원초적인 상태, 그것이 생 명이고 생명평화다. 삶은 '사람', '살림', '생생한 것' 등을 의미한다. 수동적인 것은 삶이 아니다. 삶의 상태인 적극적인 평화, 그것과 가장 가까운 우리말은 '어울림'이다.

싸우는 것을 어울림이라고 하지는 않지 않는
가? 결국 생명평화무늬는 '어울림 삶'자다. 내가
이런 얘기를 하면 도법 스님은 말씀한다. "아, 난
어려운 건 잘 몰라." 하하하. 스님이 내 말을 진
짜 이해하지 못했기 때문에 이렇게 말씀하는 게
아니라는 걸 나는 잘 안다.

**문**　생명평화무늬의 별칭이 '인드라망무늬'
인데?

**답**　"제석천(帝釋天) 궁전에 구슬들이 그물 올
마다 박혀 장식되어 있는데, 그 영롱한 구슬들
이 서로를 비추고……." 스님이 인드라망에 대
해서 얘기해주었을 때 나는 황홀히 들었다. 생
명평화무늬가 '인드라망무늬'라는 별칭을 갖게
된 것은, 서울 신정동의 인드라망생협 건물에
생명평화무늬를 안치하면서였다. 당시 스님은
"이게 비로자나 부처님이야."라고 말했다. 나는
이 무늬를 멋지었을 때 사실 나 스스로 좋은 걸
지어냈다는 만족감이 들었고 자부심이 있었다.
그러나 이 정도일지는 몰랐다. 기존의 부처님상
(像)을 내리고 그 자리에 들어갈 만큼 귀하게 대
접받을 줄은 생각지 못했던 것이다. 당시 인드
라망생협 건물에 안치되어 조명을 받고 있는 생

명평화무늬를 스님은 계속 앞뒤 좌우로 왔다 갔다 하면서 유심히 보고 뿌듯해하는 것 같았다.

문  '안상수' 하면 나는 두 가지가 떠오른다. 안상수체와 생명평화무늬다. 외국의 어떤 디자인 전문기자는 "미래에는 생명평화무늬가 삼성 로고보다 더 유명해질 것"이라고 말했다고 한다. 안상수체는 쌍받침까지 포함해 67자만 만들면 되는 세벌식 조합형 글자체로, 한때의 번쩍이는 아이디어로 금방 만든 것이지만 생명평화무늬는 그보다 더 오랜 고민 끝에 생긴 것으로 보인다. 그렇지 않은가?

답   그렇지 않다. 나는 대학 시절 대학신문을 만들었고, 잡지 《마당》의 제목용 글자와 잡지 《과학동아》 제호를 디자인했다. 한글 타자기를 개발한 공병우(公丙禹) 선생은 안상수체를 보고 "나는 한글을 네모틀 안으로 끌어들이려 노력했는데 자네는 글자가 생긴 대로 했군."이라며 "자네가 나보다 한수 위"라고 과분한 평을 해주기도 했다. 안상수체에는 어렸을 적부터 쌓인 나의 한글 디자인에 대한 경험이 다 녹아 있을 것이다. 그에 비하면 생명평화무늬는 '삶에 대한 뒤늦은 자각'이라고 할 수 있다.

톨스토이는 만년에 종교적 삶에 심취했는데, 그

러고부터는 문학적 생산을 못했다. 나는 톨스토이처럼 되고 싶지는 않다. 나의 삶은 창작자로서의 삶에 더 비중이 있다. 앞으로 내가 불교에 더 기여를 할 수 있다고 해도, 그것은 창작자로서일 것이다. 생명평화무늬와 안상수체를 직접 단순하게 비교하자니, 뭐랄까, 좀 어색하다.

문　어리석은 질문을 한 가지 더 하겠다. 도법 스님의 사상은 생명평화다. 그런데 여기에 이병철 선생의 생각이 많은 영향을 끼쳤다. 무늬는, 지금 안 교수님 말씀을 들으니, 김지하 선생하고 밀접하게 연관돼 있다. 또 김지하와 이병철은 장일순 선생의 후학들이다. 그런데 사람들은 '생명평화' 하면 도법을 떠올린다. 사람들에게 가장 열정적으로 그리고 깊이 생명평화무늬에 대해 설명하는 이는 도법 스님이다. 그렇다면 생명평화무늬는 누구의 것인가? 장일순, 김지하, 이병철, 도법, 안상수 중에 생명평화무늬의 '카피라이트'는 누구에게 있는가?

답　(손을 내저으면서) 나는 그 명단 안에 있을 수 없다. 나는 그냥 디자인 측면에서 도움을 준 것일 뿐이다. 지금 거명된 사람들은 사상 측면에서 내가 범접할 수 없는 사람들이다. 그리고 생명평화무늬는 누구나 양심을 걸고 쓸 수 있는 무늬다. '카피라이트'가 아니라 '카피레프트'다. 이전에도 이런 사상을 얘기한 사람들이 있었다. 동학 교주 해월 최시형이나 소설가 박경리(朴景利) 같은 사람들이다. 박경리 선생은 사위 김지하에게 "김도 한 번 매보지 않은 자네가 생명을 아나?"라고 말했다고 한다. 『토지』등 박경리 선생의 소설은 생명으로 가득 차 있다. 그런데 '개발의 시대'에 이런 문제의식이 사그라들었다가 최근에 다시 살아났다. 개인적으로야 이런 사상을 키워온 사람들이 있었겠지만 사회적, 공적으로 논의된 것은 오래되지 않았다. 생명평화사상과 그 무늬는 '시대'가 만들어낸 것이라고 봐야할 것이다. 90년대 초반, 김지하의 '죽음의 굿판' 언급은 이와 관련한 중요한 사건 중 하나다.

<u>문</u>　생명평화무늬를 완성하는 데 한 1년쯤 걸렸다고 들었다.

<u>답</u>　스님께 보여드린 건 추웠던 12월 31일 밤 지리산 귀농학교에서였다. 탁발순례 기간이었는데 연도는 모르겠다. 이병철 선생과 또 한 분이 같이 있었다. 한 방에 넷이 이부자리를 깔고 자기 전이었다. 나는 긴장하면서 보여드렸다. 스님은 아무 말씀이 없었다. 그래서 조금 실망했는데, 그로부터 한 달 후 무늬 결정 모임에서

(나는 그때 외국에 있었다) 스님이 아주 열정적으로 이 무늬에 대한 설명을 했고, 무늬가 만장일치로 채택됐다는 얘기를 듣고 기뻤다. 이후에 스님은 생명평화를 얘기할 때마다 이 무늬를 사용했다. 무늬가 새겨진 멋단추(뱃지)도 활용했다. 나중에 들으니 "순례단장인 내가 의견을 말하면 그것이 결론으로 받아들여질 것이므로 의견을 내기가 조심스러웠다."고 하시더라. 그러나 무늬가 공식적으로 채택되자 이를 적극 이용하여 생명평화사상을 전파한 것이다.

**문**  생명평화무늬에 모든 것이 연결돼 있다는 화엄사상이 영향을 준 것인가? 도법 스님의 언급이 있었나?

**답**  생명문화무늬 도안 때, 김지하 선생이 디자인에 대한 구체적인 언급을 하지 않았다. 마찬가지로 도법 스님도, 조형 아이디어를 직접 언급한 적은 없다. 다만 그분들의 사상이 이 무늬 창작에 영향을 준 것은 틀림없다.

~~~

안 교수는 인터뷰를 하면서 "이렇게 장황하게 생명평화무늬를 설명한 것은 처음"이라고 말했

다. 그만큼 인터뷰를 통한 회상, 생각의 정리를
즐기는 것으로 보였다.

───────────────────────

# 9

## "붓다로 살자":
## 불교 실천론의 요약

석가모니 붓다는 "신기하고 신기하다, 어리석음에서 깨어나 보니 사람이 그대로 오롯한 붓다이네."라고 읊었다. '인간이 본래 붓다'라는 석가모니의 이 말을 받아들인다면, 남은 것은 지금 당장 붓다의 마음을 내어 붓다로 사는 일이다. 이것이 도법과 그의 도반들이 정리한 "붓다로 살자"의 불교 실천론이다. 이로써 인간은 중생이므로 부처가 되기 위해 세세생생토록 참선해야 한다는 기존 불교에서 지금 당장 붓다로 사는 데 집중하는 새로운 불교의 길이 열렸다. 석가모니 붓다 가르침의 두 축인 지혜와 자비 중에 '자비'의 의미도 "붓다로 살자"고 하는 불교로 인해서 명확해졌다.

## 신화화된 선불교

한국 불교의 전통이 된 선불교의 역사에는 여러 가지 신화가 있다. 석가모니 붓다가 가섭(迦葉, 석가의 10대 제자 중 한 사람)에게만 비밀스럽게 불법(佛法)의 핵심과 더불어 '금란가사(金襴袈裟, 금실로 지은 가사)'를 전했다거나, 그 금란가사가 아난다(阿難陀, 붓다의 사촌동생으로 10대 제자 중 한 사람)를 비롯해서 26명의 조사(祖師)들을 거쳐 전승됐고 중국 선불교의 초조(初祖) 달마를 통해 중국으로 건너왔으며 이후에도 육조 혜능에게까지 전승됐다는 이야기도 그렇다. 도대체 부처님이 금실로 지은 가사를 어느 특정한 제자에게만 전했다는 것이 가당한 이야기인가? 부처가 꽃을 들어 보이자 가섭만이 그 뜻을 알고 미소 지었다는 '염화미소(拈華微笑)'도 신화다. 석가모니는 지금-여기에서 당장 증명되는, 말로 해서 누구나 알아들을 수 있는 진리를 설한 것이지 비밀스럽게 특정인에게만 진리를 설한 적이 없다. 열반을 앞둔 부처에게 아난다가 "부처님께서 아직 설하지 않은 가르침이 있음에도 저희들이 그것을 모르는 채로 열반하실까 두렵습니다."라고 했을 때 석가모니는 "나는 지금 여기에서 누구에게나 바로 이해되고 실현되고 증명되는, 안과 밖이 다르지 않은 가르침을 설하였느니라. 아난다여! 중요한 것은 비밀로 한다는 '스승의 주먹' 같은 것은 나에게는 없다."라고 분명히 말했다.

그런데 "법에 의지하고 사람에 의지하지 말라."고 한 붓다의 유언과는 정반대로 가섭이라는 인물 중심으로 나아간 선종 불교의 전통을 우리는 어떻게 이해해야 할까. 선불교는 자신들의 선정을 '조사선(祖師禪)'으로, 석가여래의 선정을 '여래선(如

185

來禪)'으로 이름 붙이고 조사선을 여래선보다 더 윗자리에 놓았다. 우리나라 선종의 주류를 형성한 임제종(臨濟宗) 계통에서, 말의 자취와 생각의 길이 함께 끊어져서 이치나 일에 걸림이 없는 것을 조사선이라 정의하고 이 조사선 우위의 설에 따라 여래선을 생각과 알음알이가 아주 끊어지지 않아서 말의 자취가 있고 이치의 길이 남아 있는 것이라고 정의한 것이다.

심지어 한반도에서는 석가모니가 '진귀 조사(眞歸祖師)'에게 인가를 받았다는 설까지 나왔다. 고려시대인 1293년에 간행된 『선문보장록(禪門寶藏錄)』에는 "석가가 설산에서 법을 얻었지만 그 법은 궁극의 것이 아니었으며 진귀 조사에게 가르침을 받은 이후에 진실로 깨달았다. 그것이 교외별전이다."라고 범일(梵日, 810~889) 국사가 신라 진성여왕에게 설하는 기록이 나온다.● 불립문자(不立文字)·교외별전(敎外別傳)·직지인심(直指人心)·견성성불(見性成佛) 등으로 표현되는 선불교 이론이 석가모니 붓다의 사상과 전혀 다른 것은 아니다. 중관(中觀)●●, 유식

---

● 이런 비판들은 박재현, 『깨달음의 신화』(푸른역사, 2002)에서 전개되고 있다.

●● 용수(龍樹, 150?~250?)의 불교사상을 바탕으로 체계화된 인도 대승불교의 종파. 소승불교의 유부(有部) 학파가 "인간에게는 실체가 없지만 모든 현상에는 변하지 않고 소멸하지 않는 실체가 있다."라는 아공법유(我空法有)를 주장한 데 대해 "인간뿐만 아니라 모든 현상에도 변하지 않고 소멸하지 않는 실체는 없다."라는 아공법공(我空法空)을 주장했다. 용수는 불생불멸(不生不滅, 모든 현상은 인연 따라 일시적으로 모이고 흩어질 뿐 새로 생기거나 소멸하지 않는다)·불상부단(不常不斷, 모든 현상은 끊임없이 변하여 달라지며 동시에 단절되지 않고 끊임없이 이어진다) 등의 8불(八不)을 주장했는데, 이는 대립하고 있는 여러 개념의 어느 한편에만 집착하지 않는 입장에 선다 하여 중도(中道)라고 불렀으며, 중관파라는 명칭은 여기에서 유래하였다.

(唯識)●, 여래장(如來藏)●● 등의 사상으로 이어져온 불교는 선불교에서 '평상심' 이론으로 발전했다. "평상심이 곧 부처"이며 "평상심이 곧 도(平常心是道)"라는 것이다. 선불교에서는 "부처되기 위해 참선하는 것은 기왓장 갈아 거울 만들겠다는 것처럼 허망한 짓"이라고 하기도 한다. 그럼에도 불구하고 선불교는 매우 신비화되어 승려가 아닌 일반인들은 알 수 없는 것이 되어버린 것 같다. 2017년 현재 조계종 종정을 맡고 있는 진제(眞諦) 스님이 《조선일보》 최보식(崔普植) 기자와 가진 2009년 4월 27일자 인터뷰 기사를 보자.

> "몸뚱이란 숨 한 번 들이쉬지 못할 때 주인공이
> 딱 나가버리면, 사흘 이내 썩어 화장하고 묻어
> 버려요. 뼈와 살은 흙으로, 대소변은 물로, 호흡
> 은 바람으로, 따뜻한 기운은 불로 돌아갑니다.
> 본고향으로 돌아가면 아무것도 없거든. 하지만
> 주인공인 '참나'는 우주가 생기기 전에도 있었
> 고, 우주가 멸(滅)한 후에도 항시 여여(如如)하

● 대승불교의 한 분파. 중관파와 대립하면서 300~700년 사이에 발전·변천하였다. 오직 인식작용만 있고, 인식작용이 분별하여 지어낸 대상은 허구일 뿐이라는 유식무경(唯識無境)을 주장한다.

●● 모든 중생은 본래부터 여래(부처)가 될 수 있는 가능성을 가지고 있다는 사상. 깨치지 못한 사람, 즉 범부(凡夫)의 마음은 현실적으로 미혹(迷惑)과 더러움에 뒤덮여 있지만 그 본성은 깨끗하며 수행에 의해 그 깨끗한 본성을 전부 나타내게 된 상태가 여래라고 주장한다.

게 있습니다. 이를 바로 보아야, 진리의 도가 그 가운데 다 있습니다." 기자가 "지금 육신이 없어지면 저 자신도 소멸되니, 저의 '참나'는 오직 여기 앉아 있는 이 모습입니다."라면서 '참나'의 정체를 재차 묻자 스님은 "'참나'는 심안(心眼)이 열려야 보게 됩니다."라고 했다.

기자는 2013년(10월 29일자)에도 진제 스님에게 같은 질문을 했다. 다음은 당시 인터뷰 발췌다.

　__ 여기 앉아 있는 저는 '참나'입니까, 아닙니까?
　__ 하하하, '참나'와는 거리가 멀지요.

　__ 종정께서는 가짜 최 모(某)와 인터뷰를 하고 있는 것입니까?
　__ 그렇지요.

　__ '참나'를 얻으니 무엇이 달라졌습니까?
　__ 마음이 항시 평온하고, 시기와 질투, 허세가 다 없어집니다. 미워하고 좋아하는 마음도 다툼과 지배도 있을 수 없습니다.

　__ 혹자는 '깨달은 부처도 외로웠고 슬픔이 있었

다'고 하더군요.

__ 그건 무지한 사람들, 어리석은 사람들이 지껄이는 소리지요.


__ 세속적 욕망은 버려야 하는 것일까요?

__ 세상의 부귀공명도 지혜가 밝은 사람이 누리지, 어리석은 사람은 얻지 못합니다.


__ 현실에서 그걸 누리는 사람들은 지혜가 밝은 현자(賢者)가 아니지 않습니까?

__ 지금 그렇게 보이지 않아도, 전생에는 이미 복을 닦은 사람들이지요.


__ 제가 쭉 질문했지만 눈앞이 환해지는 답을 얻었다는 느낌이 없습니다. 혹시 제게 하실 말씀이 있습니까?

__ 참선을 잘해서 한번 깨달아보세요. 단맛과 신맛은 씹어 맛을 보지 않으면 모르듯이 이것도 증득해야 그 세계를 이해합니다. 언어로는 항시 태산이 가려서 안 통하지요. 참나를 찾는 수행을 돌아가실 때까지 열심히 하세요.


진제 종정은 세속에서의 '지금, 여기'에 충실하려는 기자에게 참선을 해서 한번 깨달아보라고 한다. 과연 1분 1초의 마감시간을 다투는 기자에게 참선을 해서 깨달으라는 조언이 현실적인 것일까? 여기서 '깨달음'이란 '영원'에 해당하는 '삼아승기겁(三阿僧祗劫)'이 걸릴지 모르는 일인데도 말이다. 종교는 인간의 삶을 위해 존재하는 것일 텐데, 진제 종정의 자세는 '종교를 위해서 삶을 버리라'는 말처럼 들린다.

고려대학교 철학과 조성택(趙性澤) 교수는 "지금 한국 불교에서 깨달음은 소수의 선택된 자들만이 체험할 수 있는 영역으로 '특권화'되어 있다. 그리고 그 특권화된 영역을 거론하는 것은 오늘날 한국 불교계에서 금기시된다. 강제에 의한 것이 아니라 불교인들 스스로가 언설로써 평하기를 거부하는 '금기의 영역'인 것이다. 종단에 비판적인 재가 지식인들이나 활동가들조차도 종단의 '권력'과 '금력'에 대한 비판은 서슴지 않으면서도, '깨달음의 영역'에서의 신비화에 대한 의심과 비판은 스스로 삼가고 있다."● 라고 지적했다.

이처럼 언어를 경시하는 선불교의 전통은, 2015년 하반기에 조계종 교육원장 현응 스님의 "깨달음은 이해다"라는 강연을 계기로 학계와 불교계 인사들이 참여해서 벌인 '깨달음 논쟁' 이전까지 매우 견고했다. 그러나 이런 한국의 불교 전통에서 도법은 비껴나 있다. 그는 수많은 사람들과 소통하면서 불교의 세계관을 '상식'에 바탕한 것으로 업그레이드했다. 그리고 그 작업의 결과는 생명평화무늬로 집약됐다. 승려와 재가자는

●　　2015년 2월28일 화쟁문화아카데미 1회 종교포럼에서 발표한 "오만과 편견: '불교는 깨달음의 종교'인가?" 강연 원고.

신비스런 체험이나 비밀스런 전수가 아니라 누구나 알 수 있는 언어와 그림, 지식을 통해서 세계관을 공유할 수 있게 됐다. 그렇다면 이러한 세계관에 기반한 실천론은 무엇이 될 것인가?

## "붓다로 살자" 구호의 탄생

도법이 주창하는 불교 실천론은 세계관에 해당하는 생명평화무늬 그 자체로부터 자연스럽게 도출된다. 인드라망무늬로 표현되는 연기법의 세계관은 그 안에 실천론을 이미 포함하고 있다. 그 실천은 바로 '자비행(慈悲行)'이다.

자비는 깨달음의 핵심이다. 힌두교의 성자 니사르가다타 마하라지(Nisargadatta Maharaj)는 다음과 같이 읊었다. "내면을 바라볼 때 나는 내가 무(無)임을 본다. 그것이 지혜다. 바깥을 바라볼 때 나는 내가 모든 것임을 안다. 그것이 사랑이다. 이 둘 사이에서 내 인생은 맴돈다."● 사랑의 실천, 자비행이 없는 지혜는 반쪽 지혜일 뿐이다. 지혜는 자비행을 위한 것이고 자비행은 지혜의 필연적 결과다. 그러나 지혜가 있더라도, 즉 생명평화무늬가 제시하는 우주의 진리를 알았더라도 본인이 자신의 감각이나 탐욕, 분노에 붙들리면 자비행을 실천할 수 없다. '수행'이 필요한 것은 이 때문이다. 그러므로 깨달음 이후에 수행은 불가피하다.

---

● 데이비드 로이 지음, 허우성 옮김, 『돈, 섹스, 전쟁 그리고 카르마』(불광출판사, 2012), 5쪽에서 재인용.

만약 실천 혹은 자비가 결여된 깨달음이 있다면 이는 마왕 파순(波旬)의 깨달음에 불과하다. 싯다르타가 깨달음을 이루는 과정에서 그 깨달음을 방해한 마왕 파순은 오신통(五神通)을 얻었다고 한다.

육안으로 볼 수 없는 것을 보는 천안통(天眼通), 귀로 듣지 못하는 소리까지 듣는 천이통(天耳通), 다른 사람의 생각을 들여다보는 타심통(他心通), 지나간 세상의 생사를 자유자재하게 아는 숙명통(宿命通), 경계를 넘어 몸을 나타내기도 하고 마음대로 날아다니기도 하는 신족통(神足通)의 힘을 붓다와 똑같이 가졌다는 것이다. 그러나 마왕 파순은 번뇌로부터 자유로워지는 여섯 번째 신통력인 누진통(漏盡通)은 갖지 못했다. 누진통이란 욕심과 성냄과 어리석음, 즉 탐진치를 자유자재로 활용하는 능력이다.

이런 설화는, 싯다르타 깨달음의 핵심이 이 여섯 번째 신통력, 즉 '이기심과 자기중심주의를 버림'임을 시사한다. 누진통은 현대인들로서도 힘들여 갖추지 않으면 안 되는 능력이다. 오늘날 다른 다섯 개의 신통력은 과학기술의 발달과 정보화 등으로 사실상 누구나 갖게 됐지만 마음을 다스리는, '자기 자신으로부터의 자유'를 의미하는 누진통은 과학기술의 도움으로 가질 수 있는 능력이 아니다.

불경에 자주 등장하는 '마왕 파순', 혹은 악마 '마라(魔羅)'는 원래 싯다르타 자신의 '마음의 소리'를 신화적으로 표현한 것이다. 정각(正覺)을 얻기 이전의 '싯다르타'뿐만 아니라 깨달은 이후의 '붓다'에게도 마음속으로부터 들려오는 악마의 소리가 있었다. 싯다르타는 정각●을 얻은 후에 "불사, 안온에 이르는 길을/ 네가 진정 깨달았다면/ 그 길을 너 홀로 감이 좋도다./ 어이 남에게까지 설하려는가.", "다른 사람들에게 법을 설함은/ 현명한 그대의 할 일 아니니/ 그대여, 그 짓을 굳이 하여서/ 탐심과 노여움에 매이지 말라."라는 등의 목소리를 듣는다. 그러나 붓다는 이에 대해서 "남의 이익과 동정을 위해/ 깨달은 사람은 가르치나니/ 탐심과 노여움을 여래는 진정/ 이미 모두모두 해탈했노라."라고 답한다. 그러자 악한 이 마라는 "세존(世尊)●●은 나를 알고 있다. 나를 간파하고 있다."라고 하면서 괴로워하고 의기소침해서 자취를 감춘다.●●● 이런 악마의 소리는 인간이 색수상행식(色受想行識), 즉 외부로부터 오는 자극, 그로부터 파생되는 느낌, 개념, 행위, 의식 등을 자기 자신이라고 여길 때 들려온다. 이 '색(色)' 등에 집착하면 악마에게 붙잡히지만 스스로가 집착하고 있음을 간파하면 악마로부터 풀려난다.

"'나'라는 실체는 없다"라는 깨달음으로부터 연유하는 '자기로부터의 자유', 그 정신의 주체적 실천인 자비행은 불교의 이상이며 누구나 죽을 때까지 해야 하는 수행이다. 자비행은 깨달음의 실천을 의미한다. 깨달음은 실천해야 할 내용이고 그 내용은 바로 자비심이다. 불교 수행이란 언제나 지금 여기라는

---

●　청정한 본래 마음의 바른 깨달음. 대각(大覺), 삼보리(三菩提), 정등각(正等覺) 또는 등정각(等正覺)이라고도 함.
●●　부처님의 열 가지 이름 중의 하나. '세계에 가장 높으시다'라는 뜻.
●●●　이상은 마스타니 후미오 지음, 이원섭 옮김, 앞의 책, 90~100쪽 참조.

역사 현장에서 이루어져야 하는 것이다.

만일 그럼에도 불구하고 기존 방식대로 자기중심성을 다 극복한 다음에, '성불'한 이후에, 신비주의적인 '깨달음'의 체험을 한 이후에 세상 현실로 돌아오겠다고 한다면 이는 평생 시작도 못하게 될 것이다. 위로 진리를 구하는 상구보리와 아래로 중생을 구제하는 하화중생은 동전의 양면 같아서 동시에 이루어지는 것이지, 상구보리를 한 다음에 하화중생을 하는 것이 아니다. 하화중생을 위해, 즉 다른 생명을 돕기 위해 상구보리, 즉 자신의 완전한 깨달음을, 성불을 연기한다는 것도 말이 안 된다. 오히려 타인을 돕는 것이 자신의 깨달음을 완성하는 방식이며 성불의 길이다.

비유하자면 상구보리는 두 눈이고 하화중생은 손발과 같은 것이다. 연기의 세계관과 동체대비행의 실천을 잘 알고 확신하는 것이 두 눈이라면 그 내용대로 실천하는 것은 손발이다. 두 눈과 두 손발은 언제나 함께할 때에만 살아 있는 눈이요 손발이 된다.

의상 대사는 「법성게」에서 "초발심시변정각(初發心時便正覺)"이라고 했다. "처음 마음을 냈을 때 궁극의 깨달음을 얻는다."라는 이 말은 '처음 낸 마음이 그대로 궁극의 깨달음', '깨달음이란, 바로 초발심'이라는 뜻이며, '중요한 것은 초발심을 실천하는 것'이라는 뜻이기도 하다. 수행해야 할 현장이 지금 여기이듯이 도달해야 할 현장도 지금 여기일 뿐 다른 곳이나 다른 무엇이 있지 않다. 의상 대사가 "가도 가도 본래 그 자리요, 이르고 이르러도 출발한 그곳이다(行行本處 至至發處)."라고 한 것도 이런 뜻이었을 것이다. 이쪽 언덕, 즉 '차안'에서 저쪽 언덕, 즉 '피안'으로 건너가야 한다는 것이 붓다의 가르침인 동시에 "건너가야 할 저쪽 언덕이란 게 애초에 없다."라는 것이 또한 붓다의 가르침이다.

자비와 지혜는 서로를 보완하는 두 요소다. 자비 없는 지혜는 공허하며 지혜 없는 자비는 위태롭다. 우리는 붓다 가르침의 의미를 계속 천착해야 하며 동시에 이를 실천해야 한다. '그 가르침의 깊은 의미를 우리가 모르고 있다'는 불각(不覺)의 인식으로 석가모니 가르침의 의미를 천착하는 노력이 중요하다. 그러나 '우리가 그 의미를 안다'는 본각(本覺)의 인식도 그에 못지않게 중요하다. 우리는 이미 연기법의 핵심을 안다. 그 내용은 붓다의 설법을 통해서, 수많은 조사들의 법문을 통해서 우리에게 전해졌으며 인드라망무늬를 통해서 알기 쉽게 시각화됐다. 그렇다면 남은 것은 무엇인가? 그것은 실천, 즉 '붓다의 가르침대로 사는 것'이다.

붓다의 가르침이란 무엇인가? 그것은 '사람이 붓다'라는 것이다. 실상사 주련(柱聯, 기둥이나 벽 따위에 장식으로 써 붙이는 글귀)에는 이런 글귀가 적혀 있다.

頂天脚地眼橫鼻直(정천각지안횡비직)
飯來開口睡來合眼(반래개구수래합안)

"머리는 하늘로 향하고 두 발은 땅을 딛고 눈은 가로로 찢어지고 코는 아래로 드리워졌다. 밥이 오면 입을 벌리고 졸음이 오

195

면 눈을 감는다." 이게 곧 부처의 모습, 부처의 삶이다. 머리를 하늘로 향하고 다리로 땅을 디디며 눈으로 보고 코로 냄새 맡는 존재, 밥을 먹고 잠을 자는 사람은 그 자체로 부족한 점이 없는 완성된 존재이며 신비로운 존재다. 인간은 허망하고 보잘것없는 존재가 아니라 불가사의하고 원만구족한 존재, 기적적인 존재다. 싯다르타는 "신기하고 신기하다, 어리석음에서 깨어나보니 사람이 그대로 오롯한 붓다이네."라고 했다.

이는 싯다르타의 깨달음이다. 그리고 붓다의 가르침으로 해서 많은 사람들이 이를 깨달았고 우리도 깨달았다. 그렇다면 인간은 어떻게 살아야 할까? 우리도 싯다르타가 한 것처럼 선정과 고행의 수행을 하고 그다음에 보리수 밑에서 명상하여야 할까?

그럴 필요가 없다. 깨달음을 찾기 위해 따로 수행을 하거나 어디로 떠날 필요가 없다. 우리는 이미 깨달았으므로 그 깨달음의 내용에 맞게 동체대비, 즉 너와 내가 한 몸임을 자각하여 내는 큰 자비의 마음으로 우리의 삶을 살아가면 된다. 이것이 곧 붓다의 삶이다. 수행은 형이상학적인 '마음'을 찾아가는 여정이 아니라 일상에서 보리심, 부처의 마음을 내고 살아가는 훈련이다. 이는 실제 인간이나 자연과의 관계에서 붓다의 언어를 말하고 붓다의 행동을 하기 위한 것이다.

붓다의 언어와 행동은 '나'의 영역에 갇혀 있을 수만은 없다. 오늘을 사는 우리는 법당의 방석 위에서 좌선하는 데 그치지 말고 이 세계에서 일어나는 일까지 폭넓게 알아차릴 필요가 있다. 세계가 지금 고통으로 절규하고 있으므로, 우리는 관세음

보살처럼 그 고통을 듣고 반응할 수 있어야 한다. 불교인들은 이 세상을 이끄는 리더가 돼야 한다. 혹은 이 사회의 리더들이 지혜와 자비로 무장하도록 이끌어야 한다. 불교인들은, 혹은 이 사회의 리더들은 나와 내 집단이 보다 큰 사회와 연결돼 있음을 깨달아 그 사회와 소통하며 사회를 변화시키기 위해 힘써야 한다.

이런 내용을 하나의 문장으로 표현하면 어떻게 될까? 도법과 조성택, 백승권 화쟁위원회 사무국장, 정웅기 불교시민사회네트워크 운영위원장 등은 2013년 즈음에 이런 질문을 했고, 그 답을 "붓다로 살자"로 정했다. 인간이 곧 붓다이고 '천상천하 유아독존(天上天下 唯我獨尊)'의 존재라면, 그러한 불조(佛祖)의 가르침을 이해하고 받아들인다면, 그다음에 할 일은 무엇인가? 그것은 스스로 붓다의 삶을 사는 것이다. 중국 당나라 시대의 조주(趙州) 선사가 "깨달은 사람은 결국 어디로 가야 하는가?"라고 질문했을 때 스승 남전(南泉)은 "저 아랫동네에 내려가 밭가는 소가 되어라."라고 답한다. 평상심을 깨쳤으면 세상에 나아가 소처럼 묵묵히 실천하라는 말이다.

'붓다'란 평상심 혹은 연기법을 깨친 자, 이 세상에는 우주로부터 분리된, 고정 불변의 영원한 존재는 없다는 진리를 이해한 사람을 말한다. 그러나 이해를 해도 실천하지 않으면 그 이해는 무의미하다. 그러므로 붓다로 살아야 한다. 붓다의 정신, 붓다의 가르침을 내 삶으로 구현해내야 한다.

"붓다로 살자"라는 간단한 경구는 '법(法, dharma)'의 덫에 걸린 많은 사람들에게 구원의 손길이다. 우리는 이제 복잡한 불교이론의 미로에서 벗어나 '삶'의 문제로 돌아갈 수 있게 됐다. "붓다로 살자" 운동으로 인해서 승려들만의 '수도(修道)'를 위한 한국 불교가 승속(僧俗)을 모두 포함한 '현장 삶'의 불교로 전환됐다. 이는 승과 속을 넘나드는 삶을 살았던 '1,300년 전 한국 불교의 원형(原型)' 원효에게로 돌아간 것이며 승가와 재가의 구분 없이 같은 법을 설했던 2,600년 전의 석가모니에게로 돌아간 것이다.

"붓다로 살자"라는 구호의 등장은 한국 불교 르네상스를 의미한다. 물론 '르네상스'라는 말은 앞으로 진정한 불교가 나와서 정말로 중생을 구제한다는 것을 전제로 하고 있기 때문에 함부로 쓸 수 있는 단어는 아니다. 참여불교와 해방신학의 비교연구로 미국 유니온신학대학원에서 박사학위를 받은 정경일(程京日) 새길기독사회문화원장은 "오늘날 사회와 종교 모두 위기에 처해 있으므로 '르네상스'라는 말은 너무 낙관적"이라고 전제한 뒤 "위기의 극복은 '지금 여기'에서 우리의 삶을 개혁할 수 있을 것인가에 달려 있다."라고 말했다. 정 원장은 "산중에 머무르면서 가끔 좋은 이야기, 따끔한 이야기만 하며 지내면 존경받으며 살 수 있는데, 속세로 내려와 갈등하는 사람들 사이에서 '싸움은 말리고 흥정은 붙이는' 화쟁을 실천하겠다며 오히려 다투는 양쪽으로부터 비난받는 것을 마다하지 않는 도법 스님이 존경스럽다."라고 말했다. 그는 또 "종교가 다원화된 한국사회에서 위기 극복은 한 종교의 힘만으로는 불가능하며 개혁적 종교인들이 모여 힘을 합쳐야 이루어질 수 있을 것"이라고 덧붙였다.

## "붓다로 살자" 수행론

불교의 수행은 '깨달음의 실천'이다. 도법은 깨달음의 실천을 두 가지로 한다. 첫째, 현장에서 사람과 관계할 때엔 '부지깽이 노릇하는 수행'을 한다. 부지깽이는 아궁이에서 다른 장작들을 잘 타도록 하기 위해 존재한다. 그 역할을 하는 과정에서 저절로 자신도 타서 사라진다. 이는 무지(無知)와 삼독(三毒, 욕심, 성냄, 어리석음)이 소멸되고 바로 해탈 열반의 삶이 이루어짐을 뜻한다.

도법 근처에는 항상 사람들이 북적인다. 그는 "인간이 붓다다"라는, 그리고 "붓다로 살자"라는 메시지를 때와 상황에 맞춰 변주해서 전파한다. 새로운 사람이 오면, 전에 했던 말이라도 다시 한다. 때로 녹음기를 틀어놓은 것 같다는 느낌을 받는 사람도 있다. 오랫동안 도법과 함께해온 실상사 종무실장 수지행은 이에 대해 이렇게 말한다. "스님의 말씀은 처음에는 다양성을 띤다. 그러나 비슷한 내용을 여러 사람들에게 말하는 과정에서 보다 적확한 언어가 선별되고, 그렇게 해서 문장이 완성되면 그다음에는 그걸 반복하신다." 그러나 관심을 갖고 자세히 듣는 사람들은, 똑같은 것처럼 들리는 말에서도 '사상의 진전'을 발견한다. 도법이 인간관계를 진전시키면서 그의 공부도 깊어지기 때문이다.

둘째, 관계를 벗어나 홀로일 때엔 '노는 입에 염불'하는 수행을 한다. 인간은 정신줄을 놓으면 악마 마라에게 잡히기 마련이다. 마라는 곧 자기 자신의 무의식적 욕망이다. 그런데 "무의식적인 것은 대체로 좋지 않다."라고 도법은 말한다. 잠깐만 정신 차리기를 게을리 해도 마라가 정신을 정복하려 들기 때문이다. 그래서, 특히 홀로일 때는 염불이 필요하다. 여기서 '염불'은 꼭 어떤 불경을 독송하는 것만을 말하지 않는다. 한국 불교의 전통처럼 돼온 간화선을 할 수도 있고, 호흡에 마음을 집중하는 위파사나를 할 수도 있다. 혹은 틱낫한(Thich Nhat Hanh) 스님의 게송 같은 것을 되뇌는 것도 가능하다. 이는 마음속에 화가 있을 경우, 숨을 들이쉬면서 '나는 완전하다, 나는 평화롭다.'라고 속으로 말하고 숨을 내쉬면서 '상대를 떠올리며 미소 짓는다.'라고 속으로 말하는 방법이다. 그러면 화를 진정시키면서 상대를 이해하는 데 큰 도움이 되는 경우가 많다.

혹은 법륜(法輪) 스님의 가르침처럼 기도하는 방법도 있다. 법륜 스님은 아들 때문에 고민이 많다는 내담자에게 "'저 아이는 내 아이가 아니다.'라고 되뇌면서 매일 300배를 하라."는 식으로 처방한다. 내 아이니까 남들보다 잘해야 하고, 모든 것이 뛰어났으면 좋겠고, 특히 나에게 잘해야 한다는 기대가 생기는데, 내 아이가 아니라고 생각을 바꾸면 그런 부질없는 기대는 없어지고 대신에 내 아이의 사소한 친절에도 감사하게 된다는 것이다. '어, 모르는 사람이 내게 안부 인사를 하네, 참 기특하군.' 하는 식으로.

이런 모든 수행은 끝없는 학습과 연마와 실천이며, 인간관계라는 실전을 위한 것이다. 그 인간관계를 잘하려고 할 경우, 정작 중요한 것은 나의 마음수련보다는 '상대방에 대한 이해'다. 악마처럼 보이는 상대라도 잘 살펴보면 부처의 면목을 갖고 있다. 그가 악마의 행동을 한 것은 나에게도 책임이 있을 경우가 많다. 아니, 연기법을 적용한다면 '모든' 경우가 그렇다. 그러므로 연기법은 아집이나 분노에 사로잡힐 때 우리가 의지해야 하는 진리이다. 또한 위협적으로 들리는 험악한 말도 잘 들어보면 "내 삶을 도와 달라"는 간절한 요청일 때가 많다. 이렇게 고통받는 중생을 구원하려면 그 고통을 보살피는 부처의 천수천안(千手千眼)이 있어야 한다. '천수천안'이란 아집에 사로잡히지 않는, 지혜롭고 자비로운 말과 행동 그리고 마음이다.


## 한국 불교의 대세가 되다

2015년 8월 28일 하안거 해제 법문 자리에서 설악산 신흥사(新興寺) 조실(祖室) 오현(五鉉) 스님은 다음과 같이 법문을 시작했다. "프란치스코 교황은 지난 3월 방한 때 내내 '세월호'로 화두를 삼았다. 네 차례나 세월호 유족을 만나 이야기를 들어주고 희망을 잃지 말라며 사랑한다는 편지를 남겼다." 그러면서 스님은 "지난 결제(3개월 전 하안거 첫날) 때 우리 스님들의 화두는 무엇인가. 무(無)자 화두인가, 본래면목(본래의 모습)인가, '뜰 앞의 잣나무'인가. 굳이 알 필요가 없다."라고 했다. "21세기 현대사회를 사는 우리가 1,000년 전 중국 신선주의자들, 산중 늙은이들이 살며 뱉어놓은 사구(死句, 죽은 말)를 들고 살아야 하느냐."는 것이었다.

그는 또 어렸을 적 "화두 들고 참선 공부하다가 죽어라"라고 가르쳤던 노(老)스님을 '화두 중독자'였다고 비판했다. "참선해 빨리 깨달아 그 깨달음의 삶을 살아야지 참선만 하다가 죽으라는 것이 말이 되느냐."라는 것이다. 그는 "프란치스코 교황이 세월호 유족들과 고통을 같이하듯이 우리 선승들도 우리 시대의 아픔으로 화두를 삼아야 한다."라고 했다. 그러면서 "불교는 깨달음을 추구하는 종교가 아니라 깨달음을 실천하는 종교다."라고 했다.

"'붓다로 살자' 이것이야말로 영원한 진리입니다." 한국 조계종단을 대표한, 100명이 넘는 출재가자가 모인 자리에서 선언된 혜총(慧聰) 스님의 이 발언에 대중은 박수로 화답했다. 2015년 9월 23일 충남 공주의 한국문화연수원에서 열린 대중공사 자리에서였다. 이날 논의된 논제 중 하나는 "현대사회가 요청하는 승가공동체"였는데 이를 다룬 출가자 분과에서는 "참선만이 수행이라는 인식을 재고(再考)해야 하며, 깨달음을 사회에 환원하는 일이 수행의 완성이라는 인식이 중요하다."라는 토론 요약 발표도 있었다.

대구 동화사에서는 2015년 10월 1일 "붓다로 살자" 불교 선포식이 있었다. 여기서는 "참선을 생활화한다. 나누기를 생활화한다. 평화로운 대화를 생활화한다."는 세 가지 청규를 채택했다. 조계종 포교원은 2016년 신사업으로 "붓다로 살자"를 택했다.

이와 같은 움직임들은, 오늘날 대한민국 불교 최대 종파인 조계종에서 한국 불교의 르네상스가 진행되고 있음을 보여주는 예들이다. 이는 '간화선으로 부처되기'를 지향한 성철 스님의 수행방법론으로부터 대한민국 불교가 한 걸음 앞으로 내디뎠음을 의미한다. 이는 또한 1,000년 이상 지속된 '간화선 신비주의'로부터 탈피하여 고타마 싯다르타(Gautama Siddhārtha) 부처님의 본뜻인 '삶의 불교'로 복귀하고 있음을 의미한다.

2,600년 전 고타마 싯다르타는 이미 선정(禪定), 즉 참선이나 명상의 길을 버렸다. 그는 알라라 칼라마(Alara Kalama)나 웃다카 라마풋타(Uddaka Ramaputa)와 같은 참선의 고수들에게 배워 선정의 극한까지 갔지만, 그것이 정신적인 쾌락은 가져오면서도 '인생의 대사'인 삶과 죽음의 문제를 해결하지는 못함을 깨닫고 이들과 결별한다. 그는 고행의 길도 버렸다. 당시의 브라만교가 '네 안에 있는 아트만(영혼)을 찾으라'며 제시한 고행의 길을 6년 동안이나 처절하게 따랐지만 깨달음을 얻지 못하자, 수자타(Sujātā, 석가모니에게 가르침을 받은 여인)가 쑤어준 죽을 먹고 고행으로 지친 몸과 마음을 추슬렀다. 그러고는 보리수(菩提樹) 아래에서 자신의 이성으로 삶과 죽음의 문제와 정면대결한 후에 정각(正覺)을 얻는다. 그 깨달음이란 모든 것은 서로 의존하고 있다는 '연기법'이었다.

그렇다면 연기법을 깨달은 이후의 싯다르타는 어떤 삶의 길을 걸었는가? 그는 역사의 현장에 임했고 생명의 안락과 행복을 위해 힘썼다. 자신의 깨달음을 모든 중생에게 전하겠다는 전법선언을 하고, 승가공동체 즉 사부대중공동체를 이루어 사람들로 하여금 진리 안에서의 삶을 살도록 했다. 싯다르타는 가끔 석 달 동안의 여름 안거에 들기도 했지만, 그럴 때도 매일 저잣거리에서 밥을 얻어먹었다. 이는 그가 역사의 현장을 한시도 떠난 적이 없음을 의미한다.

그런데 20세기 한국 불교는 깨달은 이후의 싯다르타, 즉

'붓다'를 따르지 않고 깨닫기 이전의 싯다르타, 즉 '중생'을 따르고 있었다. 성철을 비롯한 봉암사 대중들은 "부처님 법대로" 살아보자고 했지만, 그것은 "은둔해서 간화선하고 그래서 성불하자는 말"이었지 지금 당장 부처의 길을 걷자는 말은 아니었다.

어쩐 일인지 한국의 간화선 수행자들은 역사의 현장에 임한 붓다의 삶과 말씀을 자기 것으로 받아들이지 않고 1,000년 전 중국의 선승들이 말한 화두를 든 채 '내 힘으로 붓다가 되겠다', '내 속에 있는 참나를 찾겠다'며 토굴 속에 은둔하는 것을 자신의 일로 삼았다. 그들은 그렇게 20년, 30년을 지내면서도 여전히 '나는 깨닫지 못한 중생'이라며 중생을 자처했다. 그들은 싯다르타의 깨달음을 무언가 신비한 것으로, '비밀스럽게 전수되는 어떤 것'으로 오인했다. 그들은 불교의 진리를 언어로 표현할 수 없는 것, 억겁의 세월 속에서나 터득할 수 있는 것, 먼 미래에나 의미를 가질 수 있는 것, 그리고 현실의 삶과는 동떨어진 것으로 치부했다.

그러나 불교는 다른 것이 아니라 '지금, 여기'의 삶을 개혁하는 원동력이다. 일체의 신비주의를 배격하고 '내'가 주체가 되어 '나의 삶'을 혁신하는 것이 바로 불교다. '이기심이 곧 나'라고 착각하며 자신의 안온함만 추구하는, 혹은 자본이라는 물신(物神)에 경도되어 재물 쌓기에만 몰두하게 된 현대인들을 치유하기 위해 불교가 21세기적 대안으로 기대를 받고 있는 것은 바로 이 때문이다.

맹자는 "널리 배우고 깊게 공부하는 것은 간명하게 전달하기 위함"이라면서 간명함의 중요성을 말했다. 불교의 진리를 가장 간명하게 말하고 있는 사람은 도법이다. 도법은 이러한 불교의 진리를 '골방의 방석 위에서'가 아니라 수많은 사람들과의 대화 속에서 터득했다. 그의 언어는 불교경전에 있는 학술적인 것이 아니라 현대의 대중들이 사용하는 현장의 일상어다. 그의 불교 세계관과 실천론이 누구나 이해할 수 있는 그림과 단순명료한 문장으로 정립된 것은 그것이 개인의 추상적인 사변(思辨)이 아니라 대화를 통한 '집단지성'으로 완성된 때문이다.

# 4

# 실천

"내 몸의 중심은 어디일까? 사람들은 '심장이다' 혹은
'뇌다' 말하지만 이는 매우 관념적이다. 실제 생명은
자기 몸의 아픈 곳을 중심으로 움직인다.
불교도 세상의 아픈 곳을 보듬어야 한다."
도법은 불교를 이렇게 본다.

# 10

# 21세기 아쇼카선언:
## 종교 간 벽 허물기

도법은 2010년 조계종 화쟁위원장에 취임한 이후 종단 내외 갈등사항들을 중재했다. 자승 총무원장과 명진 스님 간의 갈등을 빚었던 봉은사 직영사찰 문제를 해결했고, 쌍용차 노사대립을 중재했으며, 한진중공업 조선 부문 정리해고 문제를 둘러싸고 벌어진 크레인 위의 고공농성 문제를 해결하려 노력했다. 도법은 또한 종교 간 화합을 지향한 '종교 간 평화선언', 일명 '21세기 아쇼카선언'을 추진했다. 이는 화쟁위원장으로서 능동적이고도 야심차게 기획한 운동이었으나 종단 내 소통의 미비로 인해 미완의 상태로 남아 있다.

## 화쟁을 실천하다

2010년 6월 도법은 조계종 화쟁위원장에 취임했다. 4대 강 사업 문제가 사회적 이슈로 대두하자 "생명의 강을 모시는 사람들"이라는 주제로 4대 강 백일순례를 하고 있던 중에 조계종 총무원으로부터 연락이 왔다. 종단 내외의 각종 갈등을 다루는 기구로 '화쟁위원회'를 만들려고 하는데, 그 장(長)을 맡아달라는 것이었다. 당시 4대 강 문제의 전위에 있었으며, 총무원과도 갈등관계에 있던 지기 수경이 반대했다. 도법은 수경에게 "나는 서울 현장이 아니라 지방에 있는 사람이니까, 현장의 판단을 존중하겠다."라며 "원장과 싸우는 방식이 좋을지 아니면 원장을 활용하는 방식이 좋을지 네가 판단하라."고 했다. 그러자 수경은 후자의 방식이 좋겠다고 권유했다.

화쟁(和諍)은 원래 신라시대 고승 원효가 만들어낸 개념이다. 이는 종파 간의 사상적 다툼을 화해(和解), 회통(會通)● 시키는 것을 의미한다. 이게 구체적인 현장의 사안에 어떻게 적용됐는지, 현실적 경험적으로는 확인되지 않는다. 삼국통일을 이끌어낸 사상적 배경이 화쟁이었다고 하지만 그것은 해석일 뿐, 실제 어땠는지는 잘 모른다. 그러나 이를 현실에 적용하는 것은 얼마든지 가능하다.●●

---

● 언뜻 보기에 서로 어긋나는 뜻이나 주장을 해석하여 조화롭게 함.

●● 대한민국에서 활동하는 소련 출신 역사학자이며 노동당 대표최고위원이기도 한 박노자도 "화쟁이란 불교학에 대한 서로 다른 두 학파, 중관과 유식을 회통하기 위한 것인데 이걸 '적대적 모순관계'에 있는 노(勞)-자(資)관계에 들이대는 건 웃기는 일이다. 한국 불교의 수준이 이것밖에 안 되나?"라고 비

화쟁위원회는 불교 정치판에서, 종단의 정치상황이 만들어낸 공약사항이었다. 이는 자승 총무원장의 참모들이 아이디어 차원에서 낸 생각이었을 것이다. 도법은 자승 총무원장과 특별한 개인적 관계를 맺고 있지도 않았고, 정치적 입장이나 살아온 길도 정반대였다. 그럼에도 불구하고 도법은 화쟁위원장을 맡기로 했다. 현장의 갈등과 대립 문제를 평화적으로 풀고 함께하는 길을 열겠다는 제안은 환영할 일이지 거절할 일이 아니라고 판단했기 때문이다. 도법은 이렇게 말한다. "난 화쟁을 연구한 사람이 아니다. 다만 '현장의 필요성, 현실의 필요성'에 초점을 맞추고 있는 사람이다. 현장에서 보면, 싸움은 우리 모두를 고통스럽게 하고 모두의 삶을 황폐하게 한다. 그중에서도 가장 먼저 약자들의 삶을 황폐화시킨다. 6·25 전쟁으로 남북 양쪽 다 삶이 부서졌다. 가장 많이 부서진 사람들은 약자들이다. 현실이 이런데 이념이 무슨 의미가 있나? 정의의 이름으로 하든 민족의 이름으로 하든 혹은 종교나 자유, 평화, 국가의 이름으로 하든, 현실의 문제를 평화적으로 해결하지 못하면 약자를 도와서 뭘 한다 해도 결국 결과는 공허하다. 이런 문제의

판했다.

이런 비판에도 일리가 있다. 하지만 그것만이 전부는 아니다. 구체적 현장의 문제에 적용할 수 없는 것이라면 애초에 필요 없는 이론일 것이다. 화쟁은 훌륭한 이론이며 현장에 적용 가능한 이론이다. 또 '적대적 모순관계'란, 존재가 '분리돼 있다'는 잘못된 전제로부터 출발한 개념이다. 우주는 그렇게 분리돼 있는 것이 아니다. '적대적 모순관계'로 표현되는 관계라도 잘 살펴보면 상호의존의 관계임이 보일 것이다. 화쟁은 이처럼 원초적 존재론으로부터 출발한다.

식의 연장선상에서 제시한 문명사적 대안으로 지리산생명평
화운동이 있었다. 약자를 우선적으로 고통스럽게 하는 싸움을
어떻게 해야 할 것인가가 이 운동의 화두 중 하나였는데 마침
화쟁위원회 위원장 제의가 와서 수락했다."

　　도법은 2012년 5월 자정과쇄신결사추진본부장에도 취임
했다.●

　　화쟁위원장이 된 이후 도법은 봉은사 직영사찰 지정 문제,
쌍용차 노사대립 문제, 한진중공업 조선 부문 정리해고 문제를
다루었으며 종교평화선언을 추진했다.

　　2010년, 조계종 총무원이 '특별분담금 사찰'인 서울 강남
의 봉은사를 '총무원 직영사찰'로 지정하려 했고 봉은사 주지
명진 스님은 이를 결사반대했다. 직영사찰은 총무원장이 당연
직 주지가 되지만 특별분담금 사찰은 주지의 4년 임기가 보장
된다. 도법은 양측을 이야기마당으로 끌어내 봉은사와 조계종
단이 발전할 수 있도록 하는 바람직한 방안을 제시해 일단 합
의를 이끌어냈다. 그러나 어떤 이유에서인지 명진 스님이 반발
하면서 합의의 의미가 반감했다.

　　2010년 말부터는 한진중공업 조선 부문 정리해고 문제가
사회 이슈가 됐다. 당시 민주노총 부산본부 지도위원 김진숙(金
鎭淑)은 크레인 위에 올라가 오랫동안 고공농성을 했다. 이 문
제 해결을 위해 '희망버스'가 현장으로 내려가 노조를 지원하

●　조계종 총무원이 한국 불교 현실에 대한 대안을 찾고자 산하에 '자정과쇄신
　　을위한결사추진본부'를 창립하고, 본부장에 도법을 위촉했다.

면서 사(使) 측과 충돌했고 노조원 수십 명이 부상을 입었다.

희망버스 팀은 도법에게 현장에 와서 법문을 해달라고 요청했으나 도법은 정부 부처와 전경련 등을 방문해서 무작정 혼자 백배(百拜)를 한 후, 김진숙이 크레인에서 내려오도록 하자는 호소문을 전달하는 방식을 택했다. "일단 사람을 살리고 봐야 한다."는 취지였다. 그러나 사태는 해결되지 않았고 시간이 흐르면서 또다시 김진숙이 엄동설한을 크레인 위에서 지내게 될 위험한 상황이 됐다.

도법은 화쟁위원회 이름으로 문제의 해결을 촉구하고, "만약 회사와 정부가 이걸 수용해서 풀지 않는다면 다음에는 총무원장이 현장에 내려가 생명평화 대법회를 하겠다."라는 기자회견을 하기로 계획을 짰다. 이 정보는 청와대로 흘러들어 갔다.

도법은 김진숙을 향한 설득안도 만들었다. 그것은 첫째, "당신이 농성을 하는 것은, 직접적으로는 해고노동자의 문제지만, 자본과 노동의 문제를 사회의제화하기 위함인데 그건 이미 이루었다. 우리도 앞으로 이 문제를 관심 있게 다룰 테니 내려와서 그 일을 같이하자." 둘째, "지금 사안에는 돈 문제가 걸려 있는데, 필요한 액수는 많지 않으니 그건 불교계가 모금해서 해결하겠다." 셋째, "민형사상의 법적 문제가 있는데, 이것도 내려와서 같이 해결하자." 이에 한진중공업 노동조합도 "그 정도 모양새를 갖추어주면 노조가 올라가서 끌고라도 내려오겠다."라고 화답했다.

그렇게 계획을 세우고 진행하던 중에 정부에서 그 소식을 듣고 서둘러 협의를 타결함으로써 화쟁위원회의 활동도 끝나게 되었다. 이에 대해 도법은 이렇게 말했다. "불교 입장에서 보면 당시에 합의된 것이 오히려 아쉬웠다. 만약 조계종이 주최하는 현장 대법회가 열리고 그래서 김진숙 씨가 크레인에서 농성을 풀고 내려오면, 이건 불교계가 자본과 노동 문제에 대해 앞으로 관심을 갖고 행동하겠다는 사회적 약속을 공개적으로 하는 모양이 되었을 것이다. 그렇게 되면 그 약속을 이행하는 과정에서 종단이 저절로 변화하게 될 것이 틀림없었다. 화쟁위원회의 계획대로 진행되지 않은 것은 불교가 변화할 수 있는 좋은 계기를 잃어버린 셈이니 불교계로선 대단히 아쉽게 됐다." 그러나 한진중공업 사태를 계기로 조계종에 '노동위원회'가 생겼으니 조계종이 사회에 대한 관심을 제도화한 셈이어서 일정 정도의 의미는 갖게 됐다고 하겠다.

2012년 9월, 쌍용자동차 노사가 극한 대립을 하고 있을 때도 화쟁위원회가 나섰다. 도법은 '힘 있는 제3자'의 역할이 중요하다며 종교계에 요청해서 '종교인 33인 원탁회의'를 구성했고, "대화합시다, 함께 삽시다"라는 슬로건을 내세우면서 일주일마다 서울시청 앞에서 여의도까지 걷기순례를 했다. 국회 환노위원장 신계륜(申溪輪) 의원의 소개로 쌍용차 사장을 만나 '해고 노동자는 논의대상이 되지 않는다'라는 입장에서 '해고 노동자도 논의해볼 수 있다'라는 입장으로 전환시켰다. 회사의 현재 노조와 해고 노조의 만남도 주선했다. 그 결과 두 노조 간의 관계가 좋아졌고 해고 노동자들은 감사를 표시했다. "그동안 많은 사람들이 자기들 편에서 싸워주었음에도 불구하고 사태가 해결되도록 하는 데 실오라기 하나 걷어내지 못했지만 이번에는 진전이 있었다."는 것이었다. 그러나 33인 원탁회의가 끝까지 힘을 실어주지는 못했고, 결국 재판까지 가서야 노조가 승리하면서 복직 판결을 받아냈다.


## 가로막힌 종교평화선언

2011년 9월 도법은 '종교 간 평화선언'(일명 '21세기 아쇼카선언') 을 시도했다. 이는 도법이 그의 일생을 통해 얻은 진리를 기반 으로 이 사회에 화쟁을 이루려는 시도였다. 봉은사 문제나 4대 강 문제, 쌍용차와 한진중공업 등의 사회갈등을 해결하려는 시 도도 물론 뜻이 있지만, 이것들은 다만 '현상으로 나타난 사회 현장의 갈등에 개별적으로 대응하려 한 것'일 뿐이었다. 그러 나 종교평화선언, 즉 21세기 아쇼카선언은 조계종 화쟁위원장 으로서 도법이 이 사회에 부처님의 정신을 스며들게 하기 위해 서 능동적으로 기획한, 적극적인 시도였다.

　신라시대의 고승 원효는 화쟁을 말했다. 화쟁이란 무엇인 가? 이는 석가모니 붓다 입멸(入滅) 후에 전개된 다종의 불교이 론들을 화해시키는 작업을 위해 만들어낸 개념이다. 삼국시대 말기에 한반도에는 부파불교(部派佛教, 석가모니 입적 뒤 백 년부터 수백 년 사이에 원시불교가 분열을 거듭하여 20여 개의 교단으로 갈라진 시대의 불교)들과 이후에 성립된 중관, 유식, 화엄, 법화(法華) 등 의 불교사상이 중국을 통해 물밀듯이 밀려들어 왔다. 이 이론 들은 서로 자신의 주장이 부처님의 본뜻임을 강조하며 치열하 게 갈등하고 대립했다. 이런 상황에서, "주의 주장이 다르더라도 상대방을 이해하고 서로 다른 점을 존중하면서 하나의 공동체를 형성하는 것"이 원효의 이상이었다.● 신라가 삼국통일을 이룩하는 시점에 활약한 원효에게는 전쟁의 참화를 딛고 새로 생긴 공동체의 통합을 위한 새로운 사상으로서의 불교가 필요했던 것이다.

통합은 어떻게 이루어지는가? 통합은 직면한 실상을 잘 드러내는 데서 출발한다. 실상은 총체적, 입체적이기 때문에 어느 하나만 옳고 다른 것은 틀리다는 논리가 성립되지 않는다. 오히려 실상에 근거해서 보면 자신만이 옳은 것이 아니라 상대방도 옳다는, 혹은 상대방만 틀린 것이 아니라 자기 자신도 틀렸다는 '개시개비(皆是皆非)'의 논리로 귀결된다. 이렇게 유연하고 열린, 겸허한 자세를 가질 때 서로에 대한 존중과 화합의 길이 열리게 된다.

21세기 아쇼카선언은 원효의 이와 같은 불교사상을 오늘의 한국사회에 실현하고자 한 것이다. 다양한 종교가 공존하는 오늘의 한국사회 또한 원효의 시대처럼 화쟁이 필요한 상황이다. 21세기 아쇼카선언은 대한민국의 가장 큰 불교 종파인 조계종의 화쟁위원장으로서 도법이 마땅히 실현해야 할 일이었고, 이는 갈등과 반목으로 고통받는 이 사회에 한줄기 빛이 될 수 있었다.

선언은 한국사회에서 정치와 종교의 관계, 종교와 종교의

---

● 　박성배, 「한국문화의 거인, 원효」, 김영호 엮음, 『한국불교의 보편성과 특수성』(한국학술정보, 2008), 377~390쪽 참조.

관계를 규정한 것이었다. 선언은 "다양한 인종과 문화적 배경, 그리고 다양한 종교를 가진 사람들이 함께 살고 있는 21세기 대한민국에서 우리들의 마음가짐은 어떠해야 하는가?"와 관련해서 "종교 간의 차이를 넘어 조화와 상생의 사회를 만들어가야 한다."라고 했다. 또한 '상호 존중과 호혜의 정신'을 강조하면서 "이웃 종교의 가르침도 소중하게 여기겠다.", "그들과 더불어 자비와 사랑을 실천하겠다."라고 서원했다. 그 내용은 다음과 같다.

## 종교평화 실현을 위한 불교인 선언
### - 21세기 아쇼카선언 -

오늘날 우리 사회에는 불교, 개신교, 천주교, 원불교, 유교, 천도교, 민족종교, 이슬람교 등 다양한 종교를 가진 사람들이 살아가고 있습니다. 또한 서로 다른 인종과 문화적 배경을 가진 사람들이 우리 사회 구성원이 되고 있습니다. 이처럼 다종교, 다문화 사회로 옮겨가고 있는 오늘날 서로의 차이를 이해하고 포용하는 열린 자세가 절실히 요청되고 있습니다.

특히 종교의 역할은 매우 중요합니다. 종교는 모든 사람의 평화와 행복을 위한 사랑과 평화의 메시지입니다. 때때로 종교 간의 차이가 갈등과 대립을 빚기도 하지만 우리 종교인들은 이를 넘어 조화와 상생의 사회를 만들어가야 합니다.

부처님의 연기법에 따르면, 우리는 모두 서로 연관된 존재이며 서로를 비추는 거울입니다. 이웃 종교는 나의 종교를 비추는 거울입니다. 이처럼 서로 다른 인연이 엮어내는 다양성이 있는 그대로 세계의 실상이며 아름다움입니다. 연기법은 서로 존중하고 상생하는 평화로운 삶의 방식을 가르쳐주고 있습니다. 바로 이것이 오늘날 불교가 우리 사회의 다원적 상황을 이해하는 관점이며 이웃 종교와 관계 맺기를 원하는 바탕입니다.

이웃 종교에 대한 관용과 열린 자세는 기원전 3세기 고대 인도의 아쇼카 왕이 남긴 새김글에 잘 나타나 있습니다.

저 아쇼카 왕은 모든 종교의 신자들, 그들이 출가자이든 재가자이든, 모두를 존경합니다. 각 종교마다 기본 교리는 다를 수 있으며, 자신의 종교를 선전하느라 남의 종교를 비난하는 것은 어떤 의도에서건 자신의 종교에 오히려 더 큰 해악을 가져다 줄 뿐입니다. 조화가 최선입니다. 우리 모두 다른 사람의 가르침에 귀 기울이고 존경해야 합니다. 그리하면 자신의 종교도 발전하게 되고 진리도 더욱 빛나게 될 것입니다.

우리 불교인은 이 내용을 오늘날 실천해야 할
소중한 가르침으로 되새깁니다. 그동안 불교인
은 우리 사회 종교갈등을 해결하고 종교평화를
실현하기 위해 적극적으로 노력하지 못했습니
다. 이웃 종교를 나의 이웃으로 받아들이지 못
했으며 이웃 종교의 가르침을 이해하고 배우는
것이 부처님의 가르침을 실천하는 하나의 길임
을 자각하지 못했습니다. 반성하고 참회합니다.

이 같은 반성과 참회 위에서 불교인은 우리 사
회 종교평화를 실현하기 위하여 다음과 같은 원
칙을 천명하고 실천하겠습니다.
첫째, 우리는 부처님의 가르침에 따라 오직 불
교를 통해서만 평화와 행복에 이를 수 있다고
주장하지 않겠습니다. 진리는 모두에게, 모든
믿음에 열려 있습니다. 열린 진리관은 이웃 종
교와 대화하고 소통하기 위한 출발입니다.
둘째, 우리는 부처님의 가르침에 따라 내 종교가
소중한 만큼 다른 사람의 종교도 소중하게 여기
겠습니다. 각 종교마다 고유한 전통과 신앙의 방
식이 있습니다. 그것을 무시한 내 종교의 관점과
언어로 이웃 종교를 판단해서는 안 됩니다. 서로

의 차이를 존중할 때 종교의 참다움이 더욱 빛납니다. 이웃 종교와 우리는 사회적 공동선을 실천하는 동반자이며 서로의 장점을 통해 내 부족함을 채우는 상호보완적 관계입니다. 따라서 이웃 종교에 대한 인정과 관용이라는 소극적인 차원을 넘어 그들의 가르침과 장점에 귀 기울이고 배우려는 적극적인 노력이 필요합니다.

셋째, 우리는 부처님의 가르침에 따라 내 종교를 선전하기 위해 이웃 종교를 비방하지 않겠습니다. 전법은 교세의 확장이 아니라 뭇 생명의 평화와 행복을 실현하기 위한 것입니다. 이웃 종교를 존중하면서 실천하는 모범을 통해 내 믿음의 참됨을 보여줘야 합니다. 말없는 감동이 최선입니다. 말로 전하는 일은 가장 나중에, 가장 조심스럽게 해야 합니다. 진리는 주장이 아니라 참된 삶을 통해 보여주는 것이기 때문입니다.

넷째, 우리는 부처님의 가르침에 따라 내 믿음을 전하기 위해 공적 지위나 권력을 사용하지 않겠습니다. 민주주의의 이념과 절차를 지향하는 우리 사회에서 정치와 종교는 분리되어 있습니다. 개인은 자신의 종교를 선택할 권리와 어떤 종교도 믿지 않을 자유가 있습니다. 따라서 공적 영역의 종교활동은 민주적 이념과 시민적 상식에 부합해야 합니다. 공적 권력이 신앙의 수단이 되거나 공공장소가 신앙 전파의 무대가 되어서는 안 됩니다. 개인의 신앙이 공적 영역에 작용해 종교 편향을 낳는 것은 결과적으로 모든 종교의 비극으로 이어집니다. 언제나 중립성을 잃지 않아야 합니다.

다섯째, 우리는 부처님의 가르침에 따라 어떤 갈등과 분쟁의 상황에서도 평화로운 방법으로 문제를 풀어나가겠습니다. 평화만이 평화를 이룰 수 있습니다. 비폭력은 불교가 지향하는 가치관이자 실천윤리입니다. 행동만 아니라 말과 마음도 비폭력적이어야 합니다. 분쟁과 갈등의 과정에서도 분노나 증오가 아니라 관용과 평화로 문제를 다루어야 합니다. 분쟁과 갈등의 해결이라는 목표만 중요한 것이 아니라 그 과정과 수단도 부처님의 가르침에 어긋나지 않도록 해야 합니다.

우리 불교인은 다음과 같은 입상과 실천을 통해 우리 사회의 다양한 갈등과 분쟁을 관용과 평화적 방식으로 해결함으로써 우리 사회에 종교평화가 정착되도록 노력하겠습니다. 이를 위해 다음과 같은 서원을 세웁니다.

## 종교평화를 위한 불교인의 서원

우리들이 부처님의 가르침으로 고통에서 벗어나 평화와 행복을 얻고자 하듯이 이웃 종교인들도 그들이 믿는 종교를 통해 평화와 행복을 구하고 있습니다. 길은 다르지만 우리가 이르고자 원하는 바는 서로 다르지 않습니다.

부처님의 가르침을 소중히 여기는 만큼 이웃 종교의 가르침도 소중하게 여기겠습니다. 내 종교의 관점과 언어로 이웃 종교를 판단하지 않고 겸허하게 그들의 입장과 언어로 그들의 종교를 이해하도록 노력하겠습니다. 종교를 믿지 않는 사람들의 방식까지도 존중하겠습니다.

이웃 종교인과 더불어 고통받고 소외된 모든 생명들을 위해 자비와 사랑을 실천하겠습니다. 그들과 함께 지구촌 곳곳의 가난과 질병을 퇴치하고 전쟁과 폭력을 방지하며 무분별한 개발로 인한 환경파괴를 막아 모든 생명이 평화로운 삶을 누리도록 노력하겠습니다.

---

선언의 초안 작성에는 서울대 등에서 강의하는 명법(明法) 스님, 조성택 고려대 철학과 교수, 성태용 건국대 철학과 교수, 박경준(朴京俊) 동국대 불교학과 교수 등이 참여했다. 초안은 화

쟁위원회 차원에서 15차례에 걸쳐 다듬어졌고, 자승 총무원장과 종무회의에 공식 보고됐으며, 2011년 8월 23일 초안이 발표됐다. 위의 선언은 이를 더 다듬어 11월에 확정한 최종안이다.

이 선언은 초안 단계에서부터 커다란 호응이 있었다. 「他종교, 진정한 이웃으로 받아들일 것」, 「국민 걱정거리 된 종교 반성합니다」, 「종교, 사회 갈등의 당사자 돼…… '21세기 아쇼카(종교평화 강조한 인도 왕) 선언' 필요했다」, 「'타인의 종교 소중히 여기자' 조계종, 자정·종교평화선언」, 「조계종의 통렬한 반성 '종교가 걱정거리 되고 이웃 종교 가르침에 소홀'」, 「불교는 이웃 종교 가르침을 비방하지 않겠다」, 「조계종 '他종교 비난도, 개종목적 포교도 않겠다'」, 「이웃 종교 (……) 진심으로 수용」 등의 기사를 내세워서 언론들은 이를 대서특필했다.

석영중(石玲仲) 고려대 교수는 2011년 8월 27일자《서울신문》기고문에서 "오랜만에 접하는 화합의 메시지다. '쌍수를 들어 환영한다'는 표현은 이럴 때 쓰는 말인 것 같다."라고 했다. 조성택 고려대 교수는 28일자 「'종교평화선언', 사회적 대통합 기반 돼야」라는《조선일보》칼럼에서 "조계종의 종교평화선언은 우리 사회가 당면하고 있는 반목과 갈등을 치유하고 사회적 대통합을 이루기 위한 불교의 사회적 역할을 자임하는 선언이다. 종교평화는 이러한 역할의 시작이며, 이를 통해 우리 사회의 다양한 갈등과 분쟁 해결의 모범적 선례를 만들고자 하는 것이다."라고 종교평화선언의 사회적 의미를 짚어냈다. 이에 앞서《경향신문》은 24일자 사설에서 '열린 진리관', '종교 다양성의 존중' 등이 "큰 종교라면 의당 갖춰야 할 지극히 정상적인 덕목"이라면서 그럼에도 그것이 신선한 느낌으로 다가오는 것은 우리가 "평화와 안식을 주기는커녕 이와 반대로 독선과 아집, 탐욕, 타종교에 대한 배타주의에 물들어 있는 종교를 보기 때문"이라고 썼다. 종단 내부에서는 반발도 있었다. "불교와 타종교를 교리와 이념, 사상적으로 동일시함은 승려 스스로 불교를 포기하겠다는 선언과 다를 바가 무엇인가?"라는 공개 질문도 있었다. "최근 세계평화를 위한 5대 종교 간 대화에서 발표된 불교, 이슬람교, 기독교 등 자료를 보면 각 종교마다 평화관이 다르고 불교의 평화관 토론도 발표자와 토론자의 견해가 일치하지 않는다."라며 "종교평화에 대한 각 종교의 입장은 물론 불교계 내부 합의도 이루기 어렵다."는 주장도 나왔다.

그러나 21세기 아쇼카선언은 불교와 타종교를 동일시하자는 것이 아니라 서로의 차이를 이해하고 포용하자는 선언이었다. 또한 각 종교의 기본 교리는 다를 수 있지만 이를 바탕으로 서로의 말을 경청하고 존중하고 조화하자는 선언이었다. 내 종교가 소중한 만큼 다른 사람의 종교도 소중히 하자는 선언이었다.

이 선언은 절대자를 내세우며 신의 말씀을 글자 그대로 믿는 타 종교의 원리주의자들에게도 도그마로부터 벗어나 '진정한 인간의 삶'에 대해서 천착하라는 격려가 될 수 있었다. 내부 반발은 종교평화선언이 이루어지면 안 된다는 어떤 합리적 견해도 내세우지 못했다.

통일신라시대는 불교가 융성한 때여서, 당시 불교의 각 종파는 오늘날의 각 종교와 위상이 비슷했다. 원효가 "여러 불교 종파들의 주장들 중에 우리가 받아들여야 할 부처님의 말씀은 진정 무엇인가?"를 물은 것처럼 우리는 "각 종교들이 공통적으로 제시하는 진정한 삶은 무엇인가?"를 물을 필요가 있다. 종교평화선언은 종교인들이 소통을 통해 삶의 문제를 함께 고민하자는 제안이었다. 그러나 비판세력들은 이를 '불교포기선언'이라고, 종교 간 차이를 무시하는 선언이라고 왜곡했다.

교단 안의 정파적 이해관계 때문이라고 볼 수밖에 없는 이런 견해들은 종정에까지 영향을 끼쳤다. 임기를 얼마 남기지 않았던 법전 종정은 11월 29일 "종교평화 실현을 위한 불교인 선언의 취지는 긍정할 만하지만, 아직 이에 대한 대중의 공의가 충분치 못하니 불조혜명(佛祖慧命)의 교의와 명분에 충실할 수 있도록 더 널리 의견을 구해야 한다."라는 교시를 발표했다. 종교평화선언은 그런 과정을 거쳐 다음 종정을 통해서 선언하라는 것이었다. 여기서 '불조혜명'이란 '부처님과 조사의 지혜의 명맥'이라는 뜻이고, 종정의 말씀은 21세기 아쇼카선언이 그 정신에 충실하지 못하다는 말이다. 그렇다면 어떤 점이 불조혜명의 교의와 명분에 충실하지 못하다는 말일까?

도법은 이에 대해서 종정과 대화하고 싶었다. 직접 찾아뵙고 문제의 내용을 잘 파악해서 해결하려고 했다. 그러나 종정은 도법을 만나 주지 않았다. "도대체 종정스님은 종단의 일에 거의 침묵으로 일관하시다가 왜 아쇼카선언에 대해서만 종지(宗旨)에 연결시켜 문제 삼는 것일까? 이는 종단 내의 다른 정치세력들이 종정의 혜안을 흐리고 있기 때문이 아닐까?"라고 생각한 도법은 "(종정의) 예경실장에게 보내는 편지"라는 제목의 공개질의서●에서 이렇게 물었다. "부처님의 출현 목적, 불교와 종지의 존재 이유인 '중생의 안락과 행복'을 실현하기 위해 만들어진 '종교평화 실현을 위한 불교인 선언'에 대해 왜 종지를 잃을까 걱정된다고 하셨는지 예하의 깊은 뜻은 무엇인지, 묻습니다." 이는 정당한 질문이었다. 종정이 아쇼카선언이 불조혜명에 어긋나므로 이를 불허한다고 답을 했으면 어떤 점에서 어긋나는지 그 근거가 제시돼야 했다. 이것이 도법 편지의 핵심 질문이었다. 이에 대해서도 사회의 시각은 도법 편이었다. 《경향신문》은 이해 말인 12월 30일자 「전문가들이 본 2011 종교」라는 기사에서 '종교평화선언 발표 유보'라는 항목을 따로 설정해 이를 평가했다. 이 신문은 "법전 스님이 발표를 유보시킨 이유를 밝히지 않자, 도법 스님이 '가르침'을 달라는 공개질의 서한을 발송하면서 파장이 일었다. 도법 스님의 질의에 대해 종정의 권위에 도전하는 항명성 서한이라는 비판이 없는 것은 아니지만, 종단 내부 비민주화를 비판한 용기 있는 행위라는 의견이 더 많았다."라고 썼다.

그러나 이어지는 질문은 핵심 쟁점과는 어긋남이 있었다. 도법은 "종정은 왜 조계종단의 다른 부조리에는 입을 다물고 있었는가?"를 물었다. "정법의 깃발을 남루하게 만들고 불교 종단의 위상을 초라하게 만드는 선거풍토, 계파정치, 종회의원 폭력 등의 문제들이 종지정신과 예하의 뜻에 합당하기 때문에 따끔하게 짚지 않는 것인지, 그 본의를 묻습니다.", "종지실현

● 《법보신문》2011.12.8.

의 길인 소욕지족(少欲知足)의 정신을 함부로 취급함으로써 출가 수행자를 불신과 냉소의 대상으로 전락하게 만드는 비민주적인 종단과 사찰운영, 비인격적인 언행, 불투명한 재정, 무절제한 고급 승용차, 비불교 수행자적인 물질적 풍요와 편리추구 등의 문제들이 종지정신과 예하의 뜻에 합당하기 때문에 야단치지 않는 것인지, 그 본의를 묻습니다.", "한국불교 제일의 총림이요, 종정예하께서 주석하시는 해인사에서 일어난 일련의 문제들이 종지정신과 예하의 뜻에 합당하기 때문에 바람 잘 날 없이 계속되도록 놔두는 것인지, 그 본의를 묻습니다." 등의 매우 격정적인 질문들이 이어졌다.

그러나 '불교계 내의 다른 부조리에 대해서는 문제 삼지 않으면서 왜 아쇼카선언만 안 된다고 하느냐'는 이 논리는 '피장파장의 오류'를 범한 꼴이 되었다. 피장파장의 오류란, 주장하는 사람의 비일관성이나 도덕성의 문제 등을 이유로 제시된 주장이 잘못이라고 판단하는 오류이다. 이런 논리가 용인된다면, 다른 부조리들에 대해서 입을 다물었던 종정은 앞으로 종단 일에 대해 어떤 지적도 할 수 없게 된다. 결국 이 논리의 오류는 도법 자신에게 화살이 되어 돌아왔다. 결사추진본부장인 도법이 어떤 말을 해도 반대파들은 종단 내의 다른 부조리를 이유로 해서 '당신이 그런 말을 할 자격이 있느냐?'라는 식의 대응을 해온 것이다. 결국 사회적으로 큰 호응을 불러일으켰던 21세기 아쇼카선언은 교단 내 정치 논리에 의해 무기(無期) 연기됐고, 자승 총무원장은 대중공의를 제대로 모으지 못한 부분에 대해 원로회의에 해명하고 사과했다.

# 11

# 민중총궐기와 '평화의 꽃길':
## 불교와 민주주의가 만나다

도법은 2015년 11월 16일 조계사로 피신한 한상균 민주노총위원장을 보호했고 12월 5일의 민중총궐기를 평화집회로 이끌었다. 이는 대한민국 민주주의 과정에 큰 도움이 됐다. 도법으로 인해 한상균 위원장이, 민주노총이, 경찰이, 청와대가, 법원이, 좌파와 우파가, 미약하나마 '소통'을 하게 됐다. 끊임없이 창조적으로 부처님 법을 해석하고 이를 실천한 도법을 통해 불교가 2,600년의 시간을 뛰어넘어 현대 민주주의와 만났다.

## 평화의 꽃길

2015년 12월 4일은 폭력시위 전야처럼 보였다. 제2차 민중총궐기를 앞두고 경찰은 "(시위대의) 복면 착용 시 현장 검거하겠다."라고 했고 범국민대책위원회(범대위)는 제2차 민중총궐기 참가자들에게 "가면을 준비해오라."고 지침을 내렸기 때문이다. 화쟁위원회는 "종교인들이 앞장서고 시민들이 함께하여 시위대와 경찰 사이에 '평화의 꽃길'을 만들겠다."라고 했지만 화쟁위원장 도법이 시위대와 경찰 양쪽으로부터 폭행을 당하는 그림이 현실화할 가능성도 있는 상황이었다.

그러나 2015년 12월 5일, 현장에는 '꽃길'이 열렸다. 경찰은 차벽을 설치하지 않았고 폭력은 없었다. 정웅기 조계종 화쟁위원회 대변인은 "종교인들이 나서서 평화의 꽃길을 만들겠다고 했을 때 사람들이 '그게 되겠느냐'라며 비관했다. 하지만 오늘 차벽이 사라지는 작은 기적이 일어났다. 평화야말로 우리 모두가 원하는 것이었다는 걸 알 수 있었다."라고 말했다. 서울시청 광장에서는 제2차 민중총궐기가 열렸고, 동화면세점 앞에서는 보수 단체의 맞불집회가 열려 분위기가 시끄럽고 어수선했지만 공기는 날카롭지 않았고, 종교인들이 든 꽃으로 인해 추위도 이미 많이 녹아 있는 듯했다.

2015년 11월 14일에 있었던 제1차 민중총궐기에서는 집회에 참여한 백남기 농민이 경찰의 물대포에 넘어져 혼수상태에 빠졌다. 인명이 희생돼 사람들이 격앙돼 있으니 제2차 민중총궐기가 극한의 폭력사태로 휘말려 들어가리라는 것은 불을 보듯 뻔한 일이었다. 한 방송사의 여론 조사에 따르면 제2차 민중총궐기가 폭력사태를 야기할 것이라고 한 예상이 98퍼센트나 됐다. 그러나 도법과 조계종 화쟁위원회가 이의 중재에 나서면서 상황이 극적으로 반전된 것이다.

이날 개신교와 성공회, 천도교, 원불교, 불교 등 5개 종교 소속단체로 구성된 '종교인평화연대'는 경찰이 차벽을 설치할 경우 차벽과 경찰 병력 앞에 꽃을 놓고 평화의 지대를 만드는 '꽃길 퍼포먼스'를 진행할 예정이었다. 그런데 예상과는 달리 차벽이 설치되지 않았다. 불법 집회를 상정하고 준비했는데 합법 집회가 되자 종교인들이 할 일이 별로 없게 돼버렸다. 그래서 종교인평화연대는 잠시 당황했지만, 현장에서 즉시 방향을 정했다. 종교인들이 함께하는 행사는 잠깐의 합동 기도회로 제한하고, 그다음에 무슨 행사를 할지는 각 종교가 알아서 선택하도록 했다. 불교는 "집회장소를 중심으로 걷기 명상을 하겠다."고 했고 다른 종교도 이에 동참했다. 종교인과 시민 500여 명이 동참한 이 '꽃길 걷기 명상' 행렬은 파이낸스빌딩 앞에서 출발해 서울광장으로 향하다가 인파에 막혀 방향을 바꿨고, 청계천을 따라 걷다가 영풍문고 앞에서 멈췄다. 거기서 잠시 기자들의 질문에 도법이 답했고, 이후 걷기 명상 참여자들은 해산했다. 도법 등 일부는 제1차 민중총궐기 때 물대포에 맞아 쓰러진 백남기 농민 위문 차 서울대병원으로 향했고 거기서 "백남기 농부 쾌유 기도"로 행사를 마무리했다.

다른 종교인들은 민중총궐기 시위대와 합류했으나 불교인들은 집회에 참여하지 않았다. 행진에 동참하면 '같은 편'으로 규정될 텐데 "화쟁위는 보수 진영을 설득해서 함께하도록 해야 할 일이 많은데, '민주노총과 한편'으로 대중들에게 인식되면 향후 보수 진영 설득에 어려움이 많을 것"이기 때문이었다.

서울광장 집회 주최 측도 꽃을 준비해서 참가자들 중 일부에게 꽃을 나누어 주었다. 시위대는 오후 5시 30분쯤 서울대병원 쪽으로 행진을 시작했지만, 광교사거리에서 방향을 오른쪽으로 꺾으면서 폴리스라인을 지켰고 이날 집회는 끝까지 평화적으로 이루어졌다. 전날까지 평화와 폭력은 중첩돼 있었기 때문에 어느 것이 현실화될 것인지 알 수 없었으나, 뚜껑을 열어보니 거기에서 차벽이나 물대포, 쇠파이프가 아닌 꽃이 보였다. 「차벽 사라지니 평화가 왔다」, 「꽃과 가면, 평화행진」, 「폭력복면 대신 가면…… 충돌 없었다」 등 언론사 메인 기사들이 이를 인증했다.

## '불덩어리'의 조계사 진입

도법이 이끄는 화쟁위원회의 집회 중재는 한상균 민주노총 위원장이 경찰의 수배를 피해 조계사로 피신하면서 시작됐다. 한 위원장은 11월 14일의 제1차 민중총궐기 이틀 후인 16일 오후 10시 30분쯤 조계사에 잠입했고 18일 조계종에 신변보호와 중재를 요청했다. 이는 노동 문제라는 불덩어리가 불교계 안으로 들어왔음을 의미했다. (도법은 '한상균 사건'이 모두 해결된 다음 날 기자회견장에서 한상균 민주노총위원장을 "불덩어리"라고 표현했다. 이는 한 위원장이 세간의 문제를 품어 안아 번뇌하고 있었으며, 한 위원장이 품고 있는 노동 문제가 또한 해결해야 할 시급한 문제였음을 모두 뜻하는 중의적 표현이다.)

세간의 눈은 조계종이 이 일을 어떻게 처리하는가에 쏠렸다. 보수 측은 폭력시위를 주도한 범법자를 조계종이 보호하면 안 된다고 했고 진보 측은 조계종은 약자를 보호해야 한다고 했다. 바야흐로 '현대판 소도(蘇塗)● 논쟁'이 벌어지고 있었다. 이는 이 나라 전체가 관심을 갖고 지켜보는 게임의 시작이었다. 좌-우, 자본-노동, 정권-민중, 보수-진보가 맞선 가운데 노동이라는 주제가 판 위에 펼쳐졌다.

이는 민주주의라는 게임이었다. 민주주의란 국민이 주인인 체제다. 국민이 주인인 국가에서는 국민들 간의 소통이 있고 합의가 있어야 나랏일을 결정할 수 있다. 그러나 이 나라에서 그렇게 합의를 바탕으로 뭔가를 결정한 경험은 별로 없다. 주로 힘과 힘이 맞섰고 진영 논리가 판을 쳤으며 서로의 말을 들으려는 노력은 너무 적었다.

4대 강 개발사업이 문제가 됐을 때, 이명박 정권은 사회적 논의가 진행되는 도중에●● 예산을 강행처리함으로써 논의를 무의미하게 했다. 4대 강 사업은 표면적으로는 환경 문제였으나 내용적으로는 민주주의 문제였다. 국가적인 내사업을 펼침에 있어서 국민의 의사를 모으는 과정이 부실해서 국민 간의

● 삼한 시대에 천신(天神)에게 제사를 지내던 성지(聖地). 죄인이 이곳으로 달아나더라도 잡아가지 못했다.
●● 당시 화쟁위원회가 원불교, 개신교 등과 연대해서 대화마당을 열고 정부와 여야, 4대강범국민대책위원회와의 논의를 진행하고 있었다.

분열을 낳은 것이 4대 강 사업의 가장 큰 문제였다. 2014년에 벌어진 세월호 참사도 핵심은 국민 간 소통 문제였다. 세월호 참사 이후 대한민국은 대통령과 세월호 유가족, 여당과 야당 등으로 편이 갈려 서로 원망하고 비난했다. 국회에서 여야는 기싸움을 하면서 세월호조사위원회를 만들었지만 결국 여당 측에서 뽑은 조사위원들이 조사위원회를 나가 '반쪽 조사위원회'가 됐다.

국회나 정부 등이 해야 할 가장 중요한 역할은 여러 개인이나 집단의 견해를 판별 조정 합의하도록 하는 '심판' 역할이다. 그러나 심판은 없고 선수만 있는 상황이 반복됐다. 이 경우 국민들이 심판이 되어야 하지만, 국민들 또한 심판 역할을 제대로 하지 못했다. 많은 국민들이 '중(中)'이나 '정(正)'의 자세를 지키지 못하고 양극단의 논리에 매몰되어 서로를 비난하는 정쟁에 내몰렸다. 민주주의의 과정은 지혜를 모으는 축제가 되어야 할 텐데도 그러지 못하고 서로를 증오하는 지옥이 되어갔다. 이 사회에 '언어'나 '뜻'의 소통은 보이지 않고 '힘'의 충돌만 드러나고 있었다.


## 힘 있는 제3자

그러나 이번에는 상황이 달랐다. 도법과 화쟁위원회가 '힘 있는 제3자'로서 심판 역할을 맡게 됐기 때문이었다. 화쟁위원회는 2010년 설립된 이후 봉은사 직영 문제를 둘러싼 자승 총무원장과 명진 주지 사이의 갈등 문제, 4대 강 문제, 쌍용자동차와 한진중공업 등의 노사대립 문제를 다루면서 실력을 키워왔다.

화쟁위원회가 제2차 민중총궐기에 대해 적극적으로 자신의 구상을 가지고, 화쟁이라는 원칙과 불교의 이상에 맞추어 일을 추진할 수 있었던 데에는 이런 배경이 있었다. 도법과 화쟁위원회는 민중총궐기 문제를 '합법-평화 집회', '사회적 대화', '평화적 마무리'라는 틀에 맞추어 진행하기로 했다. 또한 사안을 다루는 방법도 민주적으로 하기로 했다. 쟁점이 있을 때마다 화쟁위원 연석회의를 열어 거기서 방향을 정하기로 한 것이다. 홍선 스님, 혜조(慧照) 스님, 조형일(趙亨一) 한국갈등해결센터 이사 등 10여 명으로 구성된 화쟁위원 연석회의는 고비마다 화쟁위원회의 입장 및 상황을 정제된 언어로 간명하게 정리함으로써 해결해야 할 문제를 정확히 드러내는 집단지성의 힘을 보여주었다.

### 화쟁의 의미와 원칙

화쟁이란 무엇인가? 화쟁(和諍)은 '쟁(諍)을 화(和)함'이다. '쟁'이란 '말(言)로 싸움(爭)'이어서 현대 일상어로 말하면 '토론'이다. 따라서 토론의 양 당사자가 진정한 토론을 벌임으로써 토론이 즐거운 것이 되도록 하는 것, 그것이 화쟁이다.

토론은 원래 즐거운 것이다. 토론은 일면적 진실을 알고 있는 사람들이 모여 다면적이고 입체적인 진실을 만들어내는 일이다. 이런 면에서 보면 토론은 '진실 탐구'다. 이를 잘 표현한 것이 불교계에서 회자되는 "바보 셋, 문수 지혜"라는 말이다. 진실을 탐구하기 위한 토론이라면 이는 상대와의 소통이고 연결일 수밖에 없다. '소통', '연결'의 다른 이름은 '사랑'이다.

사회 구성원들 간의 토론을, 화쟁을 제대로 이루어지게 하기 위한 원칙은 무엇인가? 이는 "이치에 어긋나지 않게, 정서에 거슬리지 않게"다. 화쟁이 제대로 되려면 사태의 핵심을 잘 파악하고, 이를 바탕으로 논리적으로 자신의 입장을 개진하며, 상대의 입장이 옳을 때에는 이를 받아들일 준비가 돼 있어야 한다. 이것이 '이치에 어긋나지 않게'의 의미다. 그러나 이보다 더 중요한 것은 '정서'의 문제다. 정서적으로 공감대가 형성되지 않으면, 그래서 상대를 악마라고 생각한다면 토론 혹은 화쟁은 애초부터 불가능하다. 민중총궐기와 한상균 민주노총위원장의 문제를 다루는 데서 화쟁위원회는 '이치에 어긋나지 않게, 정서에 거슬리지 않게'의 원칙을 철저히 지켰고 그것이 중재를 일정 정도 성공시킨 요인이 됐다.

### 고통받는 중생 끌어안기

한상균 민주노총위원장의 조계사 체류를 계기로 소도 논쟁의 한복판에 서게 된 화쟁위원회는 이 일에 대한 처리 원칙을 '부처님 법'에서 이끌어냈다. 19일 화쟁위원회 및 기획위원 1차 연석회의 후 기자회견에서 화쟁위원회는 "부처님은 고통받는 중생을 끌어안는 것이 붓다의 존재이유라고 하셨습니다."라고 함으로써 한 위원장을 보호하겠다는 선언을 했다. 그러나 이는 일면의 진실일 뿐이다. 화쟁위원회는 사태와 관련한 양면의 진실을 모두 고려하고 고민하고 있음을 표현함으로써 보수 측에서 제기한 메시지 또한 무겁게 여기고 있음을 전했다. "한상균 위원장이 조계사에 들어온 것과 관련하여 사회적으로 찬반 논란이 있습니다. 엄격한 법집행이 필요하다는 의견, 종교단체로서의 자비행을 포기해서는 안 된다는 의견, 모두 가벼이 여길 수 없는 것들입니다. 오늘 회의는 다양한 사회적 의견을 어떻게 조화시켜나갈지에 대한 깊은 고민과 숙의의 과정이었음을 알려드립니다."

화쟁위원회는 또 앞으로 이 일을 어떻게 다루어나갈지에 대해서도 명확히 천명했다. 한 위원장이 조계사에 중재를 요청했지만, 구체적으로 '무엇'을 중재하라는 건지 그 내용은 명확하지 않았다. 이런 내용은 보수언론들이 구두로 조계종단에 제기하고 있는 문제점이기도 했다. 화쟁위원회는 다음과 같이 정리했다. "한상균 위원장이 요청한 중재와 관련하여서는 요청내용이 무엇인지, 각계각층의 의견이 어떠한지, 사회갈등이 해소되기를 바라는 국민들의 바람이 무엇인지를 면밀히 살펴가면서 당사자, 정부 등과 함께 모두에게 이익이 되는 지혜로운 길을 모색하겠습니다." 또한 "이번 일을 우리 사회 전체가 성숙해지고 발전하는 계기로 만드는 것이 중요합니다."라고 덧붙였다. 갈등의 해결뿐만이 아니라, 갈등을 계기로 우리 사회가 어디를 향해야 하는지 그 방향까지 제시한 것이다. 화쟁위원회는 결국 이 일을 계기로 일정 정도 '사회의 성숙'을 이끌어냈다는 평가를 받았다.

## 진보 측과의 소통

중재를 위해서는 보수와 진보 모두와의 소통이 필요했다. 그러나 정부와 경찰로 대변되는 보수 측은 '법대로'를 외치며 화쟁위원회와의 소통을 꺼렸다. 그래서 도법은 우선 한상균 위원장 등 진보 측과 끊임없이 대화했다. 한상균 위원장은 조계사 진입 일주일 만인 23일 도법과 면담을 가졌다. 한 위원장은 여기서 여러 가지를 요구했는데, 화쟁위원회는 이 가운데서 중요하다고 생각되는 세 가지를 선별하였고 이를 추진하기로 한 위원장과 합의했다. 그 세 가지란 ①12월 5일로 예정된 제2차 민중총궐기의 평화로운 진행, ②정부와 노동자 대표와의 대화, ③정부의 노동법 개정 추진 중단이었다. ①'평화집회'는 '부처님 법'에 맞는 것이었고, ②노동자 대표가 노사정 대화에 참여하겠다는 것은 이 사회의 소통과 관련하여 일보 전진한 것이었으며, ③정부가 사회적 대화 없이 노동법 개정을 일방으로 밀어붙이지 못하도록 하는 것은 '화쟁'의 시각에 맞는 것이었다. 화쟁위원회는 2차 연석회의 결과 발표문에서 이 세 가지 합의사항을 사회에 전달하고 "평화집회 및 시위 문화로의 전환을 위해서 노력하겠다."며 범종교계가 여기에 함께해달라고 제안했다.

노동 문제와 관련해서 진정을 담은 '사회적 대화'가 이제 비로소 시작되려 하고 있었다. 투쟁본부는 11월 14일 제1차 민중총궐기 때 '11대 요구안'을 제시한 바 있다. 그 항목은 일자리 노동, 재벌책임 강화, 농업, 민생빈곤, 민주주의, 인권, 자주평화, 청년학생, 세월호, 생태환경, 사회공공성이었다. 도대체 이 많은 항목들을 다 어떻게 하라는 말인가? 세부 항목을 보면 노동개악 중단, 공안탄압 중지, 국가보안법 폐지, 역사교과서 국정화 계획 폐기, 밥쌀 수입 저지, 한반도 사드 배치 반대, 대학 구조조정 반대, 세월호 참사 진상 규명, 국립공원 케이블카 건설계획 폐기, 제주 영리병원 추진 중단 등 40개가 넘었다.

빨강, 노랑, 파랑, 초록 등의 물감을 모두 섞으면 검은색이 된다. 제1차 민중총궐기 직후 40개가 넘는 항목 중에 어떤 것도 이 사회에서 이슈가 되지 못했다. 그런데 이제 화쟁위원회가 의제들을 정리함으로써 비로소 무엇이 핵심 이슈인지 어렴풋이나마 드러났다. 그 이슈는 '노동법 개정'이었고, 그중에서도 핵심은 '비정규직' 연한을 2년에서 4년으로 늘릴지 여부였다. 세계화 과정에서 일자리는 줄어들고 불평등은 가속화되고 노동자의 삶의 조건은 열악해지며 기업도 살아남기 어려운 상황에서 어떻게 활로를 뚫고 나가야 할지에 대해 대한민국은 오래전부터 사회적 대화가 필요했다. 그러나 아직도 사회의 눈은 한상균과 제2차 민중총궐기로만 쏠려 있었다.

### 백기완 소장과의 대화

한 위원장이 조계사에 체류하는 동안 많은 진보인사들이 찾아왔다. 그 가운데에는 시민사회운동가이자 정치인이고 작가인 백기완 통일문제연구소장도 있었다. 백 소장은 도법과 이수호(李秀浩) 전태일재단 이사장이 함께 있는 자리에서, 조계종이 한 위원장을 보호해준 데 대한 고마움을 표시했고 앞으로도 잘 보호해달라는 부탁을 했다. 또한 '한상균 위원장이 언제 어떤 방식으로 조계사를 나갈 것인가?'가 문제가 되는 상황에서 백소장은 이렇게 말했다. "운동가는 개처럼 끌려나갈지언정 제 발로 걸어나가서는 안 된다." 그러자 도법은 "그렇게 하면 안 된다는 것이 저희들의 생각입니다."라고 제동을 걸었다. 그러고는 덧붙였다. "굳이 싸움의 방법을 얘기하자면 자진 출두도, 경찰에 잡혀 끌려가는 것도, 피신하는 것도, 단식하는 것도 있습니다. 이런 방법들을 다 열어놓고 더 나은 길을 찾아야지, 왜 '내 길'을 정해놓고 '이것만이 길'이라고 하십니까?"

영국으로부터 인도의 독립을 이끈 간디는, 전략적으로 감옥행을 선택하기도 했다. 도법은 이를 책을 통해서 알고 있었다. 또한 94년 종단개혁 때 그는 '개처럼 끌려나가기'를 경험했다. 이런 직간접 경험을 바탕으로 도법은 백기완 소장을 설득했다. 도법은 민변(민주사회를 위한 변호사 모임)과 민교협(민주화를 위한 전국교수협의회)이 찾아왔을 때는 "최상의 판결보다 최악의 합의가 낫다."는 얘기를 했다. 이는 새만금 방조제 반대운동 때 만났던 이석태(李錫兌) 변호사에게 들은 말이었다.


**보수 측의 반응**

화쟁위원회가 민중총궐기나 한상균 위원장과 관련한 중재를 하기 위해서 혹은 평화집회를 위해서는 여권과 접촉을 해야 했다. 여권은 처음부터 강경했고 소통은 쉽지 않았다. 그러나 의지가 있으면 어떤 형식으로든 소통은 이루어진다. 더구나 정부 여당은 분명히 이 문제와 관련한 한쪽 당사자이다.

서청원(徐淸源) 새누리당 최고위원은 "한상균은 이미 구속 영장이 청구된 범법자이기 때문에 그를 보호하는 인상을 국민에게 줘서는 크게 대접받지 못할 것"이라고 했다. 새누리당 김진태(金鎭台) 의원은 "조계사가 치외법권 지역이냐?"며 "경찰병력을 투입해서 한 위원장을 검거해야 한다."라고 주장했다.


## 경찰의 대응

화쟁위원회는 제2차 민중총궐기를 평화집회로 만들기 위해서 11월 24일 서울시경과 경찰청 본청에 경찰청장 면담 요청 공문을 발송했다. 경찰은 27일 면담 거부 입장을 전해왔다. 화쟁위원회는 "정보실장이 화쟁위로 와서 그 이유를 설명해달라."고 요청했으나 이 또한 거절당했다.

정웅기 화쟁위원회 대변인이 소통을 하려고 경찰을 찾아갔으나 경찰은 "범법자의 보호자와는 대화할 수 없다."고 했다. 정 대변인은 이렇게 물었다. "인질 사건이 발생했을 때 범죄자의 보호자, 예컨대 범죄자의 어머니를 움직여서 사건을 해결하기도 한다. 그런데 왜 대화조차 하지 않겠다는 것인가?" 경찰은 이에 대해 "그런 논리는 처음 듣는다."라며 하루 동안 뜸을 들였다가 답을 했지만 대화할 수 없다는 방침은 그대로였고 그 이유에 대한 설명도 첨부하지 않았다. "법원의 체포-구속 영장 집행에 응하지 않은 채 조계사에서 14일째 숨어 있는 한상균 민주노총 위원장을 비롯한 폭력시위 주도자들이 법질서를 무시하고 조롱하는 상황에서 그들과 대화하는 건 있을 수 없다."

라는 입장이 경찰 고위 관계자의 이름으로 언론에 보도될 뿐이었다.

그러나 이때 경찰은 매우 당황했다고 한다. 다른 진보세력들은 '한상균은 범죄자가 아니다'라고, 경찰이 받아들일 수 없는 주장을 했지만 정 대변인은 "경찰의 논리를 인정한다고 해도 '대화'가 필요한 것 아닌가?"라는, 상대를 아우르는 논리를 폈기 때문이었다.

경찰은 당시 "청와대의 지침 때문에 자신들의 행동을 스스로 결정할 수 없다."는 입장이었다고 한다. 경찰은 청와대의 지휘를 받아야 하는 조직인가? 이에 대한 법학적, 정치학적 논리는 차치하고라도 경찰이 자신의 행동에 대한 논리를 대지 못한 채 대화조차 거부한 이 사안은 우리 사회 '성찰 시스템의 부재'를 드러내고 있다. 어쨌거나, 이 일 이후에 경찰은 화쟁위원회의 움직임을 매우 중시하고 이에 촉각을 곤두세우지 않을 수 없었다.

11월 28일, 화쟁위원회는 "공권력 투입을 우려하고 평화시위를 바라는 호소문"을 발표했다. 박근혜 대통령이 파리로 출국한 이날 공권력이 투입될 것이라는 항간의 소문 때문이었다. 호소문은 "만약 경찰이 조계사 경내로 들어온다면 시민사회, 불교계, 종교계에 더하여 범국민의 이름으로 좌시하지 않겠다."라고 의사를 분명히 했다. 동시에 12월 5일로 예정된 집회 때 종교인들이 꽃을 들고 평화지대를 만드는 '자비의 꽃밭'을 만들겠다고 천명하면서 준법과 평화를 함께 이루어야 한다고 호소했다.

## 법원의 판단

결국 12월 5일의 제2차 민중총궐기는 평화롭게 진행됐다. 이 과정에서 법원의 역할이 컸다. 백남기범대위는 11월 29일, 서울경찰청에 시청광장에서 "백남기농민쾌유기원-살인진압규탄-공안탄압중단-노동개악중단 민중총궐기" 집회를 열고 이어서 대학로까지 행진하겠다고 신고한 바 있는데 경찰은 이에 대해 '옥외집회 신고 금지 통고서'를 전달했다. "집회의 주체-목적-내용이 11·14 불법폭력 시위의 연장선상에서 또다시 불법폭력 시위로 개최될 가능성이 높다고 판단되기 때문"이라는 것이었다. 그러자 범대위는 이 금지 조치의 집행정지 가처분 신청을 냈고 법원은 범대위의 손을 들어줬다. 재판부는 "범대위 측이 질서유지인 300명을 두고 행진하겠다고 한 점, 평화적으로 진행하겠다고 여러 차례 밝힌 점" 등을 집회 허락의 주요 근거로 들었다. 법원은 "민주노총이 1차 집회를 주도한 세력이라 하더라도 그런 사정만으로 2차 집회를 금지하면 앞으로 민주노총이 주최하는 모든 집회는 허가될 수 없게 된다."라고 설명을 덧붙였다. 1차 집회는 폭력적으로 진행됐지만 화쟁위원회의 노력으로 이 사회에 '평화집회'의 가능성이 생겼음을 법원이 읽어낸 것이라 할 수 있다.

## 들고일어난 조계사 신도들

한 위원장이 조계사에 들어왔을 당시, 종단은 "신변보호는 조계사가, 중재는 화쟁위원회가 맡는다."는 원칙을 세웠다. 그런데 한 위원장의 조계사 체류에 대해 조계사 신도들의 찬반이 갈렸다. 화쟁위원회가 조계사 경내에서 기자회견을 하면 마당 한쪽 구석에서 '한 위원장을 내쫓아야 한다'는 신도들과 '한 위원장을 보호해야 한다'는 신도들의 논쟁이 벌어지곤 했다. 그러다가 사달이 났다. 11월 30일 조계사의 일부 보수 신도들이 한상균 위원장을 강제 퇴거하려고 시도해 몸싸움이 벌어지고 한 위원장이 입고 있던 법복이 벗겨지는 등 소란이 벌어진 것이다. 이에 대해 정웅기 화쟁위원회 대변인은 한상균 위원장을 방문하고 사과의 뜻을 전했다. 화쟁위원회는 다음 날인 12월 1일, 4차 연석회의를 열고 대변인 브리핑을 했다.

브리핑은 우선 "일부 신도 분들이 한상균 위원장을 면담하는 과정에서 발생한 우발적인 일에 대해 참회한다."라고 했다. 화쟁위원회는 "신도 분들과 충분히 소통하지 못한 점이 화쟁위 자신의 책임"이며 "신도 분들의 견해를 인정하고 존중한다."고 했다. 그러면서도 "부처님은 어떠한 형태의 폭력도 배격했다."는 점을 상기시켰다. 또한 12월 5일 '평화의 꽃밭'에 종교인들과 시민들의 동참을 당부했다. 노동관련법 개정과 관련한 사회적 대화기구에 새정치민주연합과 한국노총 등이 동참의사를 밝혔음을 알리고 여기에 정부 여당도 동참해달라고 요청했다.

신도회 임원총회는 결국 한 위원장에게 12월 6일까지 조계사 체류를 허용했다.

## 한상균 위원장, 출두하다

한상균 위원장이 조계사로 잠입한 이후 그의 신변 문제는 이슈의 블랙홀이 돼버렸다. '한 위원장이 조계사에 언제까지 있을 것인가?', '화쟁위원회는 이 불덩어리를 어떻게 할 것인가?', '조계종단이 범법자를 보호하면 안 된다', '불교는 약자를 보호해야 한다' 등등의 이슈에 이 사회는 집중했다. '12월 5일의 제2차 민중총궐기가 폭력시위가 될 것인가 평화집회가 될 것인가?' 하는 것도 관심사였다.

그러나 이는 문제의 본질이 아니었다. 이는 노동의 문제를 풀기 위한 부차적인 요소일 뿐이었다. 도법은 화쟁위원회의 당면 문제가 노동의 문제이며 이와 관련한 민주주의적 소통의 문제라고 인식했다. 이와 관련한 사회적 대화가 필요했다.

정부-여당은 대한민국이 세계화의 격랑을 뚫고 가려면 비정규직 연한을 2년에서 4년으로 늘리는 등의 노동법 개정이 필요하다고 했다. 진보 측은 "이는 노동자를 더욱 열악한 상황으로 몰아넣는 조치"라며 반대했다. 그런데 논의는 거기에서 멈췄다. 보수와 진보는 서로 상대편 논리에 반론을 펴지 않았다. '비정규직 연한을 늘리면 노동자들이 열악한 상황으로 몰린다'는 진보의 주장에 대해 보수는 보완책을 제시하지 못했다. 만약 열악한 상황을 받아들이는 외에 다른 방법이 없다면 왜 그런지를 설득해야 하는데, 그런 노력도 없었다. 진보 측의 주장처럼 비정규직 연한을 2년으로 그대로 두더라도 노동자들의 상황이 좋아지는 것은 아니다. 기업의 경쟁력이 떨어져서 일자리가 더 줄어들 가능성도 있다. 보수가 제기한 이런 문제에 대해 진보 측도 아무 대응 논리가 없었다.

상대의 논리는 내 논리를 완벽한 것으로 만드는 계기를 마련해줄 것이었지만 보수와 진보는 이를 생각하지 못했고, 다만 서로를 비난하고 악마화하는 데에만 열을 올렸다. 한쪽에서는 노동'개혁'을 이루어야 한다며, 다른 한쪽에서는 노동'개악'을 막아야 한다며 서로 대립했다. 사실은 진보도 보수도, 문제에 대한 답을 갖고 있지 않았다. "무한경쟁이 지배하는 21세기 디지털 문명사회에서 노동의 위치는 어떤 것이어야 하는지"는 매우 어려운 문제다. 보수와 진보가 머리를 맞대고 연구해도 답을 내기 어렵다. 양 진영이 자기 논리를 개발해서 자기 진영의 정책에 표를 달라고 싸우는 정책토론이 필요한 것은 이 때문이다. 그 과정에서 각 진영의 허실이 드러나고, 이에 대해 국민들이 집단지성의 힘으로 현명한 선택을 하도록 하는 것이 민주주의의 과정일 것이다.

그런데 우리 대한민국의 정치과정에서는 이런 정책대결이 보이지 않는다. "김대중·노무현 정부가 진보 정부라고 하는데, 그 시절의 경제·사회 정책을 보면 진보 정책이 없다." 이는 김종인(金鍾仁) 더불어민주당 전 대표가 2016년 2월 29일《조선일보》와의 인터뷰에서 한 말이다. 박근혜(朴槿惠) 대통령은 대선후보 경선 토론회에서 '야당의 복지정책 따라하기' 전략을 썼다(하지만 제대로 실행한 복지정책은 별로 없다). 이렇게 정당의 정책이 없고, 있어도 차별화가 안 되니 선거 때 신문에는 '정책'의 언어가 사라지고 '계파'의 언어로 도배된다. 여권에서는 박근혜 대통령과의 친소관계에 따라 '친박', '비박'에 '진박'

이라는 말까지 생기더니, '친박 카스트'라는 말까지 나왔다. 야권에서는 전임 노무현(盧武鉉) 대통령 세력을 뜻하는 '친노', 이에 대립하는 '반노'라는 말이 중요한 정치용어로 쓰였다. 이후에는 노무현 대통령의 비서실장이자 민정수석이던 문재인(文在寅)을 기준으로 해서 '친문', '비문'이란 용어까지 나왔다. '계파'의 언어는 김영삼(金泳三), 김대중을 추종하는 '상도동계', '동교동계'에서부터 몇 단계 진화하고 있다.

이런 행태는 대한민국 정치의 후진성을 반영한다. 미국의 정치나 언론에 이런 용어는 없다. 민주당 대통령 후보 경선에서 버니 샌더스(Bernie Sanders)는 '사회주의'로 바람을 일으켰고, 힐러리 클린턴(Hillary Rodham Clinton)은 '총기 소지 규제'로 표를 모았다. 샌더스와 클린턴 중에 누가 친오바마이고 누가 반오바마인지를 논하는 기사는 미국 신문에서 찾아볼 수 없다.

한상균 민주노총위원장이 조계사에 체류하고 민중총궐기 집회가 열리는 상황에서 노동 문제를 가장 열심히 생각한 사람은 도법이었다. 적어도 겉으로 드러난 것은 그랬다. 도법은 한상균 위원장과 노동법 문제를 토론하는 과정에서 "비정규직, 청년세대가 참여하는 공론의 장"을 언급했다. 이 사회가 노동 문제를 다루는 마당에는 필수적으로 그 당사자들이 참여해야 할 것이다. 그런데 기존의 노사정위원회에서는 이들이 배제됐다. 이는 소통, 사회적 대화의 과정이라는 측면에서 보면 심각한 하자였다. 그래서 화쟁위원회는 12월 8일 6차 연석회의 후에 발표한 입장문에서 "미래세대에 희망을 줄 수 있는 노동개혁이 되기 위해서는 노사정위원회에 참여하는 주체는 물론이고 민주노총, 비정규직, 청년세대 등 당사자들도 폭넓게 참여하는 국민적 공론의 장이 조속히 마련되어야 한다."고 했다.

화쟁위원회 입장에서 핵심 의제는 '한상균 위원장의 보호'가 아니었다. '한국사회 노동 문제의 해법은 무엇인가?' 이것이 가장 중요했고, 이 사회가 이를 생각하기 위해서는 한 위원장의 자진출두가 바람직했다. 평화를 위한 가장 중요한 조건은 무엇인가? 그것은 평화 '습관'이다. 폭력은 폭력을 낳고 평화는 평화를 낳는다. 만약 한 위원장이 '개처럼' 경찰에 끌려가면 이 사회는 다시 갈등, 폭력의 수렁으로 빠져들 것이고 노동 문제 해결을 위한 사회적 대화도 물 건너가게 된다. 도법은 한 위원장에게 필사적으로 이를 설득했다.

한 위원장은 "노동법 문제를 처리하기 위해 나의 활약이 중요하고 그러므로 내가 조계사에 신변을 더 의탁할 수밖에 없다."고 했다. 도법은 한 위원장에게 "민주노총이 한 사람에 의해 좌지우지되는 조직이라면 이는 매우 실망스러운 일"이라고 했다. 한 위원장은 애초에 도법의 손을 잡고 자진출두하겠다고 약속한 바 있다. 민주노총 중앙집행위원회 긴급회의는 '자진출두는 없다'는 기존 입장을 재확인했지만 한 위원장은 결국 자진출두를 결정했고, 민주노총 임원진 사이에서는 "불같던 한상균 위원장이 절에 들어가더니 이상해졌다, 너무 부드러워졌다."라는 말이 나돌았다.

한 위원장의 이러한 결단에는 경찰의 움직임도 영향을 끼쳤다. 9일 경찰은 '조계사 진입 작전'을 시작했다. 경찰은 오후 3시 30분쯤, 한 위원장이 체류하고 있는 관음전(觀音殿) 주변

종무원들의 '인간 벽'을 들어내고 매트리스를 깔기 시작했다. 작전 시작 40여 분 만에 1층 서쪽 문이 뚫렸고 경찰은 출입구를 확보했다. 도법은 "아, 끝났구나. 내가 할 수 있는 역할은 여기까지인가보다."라고 생각했다. "이것은 나의 역량 부족 때문이다. 누구를 원망하지 않으면서 일을 끝낼 수 있음이 감사할 뿐이다."라고도 생각했다. 그런데 폭력사태가 벌어질 이 위기의 순간을, 자승 총무원장이 넘겼다. 그가 조계사 경내에 있는 총무원 건물 1층에서 기자회견을 갖고 "체포영장 집행은 갈등을 해소하는 것이 아니라 또 다른 갈등을 야기하는 것"이라며 "내일 오전까지 한 위원장 거취 문제를 해결하겠다."고 중재안을 표명한 것이다. 이후 경찰은 철수했다.

12월 10일 오전 9시 40분, 한 위원장 참여하에 관음전에서 열린 민주노총 중앙집행위원회 회의는 자진출두를 받아들였다. 한 위원장은 10시 10분 조계사 대웅전을 참배했고, 이후 도법 등 조계종 집행부들이 배석한 가운데 자승 총무원장을 예방하고 감사의 뜻을 표했다. 그는 생명평화법당 앞에서의 기자회견에서 "왜 출두할 결심을 하게 됐느냐?"라는 질문에 "나로 인해 성소인 조계사가 침탈당하는 것을 견딜 수 없었다."라고 답한 뒤 도법과 함께 일주문을 향해 걸어갔고, 경찰은 그를 남대문서로 연행했다.

화쟁위원회는 11일 "한상균 민주노총위원장의 결단에 감사드립니다.", "평화로운 시위문화를 꾸준히 가꾸어갑시다.", "미래의 노동자인 청년들에게 희망이 될 노동관련법이 되도록 '사회적 대화'를 제안합니다.", "화쟁위원회는 국민 여러분과 함

께 대화와 상생의 길을 열겠습니다.", "종단 관계자들과 사부대
중에게 감사드립니다."라는 골자의 성명을 발표했다.


## 사후 평가: 화쟁위원회가 필요 없는 세상을 꿈꾸며

도법은 한상균 위원장이 경찰에 출두한 다음 날인 12월 11일
기자회견을 가졌다. 여기서 한 기자가 질문했다. "한상균 위원
장이 조계사로 들어오게 된 것은 노동법 이슈 때문이었는데 정
작 이 이슈가 사라진 것은 왜였습니까?" 그러자 도법이 답했다.
"그 질문은 정말로 제가 기자분들에게 하고 싶던 질문이에요.
언론은 왜 이 이슈를 다루지 않았나요?"

　언론이 이 이슈를 다루지 않은 것은 언론의 역량 미숙 때
문이었다. 그러나 또한 많은 책임이 민주노총에 있었다. 나는
도법의 행보를 취재하기 위해 12월 5일의 집회 현장에 있었지
만, 이 집회의 진정한 이슈가 무엇인지는 알 수가 없었다. 들리
는 구호란 온통 박근혜 대통령에 대한 비난이었고 교과서 국정
화 반대였으며, 보이는 것은 복면 금지를 조롱하기 위한 가면
이었다. 민주노총이나 범대위는 세(勢) 과시와 상대에 대한 공
격에만 신경 썼지 자신들이 어떤 메시지를 전해야 하는지에 대
한 전략은 없어 보였다. 이는 종교단체들이 일사불란하게 '꽃'
으로 '평화'를 상징한 것과는 매우 대조적이었다. '대기업 노조
원이 중심이 된 민주노총이 비정규직 문제에 대해 진정으로 관
심이 없었기 때문'이라는 의심이 들 정도였다. 언론으로서는
보수와 진보를 막론하고 이날의 의미를 '꽃'으로 형상화할 수

밖에 없었다.

　화쟁위원회의 역량은 '민주적 소통 과정에 대한 집중'으로부터 나왔다. 2016년 2월 23일 "한상균 민주노총위원장 조계사 체류 24일●, 화쟁위원회 활동 이렇게 봤다" 제하의 평가회에 참석한《한겨례》방준호(方俊皓) 기자는 화쟁위원회에 대해 "법도 정치도 갈등 해결의 기준이 되지 못하는 상황에서 우리 사회가 기댈 수 있는 마지막 중재기구"라는 표현을 썼다. 안진걸(安珍傑) 참여연대 협동 사무처장은 "화쟁위원회는 참여연대보다 역량이 크다. 정부는 우리 얘기는 듣지도 않는다."라고 했다. 도법 위원장과 정웅기 대변인 그리고 몇몇의 화쟁위원으로 구성된 화쟁위원회가 거대 시민단체보다 역량이 크다는 말이었다. 구성인원이 많지도 않고 그저 현안이 생기면 모여서 회의한 후에 흩어지는 이 조직이 힘을 가진 중요한 이유는 무엇이었을까? 조계종단 자체의 영향력도 있겠지만 화쟁위원회가 "이치에 어긋나지 않게, 정서에 거슬리지 않게"라는 화쟁의 원칙을 지킨 결과였을 것이다.

　김한수(金翰秀)《조선일보》기자는 "화쟁위원회가 대의 민주주의의 어디까지 개입할 것인가?"를 물었다. 그리고 "화쟁위원회가 화쟁할 일이 없는 상황이 바람직한 상황일 것"이라고 덧붙였다. "현대판 소도 논쟁을 불러일으킨 이런 사태가 다시 일어나도 지금처럼 똑같이 하겠다."라고 한 도법의 말을 반박한 셈이었다. 김 기자는 또 화쟁위원회가 노동법에 대해서 얼

● 체류일수로 하면 25일, 만(滿)으로 치면 24일임.

마나 전문적인 식견을 가졌는가를 문제 삼았다.

도법은 평소 "복지제도가 필요 없는 사회가 진짜 복지사
회", "스님이 필요 없는 사회가 진짜 불국토(佛國土)"라고 말해
왔다. '사회의 사원(寺院)화, 사원의 사회화'가 그의 이상이다.
그러니 "화쟁위원회가 화쟁할 일이 없는 상황이 바람직한 상
황"이라는 데에 도법은 동의할 것이다.

그러나 "전문적인 식견이 큰 문제가 되는 것은 아니다."라
고 도법은 반박했다. 화쟁을 위해서 필요한 것은 노동 문제에
대한 전문성이 아니라 화쟁에 대한 전문성이다. 심판에게 중요
한 것은 경기력이 아니라 경기를 공정하게 운영하는 능력인 것
과 같은 이치이다. 사실은 모든 국민들이 심판으로서의 안목을
갖추어야 민주주의가 제대로 실현될 것이다. 정치인들만이 아
니라 일반 국민들도 어느 한쪽 진영 논리에, 대립과 비난, 조롱
의 언어에 매몰돼 있다. 그러지 말라는 것이, '이것만이 진리이
고 다른 것은 거짓'이라고 생각하지 말라는 것이 붓다의 가르
침이다. 그러니 당분간은, 어쩌면 평생 동안 도법은 불법(佛法)
의 전파에 그리고 민주주의의 진정한 실현을 위해 혼신의 노력
을 다할 것이다.

# 12

# 기쁨의 세월호:
## '깨달음의 사회화'를 위한 분투

세월호는 슬픔이며 고통이며 절망이며 분노다. 그런데 어떻게 세월호를 놓고 '기쁨'을 언급할 수 있겠는가? 그러나 도법은 세월호 참사를 목격한 이후로 줄기차게 '기쁨의 세월호'를 외쳐왔고 '세월호의 기적'을 얘기했다. 주변에서는 "스님, 그런 말씀 하시면 안 됩니다."라고 했다. 그러나 도법은 전략적으로 한발 물러났다가도 다시 자신의 생각을 슬그머니 밀어붙였다. 전위적인 투쟁이 동력을 잃어가는 때에도, 도법의 생각에 공감하는 사람들은 세월호의 교훈을 새길 마음의 불씨를 이어가고 있다. 도법은 세월호를 '희망'으로 전환시키기 위한 싸움의 최전선에서 분투하고 있다. 이는 성찰과 참회의 기운이 분노를 이기고 온 사회에 퍼지도록 하기 위한 것이다.

## '기쁨의 세월호' 시민운동

2014년 초, 도법은 '화쟁코리아 백일순례'를 떠났다. 이는 2004년부터 2008년까지 5년간 있었던 '생명평화 탁발순례'와 같은 문제의식으로 100일간의 기한을 정해놓고 한국사에 갈등과 대립의 뿌리가 되는 역사적 현장을 돌기로 한 것이었다. 탁발순례 때 도법은 동학, 독립운동 등의 역사 현장을 둘러보고 "한(恨)이 풀리거나 녹지 않고 쌓여가고만 있음"을 보았는데, 이번에 이를 풀기 위해서 다시 순례를 떠난 것이다.

그러던 중 세월호 사고가 터졌다. 2014년 4월 16일, 안산 단원고 학생 등 470여 명을 태운 배 세월호가 진도 앞바다에 침몰했고 이 가운데 시신 미수습자를 포함 300명 이상이 사망했다. 사람들은 이를 '대한민국을 바꿀' 사건이라고 했다. 세월호야말로 산업화 이후 축적된 대한민국의 모순을 모두 품고 있는 것으로 여겨졌기 때문이다. 세월호를 조사하면 우리가 갖고 있는 허구가 낱낱이 밝혀지고, 그렇게 이루어지는 자기성찰은 자기변혁으로 이어질 것이며, 결국 '세월호 이후'의 대한민국은 '세월호 이전'과는 판이하게 다를 것이라는 논리였다.

세월호가 침몰할 때, 대한민국 국민들은 하나가 됐다. 어느 누구라고 할 것 없이 모두가 희생자들의 죽음을 슬퍼했다. 이렇게 우리 국민들이 한마음이 된 것은 2002년 한일월드컵축구대회 이래로 처음이었다. 도법은 이를 "세월호의 기적"이라고 표현했다.

그러나 이후 상황은 이상한 방향으로 흘렀다. 하나였던 국민의 마음이 여러 갈래로 갈가리 찢어졌다. 대통령은 세월호 유족들과의 소통에 실패했고 여야는 서로 첨예하게 대립했으며, 언론도 좌우로 나뉘었다. 시민단체들도 대립했고, 네티즌들도 서로에게 야유를 퍼부었다.●

세월호를 둘러싼 이 나라의 정치는 대통령과 여당을 공격하는 측과 사건의 의미를 축소하려는 측으로 나뉘어 내분 양상을 보였다. 인터넷에는 세월호의 원인에 대해 각종 음모론이 나돌았다. 반면에 보수 신문들은 세월호에 더 이상의 의혹이 없는 것처럼 보도했다. 세월호 유족을 중심으로 광화문에서는 농성이 이어졌다. 세월호 정국이 이어지는 동안 프란치스코 교황이 방한했고, 교황은 세월호 유족을 보듬었다. 교황의 행동은 소통을 거부하는 것처럼 보이는 우리 대통령의 행동과 비교되어 세월호 대치는 더 치열해졌다. 세월호 침몰 이후 약 반년 만에 세월호 조사를 위한 특별법이 만들어졌지만, 그동안 나라는 두 동강이 났고 경제도 침체됐다. 그리하여 '세월호 피로감'이라는 단어가 언론에 오르내리기 시작했다.

세월호도 동학운동이나 4·3 사건과 같은 일들처럼 그렇게 한으로 남을 운명을 맞이한 것 같았다. "아파한다, 잊지 않겠다, 기억하겠다, 미안하다, 잘못했다, 사랑한다, 달라지겠다, 새로워지겠다……." 사람들은 주로 아픔을 표현했다. 그러면서 정부를 향한 분노와 원망의 감정도 드러냈다. 도법은 "세월호만큼은 한이 풀려야 되겠다."라고 생각했다. 한편으로는 "만약 세

● 구체적인 내용은 졸저『세월호와 대한민국의 소통』(미래를소유한사람들, 2014)을 참조 바람.

월호의 한이 풀린다면, 그동안 쌓인 다른 역사적 문제들을 풀 수 있는 해답도 나올 것"이라는 희망도 가졌다.

　도법은 세월호 안에 있는 민족적 아픔을 치유하는 길을 찾기 위해서는 '긴 호흡'으로 가야 한다고 생각했고, '편가르기'는 안 된다고 여겼으며, 우리 '모두'가 마음을 내야 한다고 판단했다. 그래서 천일기도를 기획했다. 또 어른들의 잘못 때문에 청년들이 희생당한 것이니까 어른들이 해결책을 내놓아야 한다고 생각했다. 생명평화 탁발순례 때 도법과 인연을 맺은 윤구병(尹九炳) 보리출판사 대표가 이에 호응해서 "나는 죄인"이라며 머리 깎고 순례를 했다. 도법은 또, 온 국민이 삶을 성찰, 전환, 모색하는 흐름을 형성하는 것이 해결책이라고 봤다. 이 나라가 소통이 꽉 막혀 있는데, 아픈 것도 화나는 것도 미운 것도 그리고 새로운 꿈들도 함께 이야기하면서 소통해야 한다고 생각했다. 그래서 "천일기도, 천일순례, 천일이야기판을 만들어야 한다."라고 했다. 사람들은 다들 웃으며 '미쳤느냐'고 했다. 다만 수지행 실상사 종무실장, 이상윤(李相潤) (사)지리산 숲길 상임이사, 오상선(吳相宣) 신부 등 지리산 운동을 도법과 같이 오래 한 인물들이 지리산의 실상사와 성심원 두 군데에 기도단을 쌓고 천일기도를 하고 천일이야기마당을 운영했다.

　조계사 경내 생명평화법당에서는 명상 지도자인 무위거사(無爲居事) 정준식(鄭俊植) 씨가 "세월호의 기적을 이루자"는 염원을 갖고 '천 일 동안 천 배'를 목표로 2014년 9월 22일부터 매일 절을 하고 있다. 무위거사는 이렇게 말한다. "우리의 역사, 사회, 공동체가 유기적으로 잘 돌아갔다면 참사는 없었다. 그

근원적인 원인은 결국 개개인에게 있다. 참사를 반복하지 않기 위해서는 각자가 성찰하는 방법밖에 없다. 성찰하면서 스스로를 변화시키는 것, 그것이 '절'이다. 자신을 최대한 낮추고 스스로를 성찰하는 '절하는 마음'이 변화의 힘이 되리라고 믿는다. 사람들이 상대를 질타하는 마음을 버리고 그 마음을 자기 내면으로 돌릴 수 있으면 좋겠다. 한 사람의 내면의 변화, 내면으로 돌린 마음이 있어야 추가 참사를 막을 수 있다."

도법은 또 '세월호의 두 번째 기적'을 꿈꾸는 염원을 담아 「21세기의 꿈, 세월호의 기적」이라는 제목의 연재글을 《한겨레》에 20회 썼고 조계사에서 도반들과 함께 걷기 명상을 해오고 있다. "세월호, 나부터 변해 삶터로 일터로 희망을 전하겠습니다", "내 이웃의 아픔을 내 아픔처럼 여기고 살겠습니다", "참회와 성찰을 통해 생명이 우선인 사회로 거듭나기를", "이윤과 성장보다 생명이 우선인 사회를 염원합니다" 등의 표어를 들고 매주 화요일 12시에 서울 조계사 인근을 15~25명이 한 시간 동안 행진하는 것이다. 이 걷기 명상은 2013년 5월 개성공단 폐쇄, 전쟁 위기론으로 국민들이 불안해할 때 "내 일터부터 평화를 만들자"라는 구호하에 시작됐고 2014년 4월 이후에는 세월호를 가장 중요한 화두로 삼고 있다.

2016년 2월 16일은 무위거사가 절을 시작한 지 500일 되는, 50만 배를 한 날이었다. 이날 걷기 명상은 조계사에서 광화문으로 향했고 세월호 유족들의 공간인 세월호 부스에서의 대화로 이어졌다. 도법은 생명평화 탁발순례 때, 그리고 화쟁코리아 백일순례 때 본 한(恨)의 현장을 이야기하고 세월호만큼은 한이 쌓이지 않고 풀렸으면 한다며 '기쁨의 세월호'를 위한 시민운동을 제안했다. 또한 안산을 희망의 땅으로 만드는 프로젝트를 시행하자고 말했다.

광주 등지에서 세월호와 관련한 운동을 벌이고 있지만 그 역량들을 안산으로 결집하고 네트워크를 만들어, 안산에서 치유, 격려, 위로, 반성, 승화, 향상의 기운들이 나오도록 하자는 안은 이미 2015년 12월 8일 "세월호, '추모'를 넘어 '길'을 찾는 사람들"을 주제로 한 좌담회●에서 도법 자신이 제시한 것이었다. 도법 이외에 이민철(李珉澈, 세월호 3년상을 치르는 시민상주모임), 유시춘(柳時春, 단원고 희생자 약전(略傳) 편찬), 피상순(皮翔順, 단원고 자원봉사 정신과 전문의) 등이 모인 이 자리에서는 세월호 유족을 돕기 위한 마을 네트워크를 형성하는 과정에서 '주민들 간에 정이 통하는 마을'이 재건되고 있다는 보고가 있었으며 "울분은 변화에의 갈망이니 이를 에너지로 전환시킬 수 있는 건강한 통로를 만들어야 한다."라는 의견도 제시됐다. 세월호 덕분에 "살아 있다는 것만으로도 감사한다."라는 마음이 확인됐고, 그래서 '있는 그대로의 자녀 사랑'이 교육의 본질이라는 새삼스런 발견도 있었다. 도법은 "투쟁을 통해 진상 규명, 책임자 처벌, 정부 차원의 대책을 이끌어내는 운동은 기본적으로 지속되어야 한다. 그런데 그것만을 전부로 삼아선 안 된다. 또 다른 차원에서 우리의 염원이 실현됨으로써 한이 풀리는 길을

●　무크지《붓다로살자》통권 3호(2016년 2월, 비매품) 참조.

찾고 만들어내야 한다. 시민들이 주체가 되어 '슬픔의 세월호'가 '기쁨의 세월호'로 전환되도록 하는 '도도한 사회적 흐름'을 만들어야 한다."라는 제언을 냈다. 도법 일행이 세월호 부스를 찾은 데에는 이런 배경이 있었다.

"내 몸의 중심은 어디일까? 사람들은 '심장이다' 혹은 '뇌다' 말하지만 이는 매우 관념적이다. 실제 생명은 자기 몸의 아픈 곳을 중심으로 움직인다. 불교도 세상의 아픈 곳을 보듬어야 한다." 도법은 불교를 이렇게 본다. 그래서 '불교인' 도법은 2017년 2월 현재에도 여전히 세월호를 중심으로 걷고, 이야기 나누고, 지혜를 모아 실천하고 있다.


## '나'는 소녀이자 해적

역사의 현장에 한이 쌓이는 메커니즘은 다음과 같이 요약된다. "사건에는 가해자와 피해자가 있다. 가해자는 힘이 센 자이고 피해자는 약한 자이다. 가해자는 부도덕한 자이고 피해자는 순백한 자이다. 정의를 세우기 위해서는 피해자가 가해자를 단죄해야 한다. 그러나 힘이 모자라기 때문에 대부분의 경우 단죄가 잘 안 된다. 단죄해야 하는데 단죄하지 못하므로 한이 풀리지 않고 쌓여간다."

도법은 여기에 문제를 제기한다. "과연 단죄하면 한이 풀리고 마음이 편안할까, 단죄당한 사람은 상처가 없을까, 그들은 죽은 듯이 가만히 있을까, 그 이후 아무 일 없었던 것처럼 모두 괜찮을까?" 붓다는 말했다. "미움은 미움으로 원한은 원한으로 해결되지 않는다."

세월호의 한이 풀리기 위해서는 어떻게 해야 할까? 또 다른 길은 없을까? 틱낫한의 시가 그 길을 제시하고 있다. 베트남의 승려이자 시인이며 인권운동가인 틱낫한은 「부디 나를 참이름으로 불러다오」라는 자신의 시에서 "나는 작은 배로 조국을 떠나/ 피난길에 올랐다가 해적한테 겁탈당하고/ 푸른 바다에 몸을 던진/ 열두 살 소녀다"라며 1970년대에 공산 베트남을 탈출한 보트 피플의 슬픈 운명을 노래했다. 그러나 바로 그다음에 이렇게 덧붙였다. "그리고 나는 바로 그 해적이다/ 볼 줄도 모르고 사랑할 줄도 모르는/ 굳어진 가슴의 해적이다."●

스님은 겁탈당한 열두 살 피해 소녀와 자신을 동일시한다. 동시에 천인공노할 만행을 저지른 해적과도 자신을 동일시한다. 독자로서는 이 부분이 당황스럽다. '소녀를 겁탈하기는커녕 매년 절에 시주하거나 보육원에 헌금하는 내가 어째서 해적이라는 말인가?'

사실은 우리에게도 '해적의 추억'이 있다. 2011년, 소말리아의 해적들은 대한민국 국적의 배를 납치해서 선원들의 몸값을 요구했다. 그들은 인간을 목적으로 대해야 하며 수단으로 대하지 말라고 한 칸트의 도덕률을 정면으로 어기고 우리의 선원들을 한낱 돈을 위한 수단으로 대했다. 그런 그들을 우리가 어떻게 용서할 수 있으며, 어떻게 그들을 우리와 동일시할 수

● 틱낫한 지음, 이현주 옮김, 『부디 나를 참이름으로 불러다오』(두레, 2002), 128쪽.

있단 말인가?

우리가 우리의 입장에서 생각하고 단편적인 도덕률에 집착하는 한 우리는 해적들을 용서할 수 없다. 그러나 해적들의 실상을 알고 나면 사정은 달라진다. 해적들은 납치된 삼호주얼리호 석해균(石海均) 선장의 기지와 우리 군의 작전으로 붙잡혀 우리 법정에서 재판을 받았다. 그들은 교도소 수감 중 인터뷰에서 이렇게 말했다. "한국의 교도소는 참으로 훌륭하다. 깨끗하고 안락하며 음식도 맛있다. 고향에 두고 온 가족들을 생각하면 눈물이 난다."●

교도소에 갇혔으면서 오히려 고향의 가족들을 애달파하는 이 말을 들으면 그들의 처지가 공감되면서도 용서할 마음이 생긴다. 또한 우리가 그들과 연결돼 있다는 것도 희미하게나마 인식할 수 있다. 소말리아 해적들을 범죄로 내몬 것은 소말리아의 지독한 가난이었다. 장 지글러(Jean Ziegler)가 쓴 『왜 세계의 절반은 굶주리는가』를 보면 무정부 상태이고 극빈 상태인 소말리아의 정치, 경제 상황이 국제 정치 및 경제와 긴밀히 연결돼 있음을 알 수 있다. 그렇다면 G20의 일원으로서 세계 경제체제 운영의 일부를 맡고 있는 대한민국에도 소말리아의 해적을 낳은 책임이 없다고 할 수 없다. 틱낫한의 시는 한국의 상황에 이렇게 적용되어 이해될 수 있다.

불교는 과학이며, 과학 이상이다. 과학은 하나의 원인을 분

●　「대전 교도소 수감된 해적 5명 이야기 들어보니」, 《중앙일보》 2014.1.19.

석한다. 지구상에서 물체는 9.8m/sec²의 가속도로 떨어진다. 이는 공기의 저항을 무시할 때 그렇다. 그러나 현실은 진공이 아니라 무수한 인연의 화합물이다. 현실에서는 없는 상황을 과학은 가정한다. 과학이 말하는 진리는 어떤 맥락 안에서만 의미를 갖는다. 인간의 언어도 그렇다. 세상에는 선과 악이 따로 있는 것이 아닌데 사람들은 언어로써 선과 악을 구분하고 그것이 실체로 있는 것처럼 생각한다.

통합이 아니라 투쟁의 언어가 난무하는 현상의 이면에는 '내가 옳다'라는 '신념의 과잉'이 있다. 사람들은 '내가 옳고 상대가 그르기 때문에 나는 선(善)으로서 악(惡)을 징계해야 한다'는 신념에 사로잡혀 있다. 그러나 현실은 복잡한 것이며, 이를 선과 악의 이분법으로 나누는 것은 현실을 있는 그대로 보지 못하는 것이다. 니체(Friedrich Wilhelm Nietzsche)는 진실의 반대말은 거짓이 아니라 '확신'이라고 했다.

소말리아 해적은 겉으로 보기에 우리와는 무관한 '남'이다. 그러나 자세히 보면 '남'이 아니라 '이웃'이며 더 나아가 바로 '나 자신'이다. 소말리아의 해적을 낳은 것은 바로 '나'요 '우리'다. 이것이 연기법이 말해주는 세계의 실상이다.

세월호의 경우는 이 진리가 더욱 선명히 적용된다. '세월호의 악마'라고 불리는 이준석(李俊錫) 선장은 대한민국 국민이다. 이준석 선장을 만들어낸 것도, 그가 속해 있던 청해진해운과 그 대표 유병언(兪炳彦)을 낳은 것도 우리 사회다. '나'는 우리 사회의 일원이므로, 이준석 선장을 미워하는 것은 결국 나를 미워하는 것이다. 그러니 그를 용서할 것이 원래 없으며, 오직 그에 대한 연민 혹은 나 자신의 참회만이 있다.

우리는 어떤 인연이 그를 그렇게 만들었는지 알아차리도록 그를 깨우치고 사회를 깨우쳐야 한다. 이는 철저히 '자비'의 마음에서라야 한다. 만약 그 마음이 자비가 아니라 미움이라면 이는 조직폭력배의 방식과 다를 바가 없다. 증오의 마음으로 상대를 깨우치려 하는 사람은 중생이어서 스스로 괴롭고, 자비의 마음으로 상대를 깨우치려 하는 사람은 붓다여서 스스로 평온하다.

"나는 그저 내 영역에서 내 할 일 다하고 살았으니, 세월호와는 무관하며 책임도 없다."라고 말할 것인가? 세월호를 통해 정치나 국가의 중요성이 드러났다. 그 정치가 삐걱거리니 정계에 있는 사람들을 싸잡아 비난할 것인가? 그 사람들은 그래도 정치를 잘하려고 노력하기라도 했다. 정치를 욕하는 '나'는 정치를 위해 무엇을 했는가? 지금 정치하는 사람들을 바꿀 만한 인력을 우리는 키웠는가? 정치의 수준은 딱 유권자의 수준이며 그 사회의 수준이고, 결국 '나의 수준'이다.

정치를 그저 정치꾼들에게 맡겨두고 "내가 신경 쓰지 않아도 잘되겠지."라고 생각하거나 "정치는 어떻게 되든 나는 모르는 일이며 내 역량이 미치지 못하는 분야"라고 생각한 것이 잘못이었다고 '세월호 3년상을 치르는 시민상주모임' 회원들은 참회하고 있다. 그들은 또 출세만을 위한 교육이 아니라 '있는 그대로의 자녀'를 사랑하는 교육이 절실하다는 깨달음을 얻었다. 이는 과거 성장제일주의 이데올로기에서 벗어나 '인간의 삶'에 대해 깊이 천착한 데서 얻어진 것이다. 그 깨달음을 준 것이 세월호다. 깨달음 이전의 삶은 '무명(無明)'의 삶이었다. 그 무명이 업을 낳았고 세월호의 참사를 낳았다. 우리의 목표는 무명을 극복하는 것이 되어야 한다.

이것은 세월호의 참극을 빚은 직접적 책임을 규명하지 말자는 말이 아니다. 울리히 벡(Ulrich Beck) 독일 뮌헨대 교수는 "세월호 사건을 어떻게 수습해나가야 하는가?"라는 조선일보 석남준(石南埈) 특파원의 질문에 다음과 같이 답했다. "우선 누구에게 책임이 있는지 따져 물어야 할 것이다. 하지만 거기서 멈춰선 안 된다. 사건의 이면을 정확하게 파악하는 과정을 거쳐야 하는 것이다. 당시 승무원들의 노동조건은 어땠는지, 사후 정부의 통제능력에 문제는 없었는지, 평소 한국사회가 어떤 재앙 대비책을 마련해뒀는지를 총체적으로 살펴봐야 한다."●

당시 승무원들의 노동조건이 왜 중요할까? 승무원들이 위기 시에 승객의 안전을 생각하지 않고 다른 어떤 생각에 골몰하게 한 하나의 요인으로 그들의 노동조건이 중요하리라는 생각에서다. 노동조건이 열악하지 않았더라도 마찬가지다. 그들을 '깨어 있지' 못하게 한, '깨달음'으로부터 멀리하게 한 그 원인은 이 사회의 잘못된 제도나 가치관에 있을 것이며 결국 '우리'에게 있는 것이다. 승무원들의 당시 상황을 절실하게 이해하면 그들을 분노가 아니라 자비와 연민으로 바라볼 수 있을 것이며 나 스스로 참회하지 않을 수 없다. 불교의 핵심 가치인 자비는 '이해'에서 비롯된다.

● 《조선일보》2014.5.21.

## 새로운 정의를 향해

슬픔이나 상처는 희망의 전조다. "대한민국이 급속한 산업화를 이룬 것은 근현대에 대한민국이 수많은 상처를 입었기 때문이다." 이는 슬로베니아 출신의 철학자 슬라보예 지젝(Slavoj Žižek)이 지난 2014년 9월 24일 경희대학교에서 진행한 "나는 누구인가" 강연에서 한 말이다. 상처를 입힌 사람을 미워하기만 한다면 희망은 없다. 일본의 소설가 무라카미 하루키(村上春樹)는『색채가 없는 다자키 쓰쿠루와 그가 순례를 떠난 해』라는 소설에서 "우리는 모두 상처로 서로 연결돼 있다."고 말했다. 법륜 스님은 과거 자신을 고문하던 형사가 자기 딸의 대학입시를 걱정하는 말을 듣고 "저 사람도 가슴속에 저 사람 나름의 정의를 품고 있겠구나."라고 생각했다고 한다. 이것이 그의 깨달음이었다. 법륜은 그의 즉문즉설 강연 중에 "고문을 당하고 깨달음을 얻어서 법문하는 내가 부럽죠?"라고 자랑한 바 있다. 상처는, 마음 한 자락만 바꾸면 곧 '진주'가 된다.

어떤 상처든, 내면화하고 승화하면 보물이 된다. 이걸 알면 상처가 곧 희망임이 명약관화해진다. 1980년대에 조영래(趙英來) 변호사는 성고문 피해자 권인숙(權仁淑) 씨의 변호를 하면서 다음과 같이 말했다. "권 양이 처음 우리에게 다가왔을 때는 슬픔과 절망으로 왔으나, 이제 우리는 가슴 가득한 기쁨과 희망으로 권 양의 승리에 대하여 증언하고자 합니다."●

물론 이를 위해서는 철저한 진실규명이 필수다. "우리는

---

● 「권 양 변호인단의 변론 요지서」(부천 경찰서 성고문 사건).

권 양이 이미 도덕적인 승리를 거두었다고 말한 바 있으나 이제 머지않은 장래에 현실적으로도 완벽한 승리를 거두게 될 것을 믿어 의심치 않습니다. 이 엄청난 사건의 진실은 만천하에 낱낱이 공개될 것이며, 그 진실을 왜곡하고 은폐하려 들었던 모든 어리석고 비겁한 책동은 하나도 남김없이 타파될 것입니다."라고 조 변호사는 덧붙였다.

사회에서 정의가 실현돼야 한다는 것은 모두가 동의하는 바다. 그러나 그 정의를 실현하려 할 때에도, 우리는 분노나 증오에 빠지면 안 되며 응징의 방식을 넘어서는 길을 찾아야 한다. 1970년대에 전태일은 분신(焚身)을 감행했다. 이는 평화시장 노동자들의 열악한 상황을 알리기 위해서였다. 그는 분신하기 전에 동료에게 "누가 죽어나가는 꼴을 보아야 저들이 정신을 차릴 것"이라고 말했다. '저들'이란 이윤에 눈이 멀어 죽어나가는 평화시장 노동자를, 인간을, 생명을 보지 못하는 기업주들과 그들을 비호하는 경찰이었다. 그들에게 깨달음을 주고자 전태일은 분신했다. 그는 죽어가면서도 누구를 미워하는 말을 하지 않았고 다만 어머니에게 "저의 죽음을 헛되지 않게" 해달라고 부탁했다.

조선 침략의 원흉 이토 히로부미(伊藤博文)를 저격하고 형장의 이슬로 사라진 안중근(安重根) 의사(義士)에게도 증오는 없었다. 안 의사의 분노는 '공분(公憤)'이었으며 그가 그 분노 때문에 마음을 다치는 일은 없었다. 그는 형장으로 가는 기막힌 불의의 순간에도 평온한 마음을 유지했고, 자신을 가둔 간수에게 '위국헌신군인본분(爲國獻身軍人本分, 나라를 위해 몸을 바침은 군인의 본분이다)'이라는 휘호를 선물했다. 일본인의 입장에서는 훌륭한 정치인인 이토 히로부미를 저격했음에도 안 의사가 일본인들로부터도 존경받는 이유다.

현실의 모순은 우리가 살아야 하는 이유를 제공한다. 촛불은 어둠을 탓하지 않는다. 어둠이 없으면 촛불의 존재이유가 없어진다. 현실의 불의를 핑계로 마음의 평정을 잃는 것은 어리석은 일이다. 도법은 민주주의가 확립된 오늘 한국에서 시민이, 그리고 대중이 성찰의 힘으로 서로를 다독여가면서 진리를 향하여 이 사회를 이끌고 가자고 끈질기게 우리를 설득하고 있다.

세월호를 '희망'으로 전환시키기 위한 노력은 성찰과 참회의 기운이 분노를 이기고 온 사회에 퍼지도록 하기 위한 것이다.

# 5

# 공부

도법은 "나는 잘 모른다."라는 말을 입에 달고 산다.
도법은 현장의 삶에 근거하여 경전에 대해 질문한다.
그 질문에 대한 대답이 삶으로 되돌아오지 않으면
그 경전 혹은 그 경전에 대한 해석은 죽은 것이다.
그래서 도법은 끊임없이 질문한다.

# 13

# 붓다의 공부방

불교를 믿는 것은 붓다의 삶을 살기 위한 것이다. 그렇다면 '석가모니는 어떻게 살았나?'에 대한 지식이 있어야 한다. 도법은 평생 이 공부를 해왔고 지금도 공부 중이다. 도법은 성도 이전 싯다르타의 삶보다는 성도 이후 붓다의 삶이 어땠는지를 연구한다. 또한 도법은 철저히 '역사 속의 인간 싯다르타'를 구명하는 데에 집중한다. 이는 뭇 생명을 붓다의 삶으로, 진정한 행복으로 이끌기 위한 것이다.

## 마음만 먹으면 우리도 붓다로 산다

아래 두 시 중에 어떤 것이 붓다의 시이고 어떤
것이 악마 마라의 시인가?

"밤과 낮은 지나가지 않고
목숨은 다함이 없다.
수레의 축에 바퀴가 돌아가듯,
사람의 목숨은 돌고 돈다."

"밤과 낮은 지나가고
목숨은 다함이 있다.
작은 시내에 물이 마르듯,
사람의 목숨은 다해버린다."●

'우리 스스로 붓다의 삶을 살자'는 취지의 결사모임 '붓다로 살
자'가 2015년 11월 5일 서울 견지동 템플스테이관에서 진행한
'붓다의 공부방'에서 한국빠알리성전협회장 전재성 박사가 문
제를 냈다. 전 박사는 2002년 『쌍윳따니까야』, 2003년 『맛지마
니까야』, 2008년 『앙굿따라니까야』, 2011년 『디가니까야』(이상
한국빠알리성전협회 출간)를 출간함으로써 불교 초기경전인 '4부
니까야'를 한국 최초로 완역했다.

● 　전재성 옮김, 『쌍윳따니까야』(한국빠알리성전협회, 2014), 146쪽.

"마라란 무엇인가?"를 주제로 한 이날 공부에서 발제를 맡은 전 박사는, "아래쪽이 붓다의 시"라고 했다. 악마는 "사람의 목숨이 돌고 도니까 잘 먹고 잘 살자."고 말하는 반면 붓다는 "사람의 목숨이 다하니까, 살아 있는 동안 정진하고 해탈해야 한다."고 말한다는 것이었다. 이후 전 박사는 "넓게 보면 오온(五蘊), 즉 인간을 구성하는 다섯 가지 요소로서의 물질, 느낌, 생각, 의지, 의식으로서의 색수상행식(色受想行識)이 모두 마라"라고 했다. 이후 질의응답 시간에 도법이 물었다.

___ 부처님의 몸도 오온일 텐데, 그 오온은 악마
인가 아닌가?
___ 천상세계에 욕계, 색계, 무색계가 있다. 오온
이 있는 욕계의 하늘이 있고, 미세한 물질계인
색계가 있고, 물질이 없는 무색계가 있다. 무색
계에는 악마가 간여할 수 없다. 악마는 욕계를
지배하는 자다.

질문에 대한 즉답이 없자 도법이 다시 물었다.

___ 부처님 몸은 오온인가 아닌가?
___ 오온이라고 볼 수 있다.

___ 오온이니까 악마인가?
___ 악마에 속한 거라고 볼 수 있다. 몸은 그렇다.

그런데 열반에 가면 오온이 소멸하니까…….

__ 부처님이 살아 있는데 어떻게 오온이 소멸
하는가? 육체와 마음이 살아 있는데.

전 박사는 "오온이 존재하지만 공(空)한 상태에서는……"이라
고 하다가 "저도 잘 모르겠다."라고 했다. 도법은 "이제야 모르
겠다는 말이 나오는군."이라며 『대반열반경(大般涅槃經)』에 나
오는 마라에 대해 다시 질문했다.

__ 『대반열반경』에 보면 마라가 부처님을 따라
다닌다. 부처님이 탁발을 하다가 실패하는데,
마라가 나타나 "그때는 마을에 큰일이 있어서
주민들이 정신이 없었기 때문에 당신이 탁발을
못했지만, 지금 다시 가면 탁발할 수 있을 거야."
라고 속삭인다. 완성자로서 그리고 열반의 삶을
살고 있는 각자(覺者)로서의 부처에게 나타나는
마라는 도대체 무엇인가?
__ 욕망을 부추기는 짓이다.

__ 부처님에게 욕망이 있다는 게 무슨 말인가?
탐진치가 소멸됐는데?
__ 탐진치가 소멸되더라도 과거의 업력이 남아
있을 수 있는 것이다. 심리적인 속삭임이 있는

것이다.

＿ 결국 번뇌가 있다는 것인데, 그렇다면 이는 우리가 알고 믿던 부처와는 다른 것이다. 전 박사는 다양한 경전을 근거로 말을 하지만, 우리가 알고자 하는 바와는 연결되지 않는다. 나는 50년 동안 불교를 했지만 아직도 모르겠다. 초기경전에 보면, 부처는 "내가 설하는 진리는, 말을 알아듣는 사람이면 누구든 이해할 수 있으며, 그 내용이 바로 이루어지고 증명된다."라고 했다. 그렇다면 여기에 맞게 경전이 해석돼야 한다.

＿ 번뇌가 곧 악마다. 이건 틀림없다. 그런데 부처는 번뇌가 일어나면 곧 알아차린다. 그러나 보통 사람은 그렇게 하지 못한다.

＿ 초기불교 연구자들에 따르면, "부처님은 탐진치가 소멸된 자"라고 한다. 그런데 지금 전 박사는 '부처에게 번뇌가 일어나고 있다'고 말한다. 모순 아닌가?

'붓다로 살자' 간사 천유라가 "전 박사님 말씀은 '우리도 탐진치와 번뇌가 일어나는 족족 알아차리고 늘 깨어 있다면 붓다'라는 말로 들린다. 그렇다면 이건 우리 '붓다로 살자' 결사모임이 추구하는 불교를 옹호하는 말씀이다."라고 하자 전 박사도 이를 인정했다. 도법은 "부처님이 탁발에 실패하고 돌아가는 길에, 배가 너무 고파 불현듯 '지금 다시 마을에 가면 밥을 얻을 수 있지 않을까?' 하는 생각이 일어났을 것이고 그 생각을 '마라'라고 한 것이 아닐까 싶다. 만약 마라를 그렇게 정의한다면 마라의 의미가 명확해지고, 따라서 누구나 마음만 먹으면 붓다처럼 살 수 있을 것으로 본다. 이런 내 생각이 맞다고 초기불교 전문가인 전 박사가 인가해줄 수 있나?"라고 물었고 전 박사는 여기에도 동의했다. '인간의 노력을 좌절시키는 악한 신'으로서의 '마라'란 다만 신화일 뿐이라는 것을, 지금까지 세계 모든 불교인들이 믿고 있는 '번뇌가 일어나지 않는 부처님'은 관념상의 부처일 뿐 역사상의 부처가 아님을 인정한 것이다. '깨달음'이란 우리가 실천해야 할 내용일 뿐이며 "깨달음을 체험하면 이후에는 만사형통"이라는 것은 망상이었음이 이 토론에서 확인됐다.

도법은 "기존 불교는 '신화'를 '실제'와 혼동했으며, 우리가 알아야 할 것은 '역사'에서의 붓다, '인간'으로서의 붓다이다."라고 말한다. 경전 언어에는 실제가 아닌 '상징'도 많으며 이걸 "경전에 있으니까 모두 사실"이라고 하는 것은 옳지 않다는 지적이다.

도법이 이끌고 있는 대한민국 불교의 혁명은 불교 교리의 혁명을 기반으로 하고 있다. "불교는 삶의 과학"이라고 주장하는 도법은 일체의 신화를 배격한다. 이런 태도는 석가모니 붓다의 생애를 여덟 기간으로 나누어 설명하는 그림, 팔상도(八相圖) 공부 자리에서도 나타났다. 팔상도 중에서 동서남북의 사문(四門)에 나가 생로병사의 현상을 관찰하는 사문유관상(四門遊觀相)과 관련하여 도법은 이렇게 질문했다. "생로병사가 모두 고(苦)라고 한다. 늙는 것과 병드는 것, 죽는 것은 다 고라고 할 수 있다. 그런데 생, 즉 태어남은 왜 고라는 것일까? 사람들은 '생이 노병사의 원인이 되므로 생 또한 고'라는 식으로 해석한다. 늙음, 병듦, 죽음은 그 자체가 고인데, 태어남은 그 자체가 고가 아니며 인간이 결국 죽기 때문에 태어남도 고라고 한다면 이건 너무 궁색한 설명이 아닌가?"

이에 대해 도법은 스스로 이렇게 답한다. "이건 태아의 입장에서 보면 설명이 된다. 태아에게 가장 안전하고 편안하고 따뜻하고 좋은 곳은 어디인가. 바로 어머니 뱃속이다. 태아에게 어머니 뱃속은 자신의 전부인데, 이걸 버리고 나와야 한다. 어디로 가는지, 왜 가는지, 미래에 어떻게 되는지 아무것도 알 수 없는데 말이다. 미루어 생각해보면 태아에게 태어남은 바로 죽음이다. 태어남이 그대로 죽음인 것이다. 이렇게 실상을 보면 죽음이 고통이듯이 태어남도 고통인 것이다. 이는 마치 따뜻한 평지에서 생활하던 사람이 설산(雪山)에서 칼바람을 맞는 상황과도 비슷한 것이다. 생은 어머니로부터의 소외이며 그러므로 고(苦)다."

그는 또 질문한다. "사람들은 붓다가 29세에 생로병사가 고임을 깨닫고 출가했다고 한다. 그렇다면 사람이 나고 늙고 병들고 죽는다는 걸 그전에는 몰랐단 말인가?" 좌중에서 이 질문에 대답하는 사람은 아무도 없었다.

도법은 60대인데도 누구보다 호기심과 질문이 많다. 도법의 질문을 접하면 '아, 정말 이상하네. 그런데 나는 왜 이게 이상하다고 생각을 못했지?'라는 생각이 든다.

　도법은 "나는 잘 모른다."라는 말을 입에 달고 산다. 사실 붓다의 삶이 오늘날 우리의 삶과 관련해서 어떤 의미를 갖고 있는지, 수많은 신화적 요소를 담고 있는 불교설화들의 의미는 무엇인지 잘 천착되지 않았다. 불교 연구자들은 불교경전 언어의 의미를 어떻게든 인정하려고, 받아들이려고만 든다. 실제 삶과 연결시켜 검증하려 하지 않는다. 믿으라고 말할 뿐, 묻고 따지려고 하지 않는다. 도법은 그렇지 않다. 도법은 현장의 삶에 근거하여 경전에 대해 질문한다. 그 질문에 대한 대답이 삶으로 되돌아오지 않으면 그 경전 혹은 그 경전에 대한 해석은 죽은 것이다. 그래서 도법은 끊임없이 질문한다.

　'싯다르타가 29세에 성 밖으로 유람 갔다가 생로병사가 고임을 깨달았다'는 말은 무슨 뜻일까? 이는 '성 밖에 버려진 삶이 있었음'을 보았다는 뜻이다. 길가에 버려진 어린아이, 늙은이, 병든 이, 죽은 이가 있다면 그 삶이 그 사회가 얼마나 비참한지 충분히 느껴지지 않겠는가. "한 나라의 왕자로서 부족함 없는 삶을 살다가, 자라면서 성 밖 백성들의 비참한 삶을 하나하나 보게 됐고, 그들을 구원하겠다는 서원을 쌓아가다가 29세에 이르러 드디어 출가를 했다."라는 내용을 아주 짧은 이야기로 축약한 것이 사문유관상이다.

　이렇게 보면, 붓다의 가슴에 사회적 문제의식이 가득 차 있었음이 분명하다. 도법이 쌍용자동차 노사 갈등 문제를 중재하거나 한상균 민주노총위원장을 조계사에 보호하며 사회적

대화를 추진하는 등의 활동을 한 데에는 "붓다의 가르침에는
'사회'의 차원이 개재되어 있다."라는 그의 깨달음이 바탕이 되
고 있다.


## 인생의 주인으로 살아라

도법과 함께 불경을 한글로 푸는 모임 '불한당'에서는 도법의
제안으로 의상 대사의 「법성게(法性偈)」를 1년간 공부했다. 「법
성게」는 의상 대사가 광대무변한 화엄의 진리를 210자의 칠언
절구로 표현한 시다. 그 전문은 다음과 같다.


법성원융무이상(法性圓融無二相)

제법부동본래적(諸法不動本來寂)

무명무상절일체(無名無相絶一切)

증지소지비여경(證智所知非餘境)


진성심심극미묘(眞性甚深極微妙)

불수자성수연성(不守自性隨緣成)


일중일체다중일(一中一切多中一)

일즉일체다즉일(一卽一切多卽一)

일미진중함시방(一微塵中含十方)

일체진중역여시(一切塵中亦如是)

무량원겁즉일념(無量遠劫卽一念)

일념즉시무량겁(一念卽是無量劫)

구세십세호상즉(九世十世互相卽)

잉불잡란격별성(仍不雜亂隔別成)


초발심시변정각(初發心時便正覺)

생사열반상공화(生死涅槃相共和)

이사명연무분별(理事冥然無分別)

십불보현대인경(十佛普賢大人境)


능인해인삼매중(能仁海印三昧中)

번출여의불사의(繁出如意不思意)

우보익생만허공(雨寶益生滿虛空)

중생수기득이익(衆生隨器得利益)


시고행자환본제(是故行者還本際)

파식망상필부득(叵息妄想必不得)

무연선교착여의(無緣善巧捉如意)

귀가수분득자량(歸家隨分得資糧)


이다라니무진보(以陀羅尼無盡寶)

장엄법계실보전(莊嚴法界實寶殿)

궁좌실제중도상(窮坐實際中道床)

구래부동명위불(舊來不動名爲佛)

「법성게」해석에서 가장 문제되는 것 중 하나는 첫 연에 나오는 '증지(證智)', 즉 '깨달은 지혜'라는 말의 의미이다. 전통적으로 이 구절은 '참선을 해서 깨달아야 알 수 있다'는 의미로 해석돼 왔다. 그래서 한국 불교인들은 '죽을 때까지 참선해서 깨달아야 된다'는 믿음을 가져왔다. 이 경우 '깨달음'은 현재의 삶 또는 보통 사람과는 상관없는 것이 되고 말며, 결국 일반 재가자들에게 「법성게」는 아무런 의미가 없게 된다.

도법은 이 부분을 다르게 해석한다. 그는 '증지'를 '신해행증(信解行證)'의 체계 안에서 설명한다. 불자는 5가지 과목(신행오과)을 배워야 하는데 그중 1~4과가 신(信), 해(解), 행(行), 증(證)이며 5과는 원(願)으로, 사홍서원(四弘誓願)●을 다룬다. 여기서 '신'은 '사람이 붓다'라는 '본래 붓다'에 대한 이해와 확신이다. 또한 모든 것은 관계로 존재하며 실체가 없다는 '제법무아'의 연기법적 세계관이다. '해'는 '본래 붓다'의 삶을 살기 위한 수단과 방법에 대한 이해. '행'은 확신하고 이해한 것을 실행함이다. 끝으로 '증'은 실천에 따른 결과 증명이다. "신(信)하고 해(解)한 것을 행(行)하면 그대로 실현되고 증(證)명된다."라는 뜻의 이 구절은 결국 '해보면 안다'는 말이며, 실천을 강조한 말이다. 이렇게 해석할 때 「법성게」는 비로소 우리의 '삶'을 얘기하는 시가 된다. 이런 맥락에서 도법은 「법성게」를 다음과 같이 풀어냈다.

●　보살의 공통된 네 가지 큰 서원. '모든 중생을 구원하겠다', '번뇌를 다 끊겠다', '붓다의 가르침을 다 배우겠다', '불도(佛道)를 다 이루겠다.'

## 노래하네, 그대의 삶을

여기 한 사람 있으니 그의 본래 참모습은 온 우
주 두루두루 어울려 한 번도 나뉜 적 없고
긴긴 세월 흐르고 흘러도 언제나 그 모습 그대
로이며
본래 정해진 이름도 없고 따로 정해진 모습도
없으니
오로지 증명(실천)하는 지혜로 알 뿐 그 밖에 다
른 길 있지 않네.

그의 본래 참모습은 지극히 심오하고 미묘하여
자신을 고집하지 않고 인연 따라 온갖 모습 이
루니
하나 안에 일체가 깃들고 여럿 안에 하나가 깃
들며
하나가 그대로 일체요 일체가 그대로 하나이며

한 먼지가 온 우주 품어 안고
온갖 먼지들도 또한 그러하네.

끝없는 영원의 시간이 그대로 지금 여기 한 순
간이요
지금 여기 한 순간이 그대로 끝없는 영원의 시

간이며

과거, 현재, 미래 모든 시간들과 지금 여기 한 순
간이 함께 있어도

혼란스럽지 않고 질서정연하게 시간마다 따로
따로 이루어지네.


참모습대로 살 마음을 낼 때 바로 그 순간 그대
로 정각이니

참모습 그 자리엔 생사와 열반이 항상 서로 어
울려 함께 있고

숨겨진 본바탕과 드러난 모습도 미묘하게 어울
려 구별할 수 없으니

그 경지는 아는 대로 실천하는 사람 붓다와 보
현보살의 몫이네.


붓다행 하는 용맹한 사람 능인은 언제나 한결같
은 그 자리에 서서

뜻대로 하는 자유자재의 솜씨로

보배를 허공 가득 비처럼 내리게 하여

사람들마다 준비한 그릇만큼 온갖 종류의 이익
을 얻어가게 하네.


그러므로 붓다행 하는 사람은 본래 제자리로 돌
아와

굳이 망상을 쉬려고 하지도 않고 특별한 것을
얻으려 할 것도 없이
주체적으로 아무 조건 없는 무애자재의 좋은 방
편을 써서
집안 살림에 필요한 모든 것을 부족함 없이 충
분하게 얻으며

한량없는 공덕을 모두 지닌 끝도 없고 다함도
없는 보배들로
법계의 참다운 우리 세상을 아름답고 빛나게 잘
꾸미네.
그리고 마침내 실제 중도의 평상 위에 의연히
앉아
언제나 한결같이 흔들림 없나니 그 사람을 일러
붓다라 하네.

그러나 이는 원문에 충실하지 못한 번역이랄 수도 있다. 예를
들면 첫 연의 네 구절은 글자대로만 한다면 다음과 같이 번역
될 수 있다.

우주는 전체가 하나로 어울려 있어 두 모습이
없다.
모든 것은 움직이지 않고 본래 고요하며
이름도, 모양도, 그 어떤 다른 특질도 없으니

깨달은 지혜로 알 수 있을 뿐 다른 방법이 없다.

「법성게」의 첫 두 절은 '존재론'을, 뒤의 두 절은 '인식론'을 집약적으로 논한다. 이는 의상대사가 보는 세계관의 표현이다. 그러나 도법은 여기에 한 인간의 삶을 대입해서 번역했다. 그는 「법성게」의 제목과 첫 연에 '인간'과 '삶'이라는 단어를 집어넣어서 이를 읽는 독자들에게 "「법성게」는 당신들의 삶을 주체적인 것으로 혁명하라는 말이다."라고 친절하게 설명한다.

이는 대승불교의 선배들이 가끔 취하던 방편이기도 하다. 예를 들어 구마라습은 산스크리트어 『반야심경』을 한역하면서 '관자재보살 행심반야바라밀다시 조견 오온개공(觀自在菩薩 行深般若波羅蜜多時 照見 五蘊皆空, 자유자재로 관찰 사유하는 참사람이/ 깊은 지혜로 실천할 때/ 인연화합의 다섯 무더기가 모두 비어 있음을 이해했다)' 뒤에 원문에는 없는 '도일체고액(度 一切苦厄)'을, 즉 '일체의 고통에서 벗어났다'는 구절을 삽입했다. 『반야심경』이 고통으로부터 벗어나기 위한 실천적 지혜를 표현한 경임을 강조하고 싶었기 때문이다.

「법성게」는 다음과 같은 메시지를 우리에게 전한다. "우주는 전체가 서로 연결돼 있다. 만물은 독립적으로 실재하는 것이 아니라 관계를 맺음으로써 비로소 존재한다. 인간의 마음 또한 온 우주와 연결돼 있으며 무한한 시간과도 연결돼 있다. 그러므로 인간의 마음이 곧 우주이며 붓다이다. 이 이치를 깨닫는 이는 누구나 붓다이다. 붓다가 되기 위해 특별히 신비한 무엇을 해야 하는 것이 아니다. 다만 '나로부터 연유하지 않은 객관적인 무언가가 존재한다'는 분별심에 빠지지만 않으면 된다."

결국 의상 대사는 "너는 너의 삶을 창조하는 주체이니 용감하게 그리고 창의적으로 너의 삶을 살아라."라고 말하면서 그 방법까지도 구체적으로 제시하고 있는 것이다. 도법이 전하고자 하는 것도 바로 이것이다. 도법이 도반들과 함께 만들어 2015년 초 발간한 무크지 《붓다로살자》에 실린 '붓다로 살자' 창립 취지문은 이를 잘 표현한다.

---

### 우리는 지금 붓다로 살고 있습니까?

- '붓다로 살자' 창립 취지문

붓다, 그는 누구입니까? 그가 발견한 진리는 무엇입니까? 핵심은 "잘 몰랐을 때엔 사람이 업보 중생이었는데, 제대로 알고 보니 사람이 본래 붓다였다."는 것입니다. 도둑질하면 도둑놈 인생 되고, 붓다행 하면 붓다 인생이 되는 존재가 사람이라는 진리에 대한 자각과 확신, 실천으로 일관된 삶이 바로 붓다의 일생입니다.

부처님은 한순간도 삶의 현장을 떠나지 않았습니다. 길 위에서 만나는 이가 누구든 그들 모두를 차별 없이 평화와 행복의 길로 이끌었습니다. 전법 첫해 제자들이 60명에 이르렀을 때 부처님은 제자들을 모아놓고 말씀하셨습니다. "자, 비구들이여! 이제 길을 떠나라. 뭇 생명의 이익과 안락을 위해, 세상의 이익과 안락을 위해!" 불교의 존재이유가 모든 존재의 이익과 안락임을, 그것이야말로 수행의 처음이자 끝임을 설하셨던 것입니다. 제자들은 수레의 바퀴살처럼 사방으로 흩어졌습니다. 그리고 세상 사람들의 고통과 번뇌를 들불처럼 태우며, 뭇 생명의 행복을 위해 온 생애를 바쳤습니다. 부처님과 제자들의 역동적 활동으로 인도 사회에는 자유와 평등을 추구하는 불교의 중도적 세계관이 널리 전파되었습니다. 동물을 희생시키는 제사, 강대국들의 정복전쟁이 줄고, 비폭력의 기운이 높아졌습니다. 사원(寺院)은 세상을 향해 열린 광장이 되었고, 병원, 교량, 우물 등을 짓는 복지 활동의 중심이 되었습니다.

민중의 삶에 활력을 부여한 불교는 이제 인도를 넘어 세계로 전파되었습니다. 각각의 나라에서 불교는 때론 변화를 이끄는 역동적 세계관의 역할을 하고 때로는 소박한 삶, 나누는 삶의 방식을 확산시키는 공동체윤리의 기반이 되었습니다. 그러나 시간이 갈수록 다른 모습도 나타났습니다. 민중의 삶 속에 살아 숨 쉬던 역동적이고 진취적인 사회적 역할은 안타깝게도 시간이 가면서 많이 퇴색하였습니다. 붓다를 초월적 존재로 간주하여 기복의 대상으로 삼거나, 삶의 현장을 떠난 은둔적 수행을 고집하고, 현학적 교리에 젖어 불교를 삶에서 분리시키는 경우도 생겨났습니다.

2,000년 전 인도도 그랬습니다. 소수 지식인과 전문 수행자들만을 위한 복잡한 교리 위주의 불교가 고착되었고, 붓다는 백성들의 삶에서 너무 멀어지고 말았습니다. 이때 대승의 법사들이 등장하여 외쳤습니다. "우리 안에 부처 될 씨앗이 있습니다." 여기에 백성들의 갈망이 더해져 찬란한 대승불교가 꽃피었습니다. 1,300년 전 중국의 불교가 왕실·귀족의 품에 안겨 사변적이고 종파적인 논란에 젖어 있을 때, 일자무식꾼 혜능 스님은 "우리가 본래 부처입니다."라며 대자유의 정신을 일깨웠습니다.

돌이켜 보면 2,700년 불교사는 붓다의 삶을 창조적으로 재현하기 위한 몸부림의 역사였습니다. 수많은 스승들이 붓다의 삶을 따르기 위해, 진리의 눈으로 시대를 해석하기 위해 온 삶을 바쳤습니다. 한반도의 불교공동체에서도 붓다의 삶을 담은 불교관과 실천론을 정립하기 위한 역사가 1,700여 성상(星霜)을 이어왔습니다.

그런 한국 불교를 향해 오늘 세상이, 진리를 구

하는 벗들이 묻고 있습니다. 우리에게 붓다는 어떤 존재입니까? 우리는 지금 붓다로 살고 있습니까? 지금 여기에서 붓다로 살기 위해 우리는 무엇을 해야 합니까? 사찰과 단체, 종단 등 불교공동체들은 뭇 생명을 붓다의 삶으로, 진정한 행복으로 이끌어주고 있습니까?

이제 세상의 행복을 위해 끝없이 헌신함으로써 수행자와 불교공동체의 발전이 덤으로 얻어졌던 대승불교의 전통으로, 붓다의 삶으로 돌아가야 합니다. 작은 나에 사로잡혀 움켜쥐었던 손을 활짝 펴고, 손에 쥔 진리의 보석을 중생의 바다에 던져야 합니다. 그리하면 세상도 살고 불교도 삽니다.

그 출발은 우리 각자의 삶에서 붓다의 삶을 이정표로 세우는 일이 될 것입니다. 우리는 먼 훗날 부처 되기를 빌지 않고, 지금 여기서 붓다로 살아야 합니다. 밖에서 깨달음을 구하는 것이 아니라 지금 내 삶에서 깨달음을 실천하고자 합니다. 나부터 붓다의 길을 따른다면 우리 곁의 수많은 붓다들이 잠에서 깨어날 것입니다. 잠에서 깨어난 붓다들이 있는 것만으로 세상 곳곳에서 변화가 시작될 것입니다.

이러한 우리의 서원은 가깝게는 1947년 봉암사 결사, 멀리는 고려시대인 12세기 말 정혜결사의

정신과 신라시대 원효 스님의 가르침을 잇는 것
이며 2,000년 전 대승불교의 찬란한 전통을 계
승하는 것입니다. 그 근원은 우리에게 붓다로
살라고 용기를 불어넣어주신 석가모니 부처님
입니다. 삼세제불(三世諸佛)과 보살 선지식들이
'붓다로 살자'는 우리의 서원을 증명하여주실
것입니다.

---

나부터 붓다의 길을 따른다면 우리 곁의 수많은 붓다들이 잠에서 깨어날 것
입니다. 잠에서 깨어난 붓다들이 있는 것만으로
세상 곳곳에서 변화가 시작될 것입니다.

도법은 '생명평화의 스님'으로 불린다. '생명평화' 하면 사람들
은 다른 누구가 아닌 도법을 떠올린다. 도법은 그의 불교지식,
『화엄경』의 내용으로 생명평화 사상에 깊이를 더했다.

  '생명평화'라는 단어는 이병철이 만들었다. 그의 말에 의하
면, "우리는 모두 내면에 평화의 씨앗, 불빛을 갖고 있다. 그 불
빛을 드러내는 것이 생명평화운동이며 이는 생명평화학교, 생
명평화마을을 만드는 것으로 시작된다." 이병철은 치열한 학생
운동, 농민운동의 경험 끝에 얻은 깨달음에 무위당 장일순의 사
상을 버무려 이렇게 결론지었고 그의 생각이 생명평화결사의
근간이 되었다. 그런데 왜 '생명평화' 하면 도법이 떠오르는 것일
까? 그것은 도법의 실천력 때문이다. 『화엄경』을 통해 '생명의
총체성'을 깨달았고, 지리산 실상사에서 '마을공동체'를 만들고

싶었던 도법에게도 이병철의 주장은 고무적인 것이었다. 도법은 이 운동을 퍼뜨리는 '메신저'를 자임했고 계획했던 1,000일을 훌쩍 넘겨 5년 동안 온 정성을 다해 순례를 이어갔다.

같은 기간 이병철은 생명평화결사 운영위원장으로서 순례를 지원하면서 조직 내에 공부모임을 이끌었다. 광주, 대구, 부산 등지에서 이루어진 이 공부모임이 핵심 사상을 생산하는 기지였다. 그러나 모임은 이병철의 생각대로 나아가지 못했다. "우리는 새로운 방식으로 문제를 다루어야 한다. 그것은 깊은 성찰을 바탕으로 하는 것이어야 한다."라고 그는 강조했지만 실제 모임에서의 논의는 편을 가르고 무언가를 반대하는 기존의 이슈파이팅 방식으로 돌아가곤 했다. 이병철은 회의에 빠져들었다.

"이런 무망한 캠페인에 에너지를 쏟다 보면 정작 내가 해야 할 것을 이번 생에 달성하지 못하는 것이 아닐까? '깨달음', '깨어남'이란 것이, 과연 집단적인 운동을 통해서 이룰 수 있는 것인가? 철저한 내면의 성찰을 거치지 않는 한 진정한 변화는 어려울 것이다. 그런데 나 자신이 그런 상태에 이르지도 못했으면서 이런 운동을 이끌어가는 것이 무슨 의미가 있을까?" 결국 이병철은 공부모임을 중단했고 '내면 수련'에 더 집중하기로 했다.

그러나 허무감을 말하자면 상황적으로는 도법이 더할 터였다. 공부모임은 고정된 운동원들이 지속적으로 함께 수련할 수 있는 장이었던 반면, 도법은 전국을 떠돌면서 항상 새로운 사람들을 만나 처음부터 다시 이야기해야 했기 때문이다. 소통하는 순간에는 보람을 갖게 되고, 소통을 하면서 생각도 더 깊어졌지만, 소통이 사람들에게 어떤 영향을 줄지 추적 확인할 수 없는 상황이었다.

이병철은 이렇게 말한다. "그 점이 도법 스님의 놀라운 점이고 도법 스님의 힘이다. '이것이 옳고, 이 일을 하는 것이 나에게 의미가 있고 상대에게도 의미가 있다면 나는 그 일을 한다'는 것이 도법 스님의 자세다. 반면에 나는 '이 일을 통해서 무엇을 이룰 수 있는가'를 생각한다. 도법은 또한 조직형 사람이다. '나의 생각과 다르다 해도 내가 의사결정에 참여한 방침이라면 철저히 따른다'는 것이 그의 생각이고 그는 이것을 엄격하게 실천한다. 반면에 나는 조직이 결정했어도 내 마음에 들지 않으면 그 결정에 기꺼이 따르지 못한다."

중요한 것은 생각이라기보다는 실천이다. 실천을 하면서 생각도 더 깊어진다. "우리가 실천을 주저하는 것은, 혹은 실천을 하더라도 좌절감에 빠지는 것은, 본인이 노력한 것보다 더 많은 것을 바라기 때문"이라고 도법은 말한다. 도법의 제자 중 묵이 열심히 절하고 기도했으나 선임 행자의 잔소리를 견디지 못하고 "나는 수행자가 될 참을성이 부족한 것 같다."라며 스님 되기를 포기하겠다고 했을 때, 도법은 찻잔에 차를 따라주며 이렇게 말했다.

"중묵 행자, 이 찻잔으로 큰 호수에서 물을 한 잔 떠내면 호수가 달라지겠는가? 떠내기 전과 떠낸 후에 차이가 있겠는가?"

"차이가 없겠습니다."

"그래? 정말 그럴까? 그렇지 않아. 찻잔으로 물을 떠내면 호수는 찻잔 한 잔만큼 달라져. 수행자도 마찬가지야. 우리가 절을 하기 전이나 절을 한 다음이나 비슷해 보이지만 실제로는 달라져 있어. 절한 만큼 달라져 있는 것이야.

잘 살펴봐. 절대 내 욕심대로 변화가 이루어지지는 않아. 반면 노력한 만큼은 반드시 그리고 바로 변화가 이루어져. 왜 그럴까? 세상 진리가 그렇게 되도록 되어 있기 때문이야. 중묵 행자가 절을 했는데 달라지지 않았다는 좌절감을 참지 못하고 떠나겠다고 하는데, 그렇지 않아. 내 욕심만큼은 아니지만 실제로 절하기 전과 절한 후는 달라져 있어. 그것이 진리이고, 그 진리에 대한 믿음으로 가는 것이 수행자네."

"……."

"그런 믿음을 가지고 사는 것, 애쓰면 애쓴 만큼 변한다는 믿음으로 뚜벅뚜벅 가는 것. 그게 스님이 되는 길이 아닐까 싶어."●

~~~~

석가모니는 6년 고행 끝에 보리수 아래서 깨달음을 얻었다. 그러나 처음에는 전법을 망설였다. 경전은 그것을 다음과 같이 표현한다.

> 고생 끝에 겨우겨우 얻은 이것을
> 어이 또 남들에게 설해야 되랴.
> 오, 탐욕과 노여움에 불타는 사람에게

● 이 부분은 『대화합시다, 함께 삽시다』(임어진 지음, 김무연 그림, 우리교육, 2014, 43~46쪽)에도 있는 내용을 도법 스님이 윤문한 것임.

이 법을 알리기란 쉽지 않아라.

세상의 상식을 뒤엎은 그것

심심 미묘하니 어찌 알리오.

격정에 매이고 무명에 덮인 사람은

이 법(法)을 알기 어려우리라.●

석가모니는 "내가 아무리 진리를 설해도 이기심에 가득 찬 중생들이 그 진리를 알아들을 수 있을까, 이는 스스로를 지치게 하는 일일 뿐이지 않을까."를 걱정했다. 망설이던 석가모니는 범천(梵天), 즉 브라만 신의 권유로 마음을 바꾼다. 붓다가 설법을 주저하고 있음을 안 범천이 "그래서는 세상이 망하리라." 하고 걱정한 나머지 급히 붓다 앞에 나타나서 전법을 권했다는 것이다. "세존이시여, 원컨대 법을 설하시옵소서. 이 세상에는 눈이 티끌로 가려짐이 적은 사람도 있사옵는바, 그들도 법을 듣지 못한다면 망하지 않겠나이까? 그들은 법을 듣는다면 필

●　「상윳따니까야」 6:1, 마스타니 후미오 지음, 이원섭 옮김, 앞의 책, 28쪽에서
　　재 인용.

300

시 깨달음에 이르오리다." 그래서 붓다는 다시 한 번 세상을 관찰한 끝에 범천의 말이 옳음을 깨닫고 설법을 결심한다.●

우리는 석가모니가 '중생을 구원하기 위하여 출가했다'고 알고 있다. 만약 그렇다면, 석가모니가 진리를 얻은 후에 전법을 망설였다는 것은 앞뒤가 맞지 않는다. 우리는 심지어 '석가모니가 중생을 구원하기 위해서 태어났다'고도 믿는다. 56억 7,000만 년 전부터 수행하여 이미 윤회의 수레바퀴에서 벗어난 석가모니, 자신의 전생을 꿰뚫어 보며 천수천안으로 이 세상을 샅샅이 알고 있는 석가모니가 중생의 구원을 위해서 스스로 몸을 나투셨다고 믿는 것이다. 이런 믿음을 가진 사람에게는 '범천 권청(勸請)'의 설화는 더욱 알 수 없는 것이다. 그토록 전지전능한 석가모니가, 범천이 와서 일러주기 전에는 '법을 설하면 알아들을 사람이 있다'는 것을 몰랐단 말인가?

이런 모순은 우리가 합리적 자세로 경전에 대해서 질문할 때 무수히 나타난다. 왜냐하면 경전에는 신화적 표현과 실제 역사가 혼재돼 있기 때문이다. 범천이 설법을 권유했다는 것은

● 앞의 책, 34쪽.

신화적 표현이다. 우리가 범천이라는 이 신화의 언어를 역사의 언어, 일상의 언어로 바꾸지 않는 한, 경전을 이해하는 것은 불가능하다.

'석가모니가 중생을 구원하기 위해서 태어났다'는 것은, 현대인으로서는 받아들일 수 없는 주장이다. 실존은 본질에 선행한다. 사람의 목적, 사람의 본질은 사람이 태어난 후에 스스로 결정하는 것이지, 태어나기 전부터 갖고 있는 것이 아니다. 석가모니는 "브라만은 행위에 의해서 브라만이 되는 것이지 태생에 의해서 되는 것이 아니다."라고 말했다. '사람은 태어나기 전부터 계급이 정해져 있다'는 당시 브라만교의 가르침을, 그리고 그 제도를 정면으로 부정한 것이다.

석가모니가 사람이었다면, 석가모니는 그냥 태어난 것이다. 태어난 이후에 출가했고, 치열한 성찰 끝에 깨달음을 얻었고, 고민 끝에 전법을 하기로 결심했으며 이를 45년 동안 줄기차게 실천한 것이다. 그 결심의 과정에서 석가모니는 또 다른 깨달음을 얻었다. 그 깨달음은 경전에 '범천'이라고 익명 처리된, 당시의 어떤 선각자 혹은 시대정신을 통해서 왔다. 이것이 '범천 권청' 설화의 배경에 있는 역사적 사실일 것이다. 이는 도법이 출가한 후 '죽음'을 화두로 들고 있다가 나름의 깨달음을 얻은 후 이병철을 통해 '시대정신'과 만나면서 또 다른 깨달음을 얻은 것과도 비슷한 과정이 아니었을까?

～～～

석가모니는 깨달음을 얻은 후에 사명외도(邪命外道)●의 우파카(Upaka)라는 한 사문으로부터 "당신의 스승은 누구인가?"라는 질문을 받고 다음과 같이 게송으로 답했다.

> 나는 일체에 뛰어나고 일체를 아는 사람.
> 무엇에도 더럽혀짐 없는 사람.
> 모든 것 사리(捨離)하여
> 애욕을 끊고 해탈한 사람.
> 스스로 체득했거니
> 누구를 가리켜 스승이라 하랴.

● 모든 생명의 운명이 숙명으로 결정되어 있다고 본 인도의 한 종교 유파.

나에게는 스승 없고, 같은 이 없으며
이 세상에 비길 이 없도다. ·
나는 곧 성자요 최고의 스승.
나 홀로 정각(正覺) 이루어 고요하도다.
이제 법을 설하려 카시로 가거니
어둠의 세상에 감로(甘露)의 북을 울리리라.•

석가모니는 자신에게 스승이 없다고 선언했다. 석가모니가 주
창한 연기법이 매우 독창적인 사상이므로 그의 스승을 누구라
고 콕 집어 말할 수는 없다. 그러나 석가모니가 얻은 진리가 어
떤 진공 상태에서 생긴, 혹은 하늘에서 어느 날 갑자기 떨어진
것이라고 하면 이는 석가모니가 얻은 깨달음, 즉 연기법의 원
리에도 배치되는 주장이다.

이것이 있으므로 저것이 있고
此有故彼有(차유고피유)

• 앞의 책, 40~41쪽.

이것이 생기므로 저것이 생긴다.

此生故彼生(차생고피생)

이것이 없으면 저것도 없고

此無故彼無(차무고피무)

이것이 사라지면 저것도 사라진다.

此滅故彼滅(차멸고피멸)•

모든 것은 인연으로 인해서 생기고 사라진다. 석가모니가 설한 「제일의공경(第一義空經)」의 이런 논리는 석가모니 깨달음의 핵심, '모든 것은 실체가 없다'는 제법무아의 원리 탄생과정에도 적용된다. 이 원리 또한 석가모니가 당대의 시대정신과 치열하게 소통하고 싸운 끝에 얻은 진리였다는 말이다.

　　2,600년 전 인도에서 브라만교는 범아일여(梵我一如)를 가르쳤다. 우주의 최고 원리인 범(梵), 즉 브라만과 개인의 본질인 아(我), 즉 아트만은 같은 것이니 아트만을 보면 브라만을 보게

•　『잡아함경』제30권, 335경「제일의공경」.

되고, 그러면 윤회에서 벗어나 해탈한다는 것이었다. 석가모니는 그 가르침에 따라 극한의 수행을 하면서 아트만을 찾아 헤맸지만 그것을 볼 수 없었다. 석가모니는 마음을 고쳐먹고 자기 자신의 방법으로 세상을 보았으며 '아트만은 없다'는 것을 알았다. '분리 독립되어 영원히 존재하는 아트만은 없다'고 함으로써 석가모니는 '범아일여'에서 '아'의 '실체'를 부정했고 그 논리를 끝까지 밀고 나가 '범'의 실체까지 부정해버렸다. 그러나 석가모니가 범아일여의 법칙까지 버린 것은 아니다. "나(我)는 온 우주와 관계를 맺고 있는 존재이며 그 관계가 바로 나다. 모든 것은 온통 '관계'로만 존재한다. 그러므로 나는 곧 우주이며 우주가 곧 나다."라는 것이 석가모니의 우주관이었다. 석가모니가 얻은 결론은 매우 창의적인 것이었지만 그것은 당시 브라만의 가르침과 대결한 끝에 얻은 것이었으며, 그 형식은 옛것 그대로였다.

~~~~~

붓다의 사상은 하늘에서 뚝 떨어진 것이 아니다. 석가모니 붓

다는 "나에게는 스승이 없다."라고 했지만, 따져보면 당대의 시
대정신이 붓다의 스승이었다. 석가모니의 생각은 21세기에도
여전히 유용할 만큼 역사를 초월하는 것이지만, 그것이 '역사
의 산물'임은 분명하다. 석가모니가 신이 아니라 인간이라는
전제에 동의한다면 이는 부정할 수 없는 명제다.

　　석가모니의 사상이 역사의 산물이었다면, 그 사상은 석가
모니 혼자 만든 것이 아니라 수많은 다른 사람들의 도움으로
비로소 완성된 것이다. 그가 연기법이라는 철학사상을 발견했
지만 사회, 경제 측면의 지식들을 형성하는 데에는 다른 많은
선각자들이 관여했을 것이다. 그런데 석가모니의 제자들은 여
러 이유로 석가모니를 신으로 만들었고, 석가모니가 신이 되자
그의 도반들은 석가모니의 권위를 위해 익명 처리되는 운명을
맞았다. '범천'이니 '하늘사람'이니 하는 경전 안의 존재들은 석
가모니 인생에서 커다란 역할을 담당했기 때문에 석가모니의
신화에서 완전 삭제가 불가능했던 선각자들이었을 것이다.

　　그러나 석가모니는 자신이 신이 되는 것을 극도로 경계했
다. 석가모니는 열반을 위한 여로(旅路)의 첫 번째 여행지에서
제자 사리불에게 칭송의 말을 듣는다. "붓다시여, 저는 당신보

다 더 훌륭한 깨달음을 얻은 이는 과거에도 없었고, 미래에도 없을 것이고, 현재에도 존재하지 않는다고 믿고 있습니다." 그러자 석가모니가 사리불에게 묻는다.

"사리불아, 과거 오래전에 부처를 이룬 분들이
어떤 깨달음을 얻었고, 어떤 지혜가 있었는지
너는 잘 알고 있는가?"
"알지 못합니다."
"그러면 사리불아, 미래 오랜 시간 뒤의 부처를
이룰 분들이 어떤 깨달음을 얻을 것인지, 어떤
지혜가 있을 것인지 너는 잘 알고 있는가?"
"알지 못합니다."
"지금 붓다가 어떤 깨달음을 얻었는지, 어떤 지
혜가 있는지 너는 잘 알고 있는가?"
"알지 못합니다."
"그런데 너는 왜 그런 사자후를 토한 것이냐?"●

● 　나카무라 하지메 지음, 이경덕 옮김, 『붓다의 마지막 여행』(열대림, 2006), 36쪽.

석가모니의 노제자 사리불이, 일생의 벗 목건련(目犍連)을 이교
도들의 폭력으로 잃은 뒤에, 자신도 노환으로 인한 죽음을 앞
두고 만나 반가운 김에 건넨 찬탄의 말에 석가모니는 칼날 같
은 '논리'로 대응했다. 만약 자신이 신격화되면, 신의 논리로 인
간을 질곡으로 몰아넣는 브라만교 교리와 자신의 가르침이 다
를 바가 없게 될 것이기 때문이었다.

그럼에도 불구하고 석가모니는 신격화됐다. 이는 신화의
시대였던 당시의 시대 상황, 그리고 석가모니의 제자로서 권위
를 세우려는 세력의 고의적인 왜곡 때문이었다. 브라만교가 "붓
다는 (브라만교의 신 중 한 명인) 비슈누의 화신"이라고 주장했을
때, 인도에서 불교는 힌두교에 동화되는 가운데 점차 사라지고
말았다.● 이것은 불교가 자신의 차별성을 잃었기 때문이었다.

~~~~

석가모니는 신이 됐고, 불교는 그 신에게 복을 비는 '기복 불교',

● 라다크리슈난 지음, 이거룡 옮김, 『인도철학사』 2(한길사, 1996), 474~475쪽.

'변질된 불교'로 존재해왔다. 석가모니를 신의 자리에서 인간의 자리로 끌어내리는 것이 불교를 살리는 길이다. 석가모니가 인간이어야 우리가 그를 본받을 수 있다. 석가모니를 인간으로 알고, 또한 우리 자신이 바로 '붓다'임을 알고 살자는 것이 "붓다로 살자" 운동이다.

우리가 무엇을 깨닫는 것은, 스스로 깨닫는 것이다. 지식은 전수받는 것이지만, 거기서 깨달음을 얻는 것은 나 자신이다. 나의 삶은 내가 사는 것이다. 아무리 스승이라도 가르침에 한계가 있다. 석가모니는 이를 누구보다 명확하게 깨닫고 있었다. 『금강경(金剛經)』에서 석가모니는 "일체중생을 구원하겠다"라고 서원한 다음에 바로 "나로 인해 구원받은 중생은 아무도 없다"라며 자신의 말을 부정했다. "인간은 자유의 존재이므로, 다른 누구에게 기대지 말고, 너 자신의 지성으로 생각하여, 너 자신의 삶을 용감하게 살아라."라는 것이 석가모니의 가르침이었다. "천상천하 유아독존"이나 "나에게는 스승이 없다"라는 말도 이런 맥락에서 이해하면 무리가 없다.

그 가르침에 충실하게, 끊임없이 중생의 구원을 위해서 매진해온 사람이 도법이다. 도법의 깨달음을 석가모니의 깨달음과 비교하는 것은 어쩌면 석가 세존에게 불경스러운 일인지 모른다. 또한 도법만큼이나 생을 열심히 살아가는 승려나 재가자들도 세상에는 많을 것이다. 그러나 도법의 인생을 통해서 나는 석가모니 부처님의 삶과 그 가르침의 의미를 내 나름대로 정립할 수 있었다. 이것이 3년 넘게 도법 스님 근처를 어슬렁거리면서 얻은 소득이라 하겠다.

김 왕근

신문기자, 논술강사, 토론코치 등의 직업을 거쳤다. 언어로 소통하는 일을 평생 했기
때문에 스스로 '소통전문가'를 자처했다. 그러나 정작 자신의 주변 인물들과 갈등을
겪었고 "왜 소통 전문가인 내가 소통을 못하는가?"라는 의문을 갖게 됐다.
2013년 여름, 도법 스님과 인연을 맺은 후 불교 주변을 어슬렁거리면서 마음을
다스리는 능력이 향상되는 경험을 했다. 소통 중에는 논리의 소통 이외에
정서의 소통이 중요함을 깨달았고, 이를 위해 불교가 이 사회에 꼭 필요하다는
생각을 갖게 됐다. '모든 사람이 붓다의 마음으로 소통하는 사회'가 그의 꿈이다.

# 길과 꽃

2017년 3월 20일 초판1쇄 발행

지은이 김왕근
발행인 박상근(至弘) • 편집인 류지호 • 편집 김선경, 양동민, 이기선, 주성원
제작 김명환 • 전략기획 유권준, 김대현, 박종욱, 양민호 • 관리 윤애경
디자인 쿠담디자인
펴낸 곳 불광출판사 (03150) 서울시 종로구 우정국로 45-13, 3층
      대표전화 02) 420-3200 편집부 02) 420-3300 팩시밀리 02) 420-3400
      출판등록 1979. 10. 10.(제300-2009-130호)

ISBN 978-89-7479-070-7 (03990)